競売の法と経済学

競売の法と経済学

鈴木禄彌　福井秀夫　編
山本和彦　久米良昭

信山社

はしがき

　資金需要者にとって不動産担保融資は最も基本的なその調達手段である。債権者にとっても、仮に債務不履行が生じても不動産競売によって貸金を回収できるのであれば、安全で確実な資金運用が可能となる。この意味で、適切な不動産競売法制は、金融システムが機能するうえでの前提条件である。
　ところが現実の不動産競売市場をみると、落札価格が本来の物件価格を大きく割り込んだり、数度の競売によっても落札せず、手続が長期化するなどの事態が生じている。
　その背景には、現行法の不備や盲点を突いた手口で執行を妨害し、巨額の利益を収受するなどの社会的事実が存在している。このことが金融機関による不良債権処理を遅延させて、金融再生を妨げている。また大都市中心部など利便性の高い地域であるにも拘らず、低・未利用地が塩漬け状態のまま放置され、都市再生が妨げられる原因ともなっている。

　本書は、執行の機能不全を解消するための競売法制のあり方を探ることを目的として、次の事項を明らかにしたものである。
　第1に、どのような意図の占有に対しても合法的な装いを与えて妨害を助長する短期賃貸借保護制度（民法395条）や名宛人を特定しないと発令できない引渡命令（民事執行法83条）など、現行法制の不備とそれを悪用した執行妨害の実態を解明した。さらに、その被害が抵当権者、買受人などに対して、どのような形でもたらされているかを明らかにした。
　第2に、米国の不動産競売法制について丹念な現地調査を実施し、日本の法制度との比較分析を行った。米国諸州では、日本の短期賃貸借保護に相当する制度はなく、したがって執行妨害によって多額の不当な利益を得る集団も存在せず、不動産競売市場は円滑に機能していること、原則として裁判所が関与せ

はしがき

ず、私人間の契約手続きによって進められる非司法競売が、安価で迅速な抵当権実行手段として活用されていることなどを明らかにした。

第3に、執行妨害による弊害を解消するための法システムを具体的に提案した。この中で、これまでに一部の民事法研究者が提案してきたような解釈論的運用やそれを踏まえた判例変更のみによっては問題は解決しないことを明らかにした。そのうえで、買受人の代金納付後も一定期間は借家人の建物使用を認めることを前提とした短期賃貸借保護制度廃止に加えて、非司法競売の導入、競売参加者の物件内覧権の確保、1回の処分ですべての者に対して効力を及ぼし得る対物処分型占有排除手続の創設、最低売却価額の廃止などを含む法改正案を提示した。

第4に、「法と経済学」の知見に基づき、提案した法システムが適切なものであることを理論的に検証した。

本書は、1998年に（社）都市住宅学会、（社）日本不動産学会及び資産評価政策学会によって設立された「短期賃貸借研究会」の活発な提言・議論に多くを負っている。メンバー、オブザーバー各位のご教示に心より感謝を申し上げる。もとより提案した立法案についても、編者、執筆者や研究会メンバー全員の間で細部に至るまで意見が一致しているわけではない。しかし研究会開催や本書執筆に際しての討論を通じて、相互の批判的検討を繰り返すことによって、不動産競売の機能不全解消のため、短賃保護制度廃止など実体法を含めた法改正が喫緊の政策課題であることについては、完全な共通認識となっている。

法の不明確さや不備がもたらす混乱に対して、あくまでも解釈論的工夫による弾力的運用によって対処することは、往々にして実効性を欠くのみならず、事態をかえって悪化させる。法の混乱は立法により明確な法文に書きかえるということによって対処することが基本たるべきである。

権利の外縁を規定する実体法においても、権利実現の手続を定める手続法においても、予め明確で具体的なルールが公開され、市民、企業、行政などすべての関係者が、それを信頼して行動できることこそが、不要な紛争を減少させ、取引に関する費用を削減させて、当事者や社会全体での富の増大をもたらすための必要条件となるからである。

はしがき

　本書により競売市場の失敗が是正されるとともに、今後の日本の法政策の改善に寄与することを念じたい。

2001 年 8 月

編　　者

執筆者紹介

―――[執筆者紹介]―――

阿部泰隆	神戸大学大学院法学研究科教授	第1章
上原由起夫	国士舘大学法学部教授	第1章
河内孝雄	やまと債権管理回収㈱執行役員 東京営業第1部長	第8章
久米良昭	那須大学都市経済学部教授	第2・5・6章
鈴木禄彌	日本学士院会員・東北大学名誉教授	序章
瀬下博之	専修大学商学部助教授	第7章
馬場　務	㈱ハウジングシステムセンター常務取締役 前㈶公庫住宅融資保証協会管理部長	第9章
福井秀夫	法政大学社会学部教授	第2・5・6章
福島隆司	東京都立大学経済学部教授	第5章
山崎福寿	上智大学経済学部教授	第7章
山本和彦	一橋大学大学院国際企業戦略研究科教授	第4章
吉田修平	弁護士	第3章

目　次

はしがき

序 ………………………………………………… 鈴　木　禄　彌……1

第1章　短期賃貸借保護廃止の提案
　　　　　　　　　　　　　　　　阿部泰隆・上原由起夫……5

1　はじめに …………………………………………………………5
2　短期賃貸借保護制度とは ………………………………………6
3　立法原則——法の明確性・裁判回避の要請 …………………7
4　判例・学説による民法型(解釈論・立法論的)対応は無力 …8
　(1)　判　例 …………………………………………………………8
　　①　抵当権者による賃借権の解除 ……………………………8
　　②　予防的短期賃借権(併用賃借権)の抹殺 ………………9
　　③　抵当権者の明渡請求 ………………………………………10
　(2)　民法学説の無益有害性 …………………………………11
5　民事執行法の改正も微力 …………………………………12
　(1)　近年の民事執行法改正による対応 ……………………12
　　①　1996年改正 ………………………………………………12
　　②　1998年改正 ………………………………………………13
　(2)　執行法の限界 ……………………………………………14
6　結　論 ……………………………………………………………15

第2章　競売市場における司法の失敗
　　　　　　——短期賃貸借保護廃止立法案——
　　　　　　　　　　　　　　　　　福井秀夫・久米良昭　21

1　問題の基本的構図 …………………………………………21

v

目　次

- 2　執行妨害の実態 …………………………………………… *22*
- 3　民事執行法改正(1996 年・1998 年)の限界 ………………… *25*
  - (1)　1996 年改正 ……………………………………………… *27*
  - (2)　1998 年改正 ……………………………………………… *28*
    - ①　執行抗告の簡易却下 ………………………………… *28*
    - ②　買受申出をした差押債権者のための保全処分 ……… *28*
    - ③　登記嘱託の特例 ……………………………………… *30*
    - ④　売却の見込みがない場合の措置 …………………… *31*
- 4　競売市場失敗の立法による克服 ………………………… *32*
  - (1)　短賃保護(民法 395 条)の廃止 ………………………… *32*
  - (2)　借家人明渡猶予期間の創設 …………………………… *35*
  - (3)　消費者保護制度 ………………………………………… *36*
  - (4)　競売物件への瑕疵担保責任の導入 …………………… *38*
  - (5)　民事執行法改正 ………………………………………… *38*
    - ①　売却のための保全処分(執行法 55 条)の一環としての差押債権者による物件保管制度の創設 ……………… *38*
    - ②　競売参加者の物件内覧権の確保 …………………… *39*
    - ③　ライフライン等調査権限の改正 …………………… *39*
    - ④　抵当権者の関与を極少化 …………………………… *39*
    - ⑤　占有排除は対物処分で ……………………………… *40*
    - ⑥　最低売却価額の廃止 ………………………………… *40*
- 5　おわりに ………………………………………………… *41*

第 3 章　実務における近年の法改正の意義と限界

　　　　　　　　　　　　　　　　　　　吉　田　修　平……*47*

- 1　はじめに ………………………………………………… *47*
- 2　1996 年の改正について ………………………………… *47*
  - (1)　売却等のための保全処分について …………………… *47*
  - (2)　引渡命令について ……………………………………… *48*

(3) 不動産競売の開始決定前の保全処分について
　　　　　（改正法187条2項）……………………………………………………*49*
　3　1998年の法改正について ……………………………………………………*50*
　　　(1) 手続を不当に遅延させることを目的とする執行抗告の
　　　　　簡易却下の制度の新設（改正法10条）……………………………*50*
　　　(2) 執行官・評価人の調査権限の拡充 …………………………………*51*
　　　(3) 買受けの申出をした差し押え債権者のための保全処分の
　　　　　新設について（法68条の2）………………………………………*51*
　4　両改正の限界について ………………………………………………………*53*

第4章　抵当権者による不法占有排除と民事執行手続
　　　――最高裁大法廷判決1999・11・24の意義と限界――
　　　　　　　　　　　　　　　　　　　　　　山　本　和　彦……*59*

　1　民事執行法による不法占有排除 ……………………………………………*59*
　　　(1) 民事執行法55条の保全処分の活用 …………………………………*59*
　　　(2) 1996年民事執行法改正 ………………………………………………*60*
　　　(3) 1998年民事執行法改正 ………………………………………………*61*
　2　本判決の民事執行手続上の意義 ……………………………………………*61*
　　　(1) 民事執行法上の保全処分の意義の変容 ……………………………*62*
　　　　　① 保全処分の実体法上の根拠 ……………………………………*62*
　　　　　② 保全処分の残された役割 ………………………………………*62*
　　　(2) 抵当権者の管理占有中の不動産執行の特色 ………………………*65*
　　　　　① 競売申立て・取下げ ……………………………………………*66*
　　　　　② 売　却　準　備 …………………………………………………*66*
　　　　　③ 売　却　手　続 …………………………………………………*66*
　　　　　④ 引　渡　命　令 …………………………………………………*67*
　　　(3) 価値維持請求権の実現の方法 ………………………………………*67*
　3　おわりに ………………………………………………………………………*68*

目　次

第5章　米国における不動産競売法制
久米良昭・福島隆司・福井秀夫……73

1 　はじめに ………………………………………………………… 73
2 　不動産競売と関係者 …………………………………………… 73
　(1)　不動産競売（Foreclosure）………………………………… 73
　(2)　信託契約（Deed of Trust）………………………………… 74
　(3)　不動産競売の関係者 ………………………………………… 76
　　①　借　り　手（Borrower）………………………………… 76
　　②　貸　し　手（Lender）…………………………………… 76
　　③　受　託　者（Trustee）…………………………………… 76
　　④　競　売　人（Auctioneer）……………………………… 77
　　⑤　執　行　官（Sherif）…………………………………… 77
　　⑥　借り手側の弁護士 ………………………………………… 77
　(4)　競売手続の法源 ……………………………………………… 77
　　①　州　　　法 ………………………………………………… 77
　　②　連　邦　法 ………………………………………………… 77
3 　不動産競売手続のタイプ——司法競売と非司法競売 ……… 78
　(1)　司法競売と非司法競売 ……………………………………… 78
　(2)　司法競売の一般的手続 ……………………………………… 79
　(3)　非司法競売の一般的手続 …………………………………… 79
　(4)　司法競売・非司法競売の長所・短所 ……………………… 80
4 　競売手続きの実務 ……………………………………………… 82
　(1)　不動産競売の主宰者 ………………………………………… 82
　(2)　競売の実施場所 ……………………………………………… 82
　(3)　競売不動産の内覧 …………………………………………… 83
　　①　制度や契約によって物件内覧が可能 …………………… 83
　　②　競売物件に関する情報公開 ……………………………… 84
　(4)　売却価格 ……………………………………………………… 84
　　①　貸し手は早期売却を選ぶ ………………………………… 84

② 裁判所は売却価格に不介入 ……………………………… 85
　　　③ 最低売却価額制度は存在しない ……………………… 85
　(5) 買受人の類型 …………………………………………………… 86
　　　① 債権者である金融機関が買受ける場合が一般的 ……… 86
　　　② 不動産業者が買い受ける条件 ………………………… 86
5　賃借権と不動産管理 ……………………………………………… 87
　(1) 賃借権（tenancy）の保護 …………………………………… 87
　　　① 不動産担保設定後の賃借権は競売とともに消滅
　　　　するのが原則 …………………………………………… 87
　　　② 日本の短期賃貸借保護のような制度は存在しない …… 87
　(2) 賃借権取り扱いの実務 ………………………………………… 88
　　　① 債務不履行後競売実行までの期間 …………………… 88
　　　② 売却実行後 ……………………………………………… 89
　(3) 無権限占有者の排除 …………………………………………… 89
　　　① 不法占有者には排除命令 ……………………………… 89
　　　② 一度の排除命令ですべての不法占有者に有効 ……… 90
6　DC、MD 州及び NY 州における不動産競売法制比較 ………… 91
　(1) DC の不動産競売制度の特徴 ………………………………… 91
　　　① 非司法競売の手続き …………………………………… 91
　　　② テナント保護 …………………………………………… 91
　　　③ DC のテナント保護制度下でも執行妨害の事例
　　　　は少ない ………………………………………………… 93
　(2) MD 州の不動産競売制度 ……………………………………… 93
　(3) NY 州の不動産競売制度 ……………………………………… 95
　　　① 特　　徴 ………………………………………………… 95
　　　② 競売手続 ………………………………………………… 95
7　ま と め ……………………………………………………………… 96

ix

目　次

第6章　短期賃貸借保護の法と経済分析
　　　　　　　　　　　　　　　　　　　久米良昭・福井秀夫……*105*

1　短期賃貸借保護制度の問題とコースの定理 ………………………*105*
　(1)　コースの定理の基本形──取引費用がゼロである場合 …*105*
　(2)　コースの定理の現実への適用──取引費用がゼロ
　　　でない場合 ……………………………………………………*106*
　(3)　本章の目的 …………………………………………………*107*
2　取引費用がゼロの世界で短賃保護制度が市場に与える
　影響（寓話の設例）…………………………………………………*107*
　(1)　前 提 条 件 …………………………………………………*108*
　　①　想定する取引 …………………………………………*108*
　　②　取引費用についての仮定 ……………………………*108*
　(2)　短賃が保護されていない場合
　　　（買受人に初期権利配分された場合）………………………*108*
　　①　不動産市場の市場均衡 ………………………………*108*
　　②　金融市場の市場均衡 …………………………………*109*
　(3)　短賃が保護される場合
　　　（賃借人に初期権利配分された場合）………………………*109*
　　①　不動産市場の市場均衡 ………………………………*110*
　　②　金融市場の市場均衡 …………………………………*110*
　　③　所 得 分 配 ……………………………………………*111*
　(4)　初期権利配分と資源配分・所得分配
　　　──契約法と不法行為法── ……………………………*111*
3　取引費用が存在する世界で短賃保護制度が市場に与える
　影響（現実に近い設例）……………………………………………*113*
　(1)　短賃が保護される場合
　　　（賃借人に初期権利配分された場合）………………………*114*
　　①　賃借人による付け値が買受人による付け値より
　　　　高い場合 ………………………………………………*114*

② 賃借人による付け値が買受人による付け値より
　　　　 低い場合 ………………………………………………114
　　(2) 短賃が保護されない場合(買受人に初期権利配分された場合)　117
　　　① 賃借人による付け値が買受人による付け値より
　　　　 高い場合 ………………………………………………117
　　　② 賃借人による付け値が買受人による付け値より
　　　　 低い場合 ………………………………………………118
　4　取引費用がゼロでない場合の初期権利配分への知見 …………118
　　(1) 買受人及び賃借人への初期権利配分のあり方 …………118
　　(2) 初期権利配分のルール …………………………………119
　5　短期賃保護制度の弊害 ………………………………………120
　　(1) 民法395条本文——初期権利配分の誤りによる取引
　　　 費用の肥大化 ……………………………………………120
　　　① 賃借人への初期権利配分の問題点 …………………120
　　　② 不確実性、情報の非対称性によりさらに弊害は増大 …120
　　　③ 短賃保護制度が市場にもたらす影響 ………………121
　　(2) 民法395条但書の問題——権利規定が不明確なため
　　　 肥大化する社会的損失 …………………………………122
　　(3) 民事執行法上の問題——取引費用はもっと減らせる　…123
　6　結　論——コースの定理の政策的含意 ……………………123
　　(1) 法は権利の内容を明確に定めるべきである …………124
　　(2) 法は取引費用を極小化するよう手続規定を定めるべき
　　　 である ……………………………………………………124
　　(3) 法は取引費用の総和を小さくするよう初期権利配分を
　　　 定めるべきである ………………………………………124

第7章　不良債権と貸し渋りの法と経済学

　　　　　　　　　　　　　　　　　山崎福寿・瀬下博之　*129*

　1　はじめに ………………………………………………………*129*

目　次

- 2　短期賃貸借制度とコースの定理 …………………………… *130*
  - (1)　順位確定の原則 ………………………………………… *130*
  - (2)　短期賃貸借制度と家賃の変化 ………………………… *131*
  - (3)　抵当権と短期賃貸借制度 ……………………………… *133*
  - (4)　詐害的短期賃借権と動学的不整合性 ………………… *135*
- 3　短期賃借権と貸し渋り ……………………………………… *136*
  - (1)　短期賃借権と情報の非対称性 ………………………… *136*
  - (2)　短期賃貸借権による優先権の侵害と動学的不整合問題 … *138*
- 4　結　論 ………………………………………………………… *139*
- **Appendix** ………………………………………………………… *141*
- 1　短期賃借権と情報の非対称性 ……………………………… *141*
  - (1)　モ デ ル ………………………………………………… *141*
  - (2)　資 金 需 要 ……………………………………………… *143*
  - (3)　資 金 供 給 ……………………………………………… *144*
  - (4)　短期賃借権の変化 ……………………………………… *146*
- 2　短期賃借権による優先権の侵害と動学的不整合問題 …… *148*
  - (1)　借り手の機会主義的行動 ……………………………… *148*
  - (2)　最適な負債契約 ………………………………………… *149*
  - (3)　短期賃借権がある場合 ………………………………… *152*
- 付　論 …………………………………………………………… *154*

第8章　債権回収実務と執行妨害の実情

河　内　孝　雄……*161*

- 1　暴力団等の勢力変化 ………………………………………… *161*
- 2　執行妨害について …………………………………………… *163*
- 3　執行妨害の方法と種類 ……………………………………… *164*
  - (1)　立ち退き料要求型 ……………………………………… *164*
  - (2)　低額買い受け目的型 …………………………………… *165*
  - (3)　債権回収目的型 ………………………………………… *165*

4　金融機関が対応してきた執行妨害排除方法とその限界 ………*166*
　　5　最大判 1999・11・24 の判例変更について …………………*169*

第9章　住宅融資保証機関の実務と執行妨害
　　　　　　　　　　　　　　　　　　馬　場　　　務……*171*

　　1　はじめに ………………………………………………………*171*
　　2　保　証　事　業 ………………………………………………*172*
　　　(1)　制度の目的 ………………………………………………*172*
　　　(2)　事業の規模 ………………………………………………*172*
　　3　求償債権の回収 ………………………………………………*175*
　　　(1)　短期賃借権の設定があり増加競売を申し立てた事例 ……*178*
　　　(2)　民事執行法 55 条に基づく「売却のための保全処分」
　　　　　申し立ての事例 …………………………………………*180*
　　　(3)　民事執行法 77 条に基づく「買受人のための保全処分」
　　　　　を行った事例 ……………………………………………*182*
　　　(4)　不動産の「引渡命令」を申し立てた事例 ………………*185*
　　4　執行妨害への対応 ……………………………………………*186*
　　5　執行妨害排除の事例 …………………………………………*187*
　　6　執行妨害があった場合の減価とは …………………………*188*
　　　(1)　競売に付した不動産の評価「最低売却価格」とは何か …*188*
　　　(2)　競売手続きにみる評価額 ………………………………*189*
　　7　競売手続の進捗化と売却の見込みのない場合の措置
　　　（民事執行法 68 条の 3）………………………………………*191*
　　8　短期賃貸借の保護は必要か …………………………………*193*
　　9　最　後　に ……………………………………………………*195*

目　次

【資　料】

〔資料1〕
「担保不動産流動化のために
　――短期賃貸借保護制度の抜本的改正を――」　　短期賃貸借研究会
　〈本文〉
　　1　はじめに
　　2　短期賃貸借制度悪用の弊害と市場への影響
　　3　短期賃貸借制度に係る学説・判例整理
　　4　短期賃貸借制度の立法論検討
　　5　緊急の法改正課題
　　6　今後の制度改正課題
　〈要旨〉
　　1　はじめに
　　2　短期賃貸借保護制度悪用の弊害と市場への影響
　　3　短期賃貸借保護制度に係る学説・判例整理
　　4　短期賃貸借制度の立法論検討
　　5　緊急の法改正課題
　　6　さらに必要な制度改正の課題

〔資料2〕
「競売法制不備による社会的損失」　　　　　　短期賃貸借研究会
　　1　競売法制不備による社会的損失について
　　2　社会的損失発生の実態
　　3　競売法制不備による社会的損失の推計結果

〔資料3〕
「都市住宅学会　セッション：司法の失敗と都市再開発の停滞」
　　都市住宅学会・第7回学術講演会（1999年度全国大会）

序

鈴　木　禄　彌

　短期賃貸借というのは、本当に困った制度である。暴力団的な連中の資金源にもなり、円滑な不動産競売を妨げ、銀行等の債権回収を困難にするゆえ、基本的にはこの制度を廃止すべきことは、私も種々の機会に述べてきたし、その考えは今も変わっていない。そして、本書で後続される各論の執筆者の方々も、詳細かつ強力的に説かれているので、同じことを私が述べる必要はあるまい。もっとも、物事にはいつも両面があることは、別の機会に比喩として説べさせていただいた（債権管理85号（1999年）1頁）ので、それをそのまま以下に流用させていただこう。

　「自動車が交差点を曲がろうとすると、横断歩道をわざとゆっくり渡って、車を邪魔する意地悪な歩行者がいて、乗っているものにとっては、横断歩道など全廃して、もっぱら歩道橋を渡らせることにしたらよい、などと考える。歩いていて横断歩道を渡ろうとすると、赤になりかけた交通信号を無視してスピードを上げて通過する横暴な運転手がいて、歩行者としては、一般道路はすべて歩行者天国にして、自動車はハイウェーだけを通らせたらよい、などと考える。本当は、歩行者も運転手も、少数の例外は別として、善良な人々なのであろうが、見る者の立場に応じて、悪い奴ばかりが横行しているかのように思える。」

　短期賃貸借の問題をめぐって、私がやはり気になるのは、ごく普通の善良な次のような人々である。すなわち、ヤクザなどの気配は全くないサラリーマンAがマンションの一区画を不動産媒介業の仲介で賃借しようとしている。この賃借に当たっては、Aは、賃料・間取り・環境などにはもちろん気を使うであろうが、建物をめぐる権利関係などにはほとんど配慮せず、その登記閲覧したりなどしないのが普通である（仲介業者があらかじめ登記を調べて、それをAに伝えてくれればよいが、現在はまだ、それを期待し得ない）。他方で、この建物は、バブル時代に建設されたものの例にもれず、BがC銀行から多額の建設資金の

序

融資を受けることによって建築され、この債務の担保のための抵当権が建物にも敷地とも設定され、その登記がなされている、としよう。

さて、Aは、仲介業者に所定の手数料を、また、Bに敷金や礼金を支払って、AB間の期間3年の借家契約が成立し、Aは、この建物に入居し、月々の賃料を滞りなく支払って、ようやく周囲の街並みや勤め先への交通手段にも慣れ、子供たちも転校先の友達とも親しんで、数ヶ月が経過したとしよう。ところが、Bが融資債務の返済をなしえず、Cは、抵当権を実行しようとして、その前提としてAに立ち退きを請求することになった、とする。もし、この場合にも、対抗要件具備の順序により権利の優劣が決せられるとすれば、Aは、明け渡しを余儀なくされる結果になるのである。これに反して、現行民法下では、Aは、Cの明け渡し請求に応ずる必要がないばかりでなく、抵当権実行によりこの建物を競落したDに対しても、Aとの約定期間満了までは、自己の賃借権を対抗しうるのみでなく、期間満了による明渡しをするに当たっても、Dに敷金額の返還を求めうることになるのである。

しかし、もし短期賃借人保護の制度がなんらの代替的制度なしに廃止されるとしたら、Aは、ようやく住み慣れた住居を出てゆき、子供は再度の転校を余儀なくされ、敷金等もドブに棄てたような結果になり、再度の引越しの費用もまた実際上自己負担となる。もっとも、実務に詳しい方々によれば、「現行法下でも、善良な借家人は、明渡し請求があれば、おとなしく出てゆくのが普通だ」とのことである。しかし、そうなる状況の前提としては、CやDの手足となって明渡しを求めにくる者には、占有屋と同様のスゴ味のあるものが少なくないことも看過されてはならないし、さらに、あまりにも日本人らしく争いを好まぬ気質を持つ借家人が多いことも、原因となっているのではあるまいか。さらには、「Aがその借家に住み続けたければ、Dと改めて賃貸借契約をすればよいのだ」と説く者があるが、再契約をしてもよいと思っているのに、Dが一応はAに明渡しを請求するのは、再契約に乗じて、賃料値上げその他自己に有利に条件を変更したいからで、これは、昔から有名な地震売買という方法の一種にすぎない。

そもそも、善良なAがかかるトラブルに巻き込まれざるをえない原因はどこにあるのか。まず、抵当権実行という事態を惹起させた張本人は、建物所有者

序

Bであり、彼が融資金返済を怠ったがゆえに、Cの抵当権実行がなされ、そのトバッチリを受けて、Aは、明け渡しを余儀なくされるかもしれないことになったのである。されにいえば、遠因は、Cがバブル景気に浮かれて、建物目的物の価格の予測を誤り、過大な融資をしたからこそ、今や抵当権を実行せざるを得なくなったのである。その結果、罪もないAは、公的資金の投入を受けられるどころではなくて、ホームレスの境遇に落ちかねまじきことになったのである。かくては、「死んでください」と要望される「老人たち」と同様に「借家人は出ていってください国のため」と金融の活溌化・景気の回復のため犠牲とされることになるのであろうか。だが、こうして息まいてみても、現行の短期賃貸借制度が欠陥だらけであることは、本書の他の執筆者と同様に、私も認めるところである。だとすれば、単純にこの制度を廃止すれば、それでよいのであろうか。一般に法律問題は、解釈論にしても、立法論にしても、一刀両断、白か黒の処理で、万全の結論が出るわけではない。この点の解釈論についての一例として、短期賃貸借をめぐっての最近の最も重要な判例（最判1999年11月24日民集53巻8号）の読み方について、ちょっとだけ脱線することを許していただきたい。この判例は、その法的構成の点を別として、結論だけを紹介すれば、要するに、抵当権者が短期賃貸借人（だった者）に対して明渡し請求をなし得る、というのである。

ところで、この判例の事案の具体的状況は、第1に、被告である占拠者には占有の権原のないことがすでに別訴で確定されており、第2に、原告は、すでに抵当権実行の申立てをしており、第3に、不動産取得者自身が占拠者に対し明渡請求をしているという事実はないこと、そして、第4に、不動産所有者は、単に抵当不動産を所有しているにすぎない（つまり物上保証人である）のではなく、その抵当権の被担保債権の債務者でもある、というような諸事情があるのである。かかる諸要件を具備している事案については、判例の上述の結論は、全く妥当である、ということができよう（以上についての詳論は、鈴木禄彌・升田純「最大判平成11・11・24をめぐる諸問題」登記情報40巻1号10頁）。

しかし、上述の4つの要件の1つないし幾つかが欠けている場合にも、なお上述の判例の結論が妥当といえるかには、疑問の余地が十分ありえる。すなわち、占拠者が短期賃貸借権者であろうとなかろうと、また、かれが目的物所有

序

者に対する関係では占有権原を有しているか否かを問わず、およそ該不動産上の抵当権者は、抵当権を有しているがゆえに常に、占拠者に対していつでも当然に明渡しを請求しうるのだ、とこの判例に基づいて一刀両断的にいうことは、たとえそれがどれほど抵当権債務回収のために、したがってわが国の景気回復のために役立っていたとしても、許されるべきではなく、やはり、関係者の諸般の状況を考慮して、結論に至るべきであろう。

以上の脱線が、短期賃貸借の現行法をめぐっての私の解釈論である。

しからば立法論はどうしたらよいのであろうか。私の拙い立法論は、別の機会に述べさせていただくことにするが、いずれにしても利害の相反する両側の関係者を完全に満足させることは不可能で、ある程度のことでの妥協を図るほかない、と考えていた。

この短期賃貸借の立法論については、後続の執筆者の名案にまかせたい。

以上の「序」とはいえないたわごとを以て、暫時の免責を与えていただきたい、と思う。

第 1 章　短期賃貸借保護廃止の提案＊

阿部泰隆・上原由起夫

1　はじめに

　日本経済不況の 1 つの大きな原因は、不動産競売市場が機能しないため、銀行の債権などは担保割れして、不良債権になってしまうことが挙げられる。そうした抵当権の阻害要因の主因は、景気動向のほか、法的に見れば、抵当権設定登記後に設定されても借家の場合に最長 3 年間は保護される民法 395 条の短期賃貸借（以下、短賃と略す）の悪用とこれに必ずしも対応できない民事執行法である。

　裁判所は、新聞広告で、「ご存じですか。裁判所の競売物件……ていねいに探せば思わぬ掘り出し物件もあり、マイホーム購入の有利な方法といえます。……裁判所の競売不動産はだれでも参加し購入できます。……多少煩雑な手続をいとわなければ有利な不動産物件といえます」として競売手続を説明し（毎日新聞 1999 年 3 月 22 日 27 面、同 2000 年 4 月 22 日 26 面東京版）、間取りや賃借権の有無、最低競売価格つきで抵当権に基づく競売物件を掲載している。

　ところが、入札参加者はその物件の中を閲覧することはできず、裁判所の物件調査結果が事実と異なることも少なくない。ないはずの賃借権がついていたり、間取り・面積が違っていたり、内装が破壊されていることもある。

　しかも、借家人や不法占有者が居座る場合には、執行屋、抗告屋、金融屋、競売屋などが暗躍し、買受人は自らの責任と負担で彼らに相対しなければならない。宮部みゆきの小説『理由』では、競売物件を買い受けたところ、短賃保護制度を利用したゆすりを受け、結局一家 4 人殺しに巻き込まれて、人生を棒に振る様が描かれているが、これは決して架空の話ではない。

　民間の宅地建物取引業では、不動産の仲介に当たって、物件内部の閲覧手配、権利関係の整理、物理的な明渡しの保証等を行うのが常識である。裁判所の物件と同じことを業者が行うなら依頼者がいなくなるであろう。国家が強制売却

第1章　短期賃貸借保護廃止の提案

させる不動産が最も危険な物件となっているのである。このような状況のため、裁判所の競落にはまっとうな買受人はなかなか現れず、競落価格が暴落し、債権の回収は容易ではない。ここでは債権者や買受人の莫大な損失に加え不動産市場・金融システムの犠牲のもとで、反社会的集団に莫大な不当利益が発生し、法治国家の恥部が集約されている[1]。

したがって、「特集　競売物件は本当に宝の山か　占有屋に抗告屋、競売バブルのあだ花?『買い得』でも競売不動産を買うときには『それなりのコスト』を覚悟した方がいい」という記事は全く正しい[2]。

そうすると、前記の裁判所広告は法の建前にすぎず、実態を知る者からすれば誇大すぎると思われる。法治国家の裁判所が詐欺師として訴えられる事態が起きるのではないかと憂慮する。

こうした短賃保護制度の悪用を除去して、抵当権が債権回収に実質的に機能するようにする必要があることはこれまでも広く認識されている[3]。ただ、ここで注意すべきは、これまでの努力は、ただ短賃保護制度の下での解釈論的平面のものとその延長線上に立った立法論、民事執行法改正などの執行段階での微修正であった。短賃保護制度という本丸は残されてきたのである。

短期賃貸借研究会を組織したわれわれの研究[4]によれば、この程度の対応では事態の改善にはおよそ不十分であり、担保不動産流動化・債権回収とその適正な評価のためには、本丸である民法395条の短賃保護制度を廃止して、これに代わる合理的な法システムを創造しなければならない。さらに、われわれは100年にわたってこの典型的悪法を温存してきた法曹界と立法機構の病理にもメスを入れたい。特に民法学界の大権威である鈴木禄彌氏が研究会の中核として借地借家法、短賃の弊害を明晰かつ的確に指摘され、立法的解決の方向を指導された[5]ことがわれわれの研究の基盤となった。

そこで、ここでは、これまでの判例学説、立法の歩みを振り返って、民法的発想による解釈論と立法論の破綻と、不備な実体法をそのままにした民事執行法改正の実効性の限界とを明らかにして、法改正の方向を示したい。

2　短期賃貸借保護制度とは

一般に民法上登記を要する権利の優劣関係は登記の前後による（民法177条）

が、その例外として、抵当権設定登記後に（ただし、競売申立てに基づく差押えの効力が生ずるまでに（民事執行法59条2項））対抗要件（建物については登記がなくても引渡しでたりる（借地借家法31条1項））を具備した賃借権でも、その期間が民法602条に定める短期のもの（建物については3年以下）については、抵当権が実行されて代金が完納されて（所有権が買受人に移転して）もその存続を認める（買受人に存続を対抗できる）特例がある。これが民法395条の短期賃貸借（短賃）保護制度である。

この制度は、1898年の民法施行時に不動産の利用促進等の観点から設けられ、本来は、短期に限り、抵当権設定者に被担保物件の使用収益を許し、債務の弁済に当てさせる趣旨であった。この制度は、建物に限らず、山林その他の土地にも適用があるが、ここでは、特に弊害が多い建物の賃貸借に限って検討する。

3　立法原則——法の明確性・裁判回避の要請

ミクロ経済学の教科書や法と経済学の書物に必ず出てくるコースの定理によれば、権利が法で明確に定められており、その実現のための取引費用がゼロであるなら、資源配分が最適化される。換言すれば、権利が不明確であったり、権利の実現のために時間、費用等が発生する場合にはその程度に応じて市場あるいは司法制度は失敗する。

民事法は私人間の紛争を裁く裁判所の判断基準であり、また、人々の行動の基準となる。そのためには、法律はできるだけ明確でなければならない。また、訴訟法や執行法も、権利の実現のために安価、迅速、確実なしくみであるべきである。弁護士や不動産鑑定、執行の費用はできるだけ低廉でなければならない。

さもなければ、法の予測可能性を害し、権利の実現のためにかかる時間や費用は何の社会的富も生み出さず、権利の価値を大幅に減殺する。

抵当権が機能するためには、抵当権者が格別の負担を負うことなく債権を回収でき、一般市民ができるだけ市場価格に近い価格で落札する気が起きるしくみにしなければならない。他方、抵当権が実行されるときにその建物に居住している正常な借家人は保護され、正常でない借家人には迅速安価に退去を求め

うるしくみでなければならない。

　ここで、裁判で決着をつければよいという、法曹にしばしば見られる発想は基本的に間違いであることを指摘したい。法律が機能するのは例外であるから、裁判官の権力で判断するのは最後で、民事法は、市場が適切に動くような環境整備を先決とすべきである。

　ちなみに、行政法の基本は、行政官が民間の監督をする監督手法であるが、最近その機能不全が認識され、経済的手法・情報手法など、より合理的な規制手法が探求されつつある。裁判官が正邪を判断しにくいことは、役人の監督が機能しにくいことと同じことであって、裁判の方も同様の視点から改革されなければならないのである。この意味では、行政法を専攻する阿部が民事法の執行過程を改善しようと考えるのは、決して奇妙なことではなく、これまでの関心の延長線上にある。

4　判例・学説による民法型(解釈論・立法論的)対応は無力

(1)　判　例

①　抵当権者による賃貸借権の解除

　民法395条但書は、賃貸借が「抵当権者に損害を及ぼすとき」は、裁判所は抵当権者の請求によりその解除を命ずることができると規定し、抵当権を保護したつもりである。

　これは、賃貸借の存在により抵当物件の価格が減少し、抵当権者が十分に弁済を受けることができない場合をいうが、その具体的な内容については基本的にはいわゆる当然損害説と不合理契約説（詐害説）の2つの説がある。

　当然損害説は、短賃の存在によって抵当不動産の売却価格が下落し抵当権者の配当額が減少する場合には直ちに解除を認める考え方であり、不合理契約説は、これに加えてさらに契約内容の不合理性（低額賃料、賃料前払い、高額敷金など）や詐害性を要求する考え方である。判例は一時後者に与するかに見えた（最判1991・3・22民集45巻3号268頁）が、1996年に至って当然損害説を明らかにした（最判1996・9・13民集50巻8号2374頁）。

　これは賃借人の保護よりも抵当権者の利益を優位において、抵当権者の解除

請求の要件を緩和するもので、短賃保護のいきすぎを認識しているのであろう。しかし、この程度の努力では、前記3の立法原則にはおよそ適合せず、抵当権者が詐害的短賃を実効的に排除することは実際上はきわめて困難である。なぜなら、第1に、かりに短賃の存在により売却価額が下落したとしても、抵当不動産の売却価額が十分なため抵当権者が被担保債権をすべて回収できるような場合には、これを解除することはできない。このため買受人に不測の損害がもたらされる事態は生じ得るし、執行屋の暗躍を完全に排除できるわけではない。

第2に、解除の要件は依然として不明確である。賃借権が設定されると、抵当不動産の価格が一般には当然に低落するわが国では、当然損害説では正常な賃貸借も常に解除の対象になるのではないか、という疑問がある。1996年の判決は、「原則として」という枕詞をおいているので、抵当不動産の価格が下落しても、解除の対象にならない場合があるのか、また、どの程度下落すれば解除の対象になるのか、明らかではないから、判決の予測は困難である。

この状況で抵当権者が権利を守るために不動産鑑定と訴訟の費用まで負担して訴訟を追行することは負担も重いし、リスキーである。

第3に、解除をなし得るとしても、抵当権者が賃貸借契約解除訴訟を提起してから確定判決を得るまでには相当程度の期間と費用を要し、しかも係争中に短賃期間が終了する蓋然性も高いため、いわば「時間切れ必然無用で」、実効性はない（前記最判1996・9・13の事案も確定までに3年9ヶ月を要しており、賃貸借終了後2年を経過していた）。この制度は時間のコストを考慮していないのである。

② 予防的短期賃借権（併用賃借権）の抹殺

次に、濫用的な短賃への対抗手段として、抵当権者が（停止条件付き賃貸借を含めて）併用賃借権の設定を受け、さらには代物弁済の予約の仮登記を経由すること（いわゆる三種の神器）により、後順位の短賃を消滅させることが実務上一般的に行われていた。

しかし、最高裁は、「第三者の短期賃貸借の出現を事実上防止しようとの意図のもとになされたにすぎない」併用賃貸借は、「対抗要件を具備した後順位の短賃を排除する効力を認める余地はない」（最判1989・6・5民集43巻6号

第1章　短期賃貸借保護廃止の提案

355頁）として、濫用的短賃対策のための実務の知恵を抹殺した。

③　抵当権者の明渡請求

　抵当権者が賃貸借契約を解除しても、賃借人が占有を継続するのでは担保価値は下落したままなので、賃借人相手に明渡しを求め、不法占有者のない状態で被担保不動産の価値を高めて競売に付したいところである。学説では判例が併用賃借権を抹殺した以上これは認められるのではないかという期待もあった[6]が、裏切られた。前記1991年3月22日の最高裁は、「民法395条ただし書の規定は、本来抵当権者に対抗し得る短期賃貸借で抵当権者に損害を及ぼすものを解除することによって抵当権者に対抗し得ない賃貸借ないしは不法占有と同様の占有権原のないものとすることに尽きるのであって、それ以上に、抵当権者に賃借人等の占有を排除する権原を付与するものではな」いから、民事執行法83条（188条により準用される場合を含む）による引渡命令または訴えによる判決に基づく占有の排除を可能ならしめるためのものにとどまるとしたのである。

　そうすると、不法占有者の排除は買受人が行うことになる。買受人としては本訴を提起せずに民事執行法83条による簡易な引渡命令を活用することができる利点があるが、それでも、賃借権が消滅してもなお居座る者がいる建物を買い取るのは、この占有を場合により法を犯してでも排除できると自信のあるよほどの悪者もしくは強者または無知な者しかいない。これでは、抵当権付きの物件は暴落してしまう。この判決は、「賃借人等の占有それ自体が抵当不動産の担保価値を減少させるものでない以上、抵当権者が、これによって担保価値が減少するものとしてその被担保債権を保全するため、債務者たる所有者の所有権に基づく返還請求権を代位行使して、その明渡しを求めることも、その前提を欠く」とするが、わが国の現実では一種の詭弁[7]という批判が妥当する。

　もっとも、買受けの申出をした差押債権者のための保全処分の制度（民事執行法第68条の2、1998年新設）で導入された、「不動産の売却を困難にする行為をするおそれがある」とき当該物件の申立人保管は右記の問題を多少減殺している。

10

買受人が短賃の期間終了前に行う期間満了時の明渡しを求める将来の給付の訴えは認容される（最判1991・9・13判時1405号51頁）が、これも「あらかじめその請求をする必要性がある場合に」限られ（民事訴訟法135条）、執行妨害の意図有りと認定された場合であって、しかも、本訴であるから上級審までもつれることも十分にあり、買受人が過大な負担をいとわないギリギリの場合に初めて活用される制度である。

なお、395条但書による短賃の「解除判決が確定したときは、抵当権者と賃貸人との関係のみならず、賃貸人（所有者・抵当権設定者）と賃借人との間においても賃貸借関係が終了する。……賃貸人は、賃借人に対しその明渡しを請求することができる」（最判1994・3・25判時1501号107頁）。賃貸人が賃借人の占有を排除しようというときはこの判例も役に立つが、短賃の悪用例では、賃貸人と賃借人が結託しているのが通常であるから、この制度により担保価値を回復することは普通は期待できない。

抵当権者による不法占有者の排除を実体法上の請求権として認めた最高裁大法廷判決1999・11・24民集53巻8号1899頁は、1991年最高裁判決を正面から変更するものである。それは一見一歩前進に見える。しかし、善良な市民を装いながら短賃保護の制度を悪用して執行妨害を行う占有屋に対して、抵当権者が短賃の詐害性を立証することも容易ではなく、こうした者を相手にさらに明渡請求訴訟を追行するには、精神的・時間的・費用的にも多大の負担を要し、活用できるのは例外的な事案に限られる。現行制度の機能不全を改善するには焼け石に水である。

(2) 民法学説の無益有害性

学説も無数であるが、水掛け論の解釈論に終始していて（こうした万巻の書物はわれわれの立法論により反故になる）、これまで提起された問題点を理解していない。

学説は一般に短賃保護制度の弊害を認めている。この弊害排除のためには、解釈論や手続法による対応のほか、立法論による解決の提案も多い。

ただ、多くの民法論文では、基本的に短賃廃止を支持する鈴木説を除き、特に正常賃貸借と詐害的賃貸借を区別し、前者を裁判で保護しようとか、居住用

第1章　短期賃貸借保護廃止の提案

賃貸借を保護しようという発想が基本である[8]。これは法律家に染みついた思考様式である。しかし、今日、競売物件に付いている短賃の大多数は、前記のように外形上は正常短賃であるため執行官がその詐害性を見破るのは困難で、こうした発想では問題の解決にはならない。

法務省民事局参事官室の「借地法・借家法改正要綱試案」（1989年）も、賃借人が使用収益している賃借権については、短賃保護制度を残したまま、一定以上の敷金交付・借賃前払いを買受人に対抗できないとしているだけで[9]、短賃の濫用対策には全くなっていない[10]。

次に、安易に立法論に頼るよりも、解釈論でぎりぎりまで探れ、裁判上の解除請求自体が明渡請求を含むと解釈せよという説[11]がある。しかし、抵当権者による占有排除を認めることで解決がつくのは前述のとおりごく一部であり、これは解釈に委ねることにより発生する膨大な社会的費用の認識のないナイーブな見解である。こんな解釈論にとどまっていることこそ「安易」ではないのか。

5　民事執行法の改正も微力

(1)　近年の民事執行法改正による対応

近年、民事執行法等手続法の改正により、執行妨害対策の取組みが行われ、これにより短賃保護制度の弊害も多少解消される。

①　1996年改正

前記1991年3月22日最高裁判決は、抵当権者が賃貸借権解除判決を得たときも、買受人が不動産引渡命令等で賃借人の占有を排除すればよいとしていた。そこで、執行手続きの改善のために1996年に民事執行法の一部改正が実現した。

具体的には、売却のための保全処分の相手方の範囲が拡大され（「価格減少行為等」をする者であれば、債務者だけでなく不動産占有者も相手方とされる。民事執行法55条）、最高価買受申出人または買受人のための保全処分（同法77条）についても同様の改正がなされた。また、代金を納付した買受人の申立てによ

第1章　短期賃貸借保護廃止の提案

り不動産の占有者に対して引渡命令を出す制度がある。引渡命令についても相手方が拡大され、対抗要件を備えない賃借人のように本来買受人に対抗しえず明渡義務を負うのに引渡しの相手方の範囲からはずれていた者も含まれるようになった（同法83条1項、188条）。さらに、競売開始決定前の保全処分が新たに制度化された（同法187条の2）。

保全処分は詐害的短賃に基づく占有を排除するためにある程度の効果を発揮しよう。

本訴では、口頭弁論で権利を立証しなければならない（民事訴訟法87条）し、争われれば最高裁で確定しないと執行できない（民事執行法22条1号）から、権利を実現するコストと時間は膨大である。これに対し、引渡命令は、執行手続の中で通常は迅速に判断されるし、審尋はあるものの口頭弁論を要しない（同法4条）し、争う方法は執行抗告という限られた手段だけで（同法10条、83条4項）、最高裁への許可抗告は導入されたが制限があり（裁判所法7条2号、民事訴訟法337条参照）、確定すれば債務名義になる（民事執行法22条3号、83条5項）から、買受人にとって安価・有効な権利実現手段である。

② 1998年改正

さらに、1998年10月、競売手続きの円滑化等を図るための関係法律の整備に関する法律により民事執行法が改正された(12)。

まず執行官・評価人の調査権限が拡充された（民事執行法18条・57条・58条・168条の改正）。いわゆる件外物件（目的物件が土地のみである場合にはその上にある建物も、目的物件が建物のみである場合にはその敷地）に関しても執行官が固定資産評価証明書の交付を求めることができるとか、執行官は電気、ガス又は水道事業者などから必要な報告を求めることができるとされた。ただ、賃借人の入居日は、偽装短賃であればなおさらこれらの証拠を取りそろえているので、この改正も偽装対策にはあまり役立たない。

売却許可、引渡命令を受けた者が執行抗告を申し立てることにより確定を遅延させて（民事執行法74条5項、83条5項）買受人の不動産利用を妨害する抗告屋対策として、原裁判所による簡易な却下制度ができた（同法10条5項4号）。ただ、その効果のほどは「手続を不当に遅延させることを目的としてさ

第1章　短期賃貸借保護廃止の提案

れた」というその要件の解釈次第である。

(2)　執行法の限界

　この法改正は有意義であり、裁判所も大いに努力しているが、しかし、実体法上の権利関係をそのままにして、執行法によって短賃等の執行妨害を排除しようとしても、執行法自体の構造的弱点もあいまって、その実効性には大きな限界がある[13]。

　第1に、引渡命令の制度は、「事件の記録上買受人に対抗できる権原により占有していると認められる者」に対しては発することはできない（同法83条1項但書き）。短賃の保護を受ける者はこれに当たる（ただし、買受人の代金納付以前にまたは引渡命令の申立可能期間内に賃貸借期間が終了しているものは引渡命令の対象になる）。

　引渡命令は、債務名義の有無を審理しない執行裁判所が簡易な手続きで発するので、事情が変わる可能性の少ない間として、買受人が代金を納付してから6ヶ月間だけしかできない（同法83条2項）。

　そこで、差押えの動きを察知して、その直前にたとえば期間2年の短賃を設定すると、かりにちょうど1年で競売され代金が納付されても、あと1年賃借権が残る。買受人は引渡命令を活用できないので、本訴による明渡請求に頼らざるをえない。相手方の控訴、上告があれば最高裁の確定判決まで長期間を要し、種々のトラブルに巻き込まれる。これは占有屋の利権になる。

　第2に、濫用的な賃貸借は短賃の保護を受けえないものであり、「権原により占有する者」に当たらないものとして、裁判所は保全処分や引渡命令を発してきた。しかし、事件の記録上これに当たるかどうかは執行官の現況調査や物件明細書によるが、裁判所が収集しうる情報は限られ、妨害事案では正常賃貸を装う占有屋を見破ることは困難である。売却許可段階でこれを争う方法もある（同法70条、71条）が、「証拠が揃いすぎているのは濫用的短賃の証拠？」、「敵もさるもの、濫用をうかがわせないように巧みに適法有効な賃貸借契約の外形を作出するようになっている」[14]。

　保全処分は、その適用要件が不明確であるうえ、価格を減少される前、占有が移転される前にこれを防止することは容易ではない。

第3に、引渡命令のためには相手の特定が必要である。これはその占有が不法占有であっても同じである。占有者を明らかにするためには多額の調査費用を要するのみならず、占有者が次々と入れ替わる執行妨害に対しては、民事執行法上の保全処分には当事者恒定効がないため結局は占有移転禁止の仮処分（民事保全法62条）をかけたうえで本訴による明渡請求という手段に頼らざるをえない。暴力団を相手にこんなコストのかかる手段を講ずることを前提に入札に参加することは一般人には期待できない。

第4に、執行官の作成した現況調査報告書（民事執行法57条、民事執行規則29条）には室内の写真が載っているが、抵当権つき物件を入札するとき、部屋の中には入れないので、その後に部屋が壊されているなど不測の損害を被ることもある[15]。さらに、買受人の調査機会が限られているのに、瑕疵担保責任が排除されている（民法570条但書）から、買受人が瑕疵ある物件をつかまされることが制度上予定されている。

第5に、抵当権者が債権管理の一環として抵当権設定時及びその後の占有状況を常にチェックしてこれを客観的な記録として残しておけば、執行妨害対策になるであろうが、それは抵当権者にとって過大な負担であるし、そのことを理由に法改正に慎重さを求めるのは本末転倒である。

6　結　論

では、どうすればよいか。2に述べた立法原則に立てば、種々工夫しても、短賃保護制度を残したままでは、法の予測可能性に欠け、執行手続も複雑で、権利を実現するコストが巨大なので、一般市民はリスクが大きくてとても競売に参加できない。正常賃借人の保護を裁判官が訴訟で判断するという現行法のシステム自体が、悪質占有屋の跳梁を許す元凶なのである。

そこで、われわれは民法本来の対抗原則を貫き、現行の短賃保護制度をきれいさっぱり廃止することを提案する[16]。買受人が代金を納付したら、抵当権設定後の借家権は差押え後の借家権と同じようにすべて消滅するとする。そうすれば、抵当権実行と同時に（抵当権設定前からの賃借人を除き）およそ物件を占拠する者がすべて不法占拠者となるので、悪質な者が善意者を仮装して権利を主張する余地はなくなる。

第1章　短期賃貸借保護廃止の提案

　そうすると、善良な賃借人の保護が問題になるが、これまででも善良な賃借人は競売となれば出ていくのであって、最後まで残るのは制度を実質的に悪用する短期賃借人である(17)から、この案でも実質的に権利を害される善良な者はいない上、新しい家主（買受人）も、当該物件を収益物件として活用する場合には、善良な借家人とは再契約するであろう。

　代わりに、セイフティネットとして、再契約されない者には買受人の代金完納後一定の明渡猶予期間を与える。差押えから代金納付までも一定時間はかかるので、こうすれば、賃借人も十分に保護され、抵当権に関してよく言われる「価値権と利用権の調和」も図られるのである。なによりも、短賃である3年より長い期間の借家契約を締結した者は、3年間保障されるのではなく、全く保護されないとするのが判例である（最判1963・8・27民集17巻6号872頁）し、差押え発効前に占有を開始した短期賃借人であっても、差押え発効後に賃貸期間が満了した場合には、たとえ合意更新、法定更新があっても買受人に対抗できない（判例通説）(18)が、われわれの提案はこうした者にも明渡猶予期間を与える点で、現行制度よりも借家人保護に厚いのである。この案に対しては、抵当権付きの建物を借りると、いつ追い出されるかもしれないという不安から「借りしぶり」がおきるのではないかという疑念が示されるが、それは「まとも」な借家人はいずれにせよ借りざるをえないし、また、抵当権が付いているか、短賃の保護があるかどうかを調査して借りることも少ない（あるとすれば、家賃に反映しているはずであるが、そのような事実は報告されていない）から、実質的には今と変わりはない。短賃保護がなくなったら「借りしぶる」のはその確信的悪用者しか想定できない。抵当権に遅れる利用権の正当な価値は今でもたかだか3年（通常の慣行では契約期間は2年）である。これが平均1－2年程度になるとしても、実質的な違いは発生しない。

　その期間満了後も退去しない者は無権利者であることが明らかであるから、買受人は本訴でなく、引渡命令を活用して簡単に退去を求めることができるとする。そのさい、買受人の負担を軽減するため、占有者名が不明でも、いちいち明らかにすることなく、単に、何号室以外はすべて引き渡せと裁判所に申請すれば、裁判所が責任を持ってその占有を解除して買受人に引き渡す制度を作るべきである。そのさいに、暴力団などが立退料などを要求することのないよ

第 1 章　短期賃貸借保護廃止の提案

うに、執行官は買受人と占有者の間の話合いなどを斡旋してはならず、暴力団対策法や強制執行不正免脱罪、封印破棄罪などを活用すべきである。

そうして初めて、裁判所の広告通り誰でも「多少煩雑な手続」だけで安心して不動産競売市場に参加できるので、裁判所は詐欺師の汚名を着ることなく、担保不動産処理は飛躍的に推進される。

［＊本章は、NBL 667 号に掲載された同名論文に若干の加筆修正を施したものである。］

　注
（１）　福井他（1999）、福井（1998 a）、福井（1998 b）参照。溝口他（2000）68 頁以下も、ヤクザが居座る競売物権を落札する競売屋の実態を報告している。
（２）　週刊東洋経済 1998 年 10 月 31 日号 40 頁以下。
（３）　たとえば、東北大学（1984）6 頁以下、綿引（1989）64 頁、生熊他（1992）50 頁以下、山口他（1997）45 頁以下。担保物権法の書物でもこのことは一般に認識されており、いちいち列挙するまでもないが、内田（1996）390 頁以下、最高裁（1991）91 頁注 11 参照。
（４）　短期賃貸借研究会（1999）参照本書に［資料 1、2］として掲載。
（５）　鈴木（1994）215 頁以下参照。なお、市場のなかでどんどん迅速に執行できるシステムを構想する小林秀之発言（民訴雑誌 44 号 161 頁、1998）に共感する。
（６）　中野（1990）6 頁以下、中野（1997）119 頁参照。
（７）　吉田光碩（1991）98 頁参照。
（８）　米倉（1976）22 頁、生熊（1989）147 頁、生熊（1984 a）1 頁以下、生熊他（1992）74 頁、生熊（1984 b）257 頁以下、鎌田薫（1995）30 頁、内田（1984）212 頁、内田（1983）320 頁以下、吉田（1998）691 頁以下、特に 738 頁、栗田（1985）193 頁以下、特に 207 頁、升田（1996）31 頁等参照。
（９）　法務省（1990）17 頁参照。
（10）　生熊（1989）146 頁参照。
（11）　川井（1999）150 頁以下。さらに、玉田（1977）14 頁参照。
（12）　山本和彦（1999）78 頁以下、吉戒（1999 a）104 頁以下、吉戒（1999 b）115 頁以下、林（1999）4 頁以下。

第 1 章　短期賃貸借保護廃止の提案

(13) 　梶山（1997）141 頁以下、福井他（1999）、山本弘（1998）141 頁以下、最近の運用の実情も含めて執行法の不備につき、山崎（1997）6 頁、山崎（1998）104 頁以下、さらに、民訴雑誌 44 号 160 頁以下参照。

(14) 　綿引（1989）65 頁、中野（1998）478 頁。

　　　執行官が、通常行うべき調査方法を採らず、あるいは、調査結果の十分な評価・検討を怠るなど、その調査及び判断の過程が合理性を欠き、その結果、現況調査報告書の記載内容と目的不動産の実際の状況との間に看過しがたい相違が生じた場合には、注意義務違反として、国は国家賠償責任を負う（最判 1997・7・15 民集 51 巻 6 号 2645 頁判時 1617 号 76 頁）。この事件では注意義務違反が認められたが、ことほど左様に競売物件の調査は困難であり、それを信じて買い受けるのはハイリスクなのである。

　　　最近は「競売で落札の土地　実は国有地だった。過失を認め国などに賠償命令」（大阪地判 1999 年 2 月 5 日、朝日新聞 2 月 6 日付 27 面）という例がある。

(15) 　ただし、差押え債権者が保全処分をした場合には、建物内部の下見の可能性がある。山本和彦（1999）81 頁参照。

(16) 　福井他（1999）参照。

(17) 　生熊他（1992）57 頁参照。

(18) 　中野（1998）376 頁、478 頁参照。

参考文献

――生熊長幸（1984 a）「本来的建物短期賃貸借の保護」岡山大学法学会雑誌 33 巻 4 号

――生熊長幸（1984 b）「短期賃貸借解除請求訴訟と本来的建物短期賃借権の保護」外尾健一編『人権と司法』勁草書房

――生熊長幸（1989）「借地・借家法改正要綱試案と短期賃貸借制度の改善」ジュリ 939 号

――生熊長幸他（1992）「座談会・不動産執行妨害の現状と対応策」金法 1336 号

――内田貴（1983）『抵当権と利用権』有斐閣

――内田貴（1984）「抵当権と短期賃貸借」星野英一他編『民法講座 3 －物権（二）』有斐閣

――内田貴（1996）『民法III』東京大学出版会

第 1 章　短期賃貸借保護廃止の提案

―― 梶山玉香（1997）「抵当権の実行と民事執行法改正」ジュリ 1115 号
―― 鎌田薫（1995）「抵当権（その二）」『担保法理の現状と課題』別冊 NBL 31 号
―― 川井健（1999）「不良債権と抵当権の効用――短期賃貸借の解除と物上代位」ジュリ 1152 号
―― 栗田隆（1985）「短期賃貸借制度の再検討」米倉明他『金融担保法講座 I 巻』筑摩書房
―― 最高裁判所（1991）『判例解説民事編 1991 年度』
―― 鈴木禄彌（1994）『物権法講義・四訂版』創文社
―― 玉田弘毅（1977）「抵当権の今日的機能と理論的再検討」NBL 136 号
―― 短期賃貸借研究会（1999）「担保不動産流動化のために――短期賃貸借保護制度の抜本的改正を」税務経理 8079 号
―― 東北大学短期賃貸借制度研究会（1984）「短期賃貸借制度等をめぐっての『業者』の活動の実態」ジュリスト 817 号
―― 中野貞一郎（1990）「抵当権者の併用賃借権に基づく明渡請求」金法 1252 号
―― 中野貞一郎（1997）「民事執行における実務と学説」司法研修所論集創立 50 周年記念特集号 98 号
―― 中野貞一郎（1998）『民事執行法・新訂第三版』有斐閣
―― 林道晴（1999）「不良債権処理のための民事執行法及び民事執行規則の改正について」判タ 986 号
―― 福井秀夫（1998 a）「短期賃貸借保護の問題点」週刊住宅新聞 1998 年 11 月 12 日付
―― 福井秀夫（1998 b）「短期賃貸借保護撤廃を」日経金融新聞 1998 年 11 月 18 日付
―― 福井秀夫・久米良昭（1999）「担保占有者排除へ立法」日本経済新聞 1999 年 4 月 2 日付経済教室
―― 法務省民事局参事官室（1990）『借地・借家法改正要綱試案』別冊 NBL 21 号
―― 升田純（1996）「短期賃貸借をめぐる諸問題と最近の裁判例」金法 1454 号
―― 溝口敦・山之内幸夫他（2000）『ヤクザという生き方・危ない金の稼ぎ方』宝島新書
―― 山口宏・副島隆彦（1997）『裁判の秘密』洋泉社

19

第1章　短期賃貸借保護廃止の提案
　　——山崎敏充（1997）「東京地裁執行部における不動産執行事件の現状と課題」NBL 615 号
　　——山崎敏充（1998）「不動産競売手続の理念と現実」民訴雑誌 44 号
　　——山本弘（1998）「抵当権の効力と目的物の占有・使用」民訴雑誌 44 号
　　——山本和彦（1999）「競売手続円滑化法及び特定競売手続臨時措置法について」ジュリ 1151 号
　　——吉戒修一（1999 a）「民事基本法の最近の立法の動向と課題」ジュリ 1149 号
　　——吉戒修一（1999 b）「サービサー法の制定と新しい根抵当・競売制度」ジュリ 1152 号
　　——吉田光碩（1991）「詐害的短期賃貸借への対応」判タ 756 号
　　——吉田克己（1998）「民法 395 条（抵当権と賃借権との関係）」広中俊雄・星野英一編『民法典の百年 II』有斐閣
　　——米倉明他（1976）「座談会・新しく抵当権を考える(3)——短期賃借権の実情」NBL 123 号
　　——綿引万里子（1989）「『競売屋』・『占有屋』退治は成功したか」ジュリスト 927 号

第2章　競売市場における司法の失敗
―― 短期賃貸借保護廃止立法案* ――

福井秀夫・久米良昭

1　問題の基本的構図

　短期賃貸借（以下「短賃」という）保護（民法395条）の存在は、金銭消費貸借市場において莫大な取引費用を発生させ、担保物件の有効利用を阻んでいる根元的な要因である。また、短賃保護がもたらす競売市場の縮小は、金融秩序を不安定なものとし、抵当権を前提とした信用創造を収縮させている。

　抵当権制度の機能は、本来、債権額を担保するに足りる不動産に抵当権を設定することで、万が一弁済がなされない場合の価値を保全し、抵当権者が競売換価代金から優先的に弁済を受けることを可能とすることによって、金融秩序を維持しながら、投資活性化、経済活性化を図ることにあるはずである。短賃保護が抵当権者や買受人にもたらす膨大な取引費用は、担保価値の獲得のためのいわば必要悪である。これらの取引に投入された人員・金員は、このように後ろ向きの社会的損失をもたらす作業に費やされることがなければ、もっと有益な生産的活動に費やすことができたはずである。また、短賃保護は、不動産の利用が最有効利用者の手に委ねられることをも極端に妨げることによって、やはり社会的な富の縮小をもたらしている。

　融資金額の上限は、抵当物件の将来予想価値から短賃保護がもたらす取引費用に係る損害とそのリスクに対応した期待値を差し引いた金額によって画される。競売物件の入札額が市場価格の5割以下となる案件が多いこともこのような事情の反映である。債務者が融資を受ける際に、このような価値低下が見込まれる以上、信用創造機能は著しく減殺される。抵当権に基づく金融という回路を通じた経済的利得は、このような目減りがない場合よりも大幅に縮小する。

　金融取引は債権者・債務者の双方にとって利益をもたらすはずの取引である。短賃保護がもたらす膨大な社会的コストは、融資限度額を縮小させて債権者の利益を損なうのみならず、期日通りの弁済を予定しているいわゆる善良な債務

者全般に対して、融資を受けられない地位に落としめたり、融資額を縮小させたりするという仕打ちを与えることになる。

　本章では、コースの定理の含意にことごとく反し、競売市場における司法の失敗を現出せしめた短賃保護制度の問題点を、債権回収の実態の側面から明らかにすると同時に、基本的に短賃保護を廃止したうえで、どのような立法の下でこの問題を規律することとすべきかについての提案をも明らかにすることとしたい。ここでの基本的な構図は、いかなる立法秩序が債権者及び債務者の本来的な利益を極大化し、競売市場の失敗をもたらさず、反社会的集団への金銭援助の機能をも果たさない法秩序であるのかを明らかにすることである[1]。

2　執行妨害の実態

　短賃保護を悪用した執行妨害を中心として、債権回収現場の様々な問題点を提示する。ここでの記述は、十数年にわたって金融機関による債権回収を延べ千件以上手掛けた債権回収会社役員の河内孝雄氏、金融機関の担保や回収に関する業務のシェアが約90％の小林明彦弁護士及び企業法務専門で特に回収妨害対策を中心として業務を行う古賀政治弁護士からの聞き取りを中心としている[2]。

　河内孝雄氏からの聞き取り結果は次のとおりである[3]。

　債権者は、抵当権実行に伴う競売物件には、裁判所の公告に明記されているか否かを問わず形式的な意味での短賃はすべてに付着していることを覚悟しなければならない。すなわち、詐害的なものであったり法的な保護に値しないものであって、正当性がないことが自明であったとしても、短賃の存在をとりあえず主張するというのが専門業者側の当然の行動である。民法395条が悪用されていないというケースを見聞したことはないし、善良な借家人の保護等に寄与している実例にも出会ったことはない。

　素人の入札参加を促す論調が最近多いが、現在の法制度の下では極めて危険であり、アドバイスを求められるとやめた方がよいと答えている。入札の際の物件明細書等にはいろいろな情報が書かれているが、それを真に受けて入札に参加をし、大やけどをした人を多く知っているし、引渡命令によって不法な占有等を排除できるという建前があるが、抗告されると確定までの時間コストが

第2章　競売市場における司法の失敗

発生し、そもそもそれですむ保証がないといった基本的な問題点がある。

　我々は裁判所公告における短賃のあり・なしは信用しない。どの物件にも短賃がついているということを前提として行動する。裁判所公告の物件調査結果は執行裁判所が全面的な責任を負っていない以上あてにしてはならない。最近、何も知らない素人が落札して裁判所に物件の鍵がほしいと行って来たケースがある。当然裁判所では、鍵は裁判所にはないので自分で交渉せよと指導するが、結局占有屋の一味と交渉することとなり、その後ひどい目に遭っているはずだ。

　短賃を排除するためには高度の専門知識と度胸が必要である。買受人が最後まで白黒つけると言ってがんばり、立退料を出さなかったため、最終的に占有屋は出ていったものの、部屋の中が荒れ放題で、その補修工事に何百万円もかかったという嫌がらせを受けた例がある。自分自身の経験では多少の立退料は最初から支払って円満に出ていってもらうという手段を常に選択してきている。

　現在は、短賃の期間中に落札すると、高額な保証金を返還せよ等の要求を受けて面倒に巻き込まれる。結局、落札は短賃期間が終了するまで待つことが多く、競売手続きの迅速化が阻まれている。さまざまな嫌がらせによって札を入れる人がいなくなり、最悪の場合債権者として自己競落し所有権で対抗していくしかないというのが実状になってしまっている。

　短賃がついている物件の占有者は、それ自身は極めてまともな人間に見えることがほとんどである。転貸借人であることが多いが、業者が住まわせようとする者は堅気に見えなければならない。もし、占有者が見るからにやくざで、追い出しにきた債権者を殴りつけたりするような人物であると、追い出される結果となる。利口な業者はそんな間抜けなことはしない。占有者が外国人であることも多いが、このような場合は言葉が通じないために一層手間がかかる。一般的にそのようなケースはより悪質な占有である。

　もし、短賃保護制度が廃止されるならば、買受後の占有はすべて不法占拠になる。法的に占拠する正当性がおよそなくなること自体極めて大きい意味を持つだろう。刑事罰も適用しやすくなる。暴力団でもやはり逮捕されるのは怖い。執行妨害そのものが劇的になくなるはずだ。結局、今の短賃保護制度は悪者が合法的に装うための占拠の口実を与えている機能しか果たしていない。

　小林明彦弁護士からの聞き取り結果は次の通りである[4]。

第2章　競売市場における司法の失敗

　短賃保護による執行妨害のパターンとしては、主に次の3つのパターンがある。

　① あえて正常短賃を装うこともなく、短賃を誇示することにより、入札希望者を躊躇させて価格をだんだん下げさせ、自ら又は仲間内のグループで落札する。
　② 正常短賃を装うことにより、かなりの金額に達する立退料を目的とするもの。
　③ 収益目的の短賃もある。すなわち、賃料から弁済を受けることを目的として家賃を収受する。

　最近、①及び②は減少傾向にあるが、③は増大している。特に③はオフィスビルに多い。しかし、自己使用目的の買受が一般的である戸建住宅やマンションについては①、②が依然として多いのが実状である。

　競売不動産は、民事執行法（以下「執行法」という）59条により、登記上の権利が消滅したまっさらの物件として引渡されるのが制度の建前である。しかしながら、物理的にはまっさらでないまま引渡されるという矛盾がある。競売手続の中で、物理的にもまっさらにして引渡されるようにすべきである。

　執行手続きの中で現場をまっさらにする手段としては、執行法55条（売却のための保全処分）及び同法68条の2（買受申出をした差押債権者のための保全処分）があるが、実効性に乏しい。同法55条による価格減少行為の排除も、執行妨害目的という主観の有無について抵当権者が事前に挙証することは困難な事案が多い。同法68条の2の「売却を困難にする行為をし、又はその行為をするおそれがある」という要件も、普通に住んでいるだけでは追い出せない。

　古賀政治弁護士からの聞き取り結果は次の通りである[5]。

　短賃の期間が過ぎて対抗できなくなっても、占有を維持することによって買受人に無言のプレッシャーを与えるケースが多い。結局、訴訟を起こして明渡を求めることになるので、買受人にとっては相当な負担だ。濫用的短賃が不良債権処理を大きく滞らせる要因となっている。

　銀行が抵当権を設定したオフィスについて抵当権を実行しようとしても、暴力団が徹底的に暗躍するので実行できないケースが多数あり、損切りせざるを得なくなる。現在の抵当権制度の使い勝手が悪いために、価格を下げて調整す

るか、ダミー会社が買受人となって競落したりしている。抵当権者が損切りせざるを得ない一方で、不法占有は長期化する傾向にあり、執行妨害をしながら不法な利益を上げている。

最近の一連の執行法の改正では限界がある。金融機関にとっては、競売手続きは予測可能性が低いために使いにくく、処理が進まないという問題がある。これらの健全化のためには、実体法規を改正する必要がある。手続法である執行法による対応では明らかに限界がある。

そもそも引渡命令を申し立てるような物件にはほとんど短賃がついていて、トラブルになっていることが多い。金融機関の従業員等で可能なものは処理してしまうので、困難な物件だけが弁護士の所にやってくる。暴力団・右翼が関わっていたり、不法占有が明らかでも保証金を返還せよといった要求がある。

また、競売をあきらめて任意売却をするとなると、抵当権者の中には銀行などに加えて街金融業者もいる。全員同意を取り付けるための膨大な手間がかかる。一方では、差し押さえようとしたらとたんに不法占有や、短賃を活用した占有妨害が始まり、結局債務不履行を起こしたまま遅延損害金が膨大な金額へと積み上がってしまう。損金処理もできないまま引当金を積み上げねばならないため銀行経営を大幅に圧迫している。不良債権を処理するための基本的道具立てが機能しないために、競売を躊躇せざるを得ないのが実態だ。

短賃保護を廃止するならば、主客の関係が転倒する。買受人が最優先権利者になることの意義は大きい。一方、短賃保護固有の問題ではないが、現在は原則として内覧もできないために値踏みもできない。情報開示がない状況では競売は不完全なままだ。

3　民事執行法改正(1996年・1998年)の限界

6章で詳細に論じるように、コースの定理の政策的含意は、
(1)　権利は極力明確に法に記述せよ
(2)　権利を実現したり、その流通のために必要となる取引費用は、極少化されるように手続法を整備せよ
(3)　権利の初期権利配分設定は、他の者に権利を配分した時に取引費用が高くなる者に権利を配分せよ、すなわち取引費用の総和が極少化するように初期

第2章　競売市場における司法の失敗

　権利配分を設定せよ

という3点である。

　6章で詳細に分析するとおり、競売・金融市場の低迷、不公正の発生の根元的な要因は、短賃保護という権利を借家人側に配分したことにある。すなわち、抵当権者、買受人側の権利買い戻し等のための交渉が難航し、費用も巨額化するようにわざわざ法が権利の初期配分設定を行っていることこそ病理の淵源なのである。1996年、1998年に、執行法が不動産執行手続きを中心に改正されたが、借家人側に短賃保護という権利がある民法395条を一応与件としたとき、これらによる改正法は取引費用の軽減という観点からどのように評価されるべきかをここでは論じる[6]。

　繰り返し述べるとおり、現行の短賃保護制度は借家人に無条件の占有権を付与することからスタートしている。実体法にせよ手続法にせよ、競売法制、その運用のあり方を検討し、政策的に望ましい改編であるかどうかを評価する基準は次の通りである。

　第1に、資源配分の観点からは、金融市場及び不動産市場のそれぞれにおいて、財やサービスの最有効利用者の手に、できるだけ容易に財やサービスが移転するよう、そのための取引費用が極少化されていなければならないという基準である。もし、短賃保護に相当する権利を抵当権者側に配分しておけば、仮に借家人が最有効利用者であったとしてもその権利は容易に実現することができる。反面、現行のように借家人側に権利を配分してしまうと、抵当権者、買受人の権利の再配分のための取引費用が天文学的なレベルに上ってしまう。

　仮に、矛盾に満ちた初期権利配分設定を見直さない前提の下で法制度を改編することを支持するならば、この膨大な取引費用が極少化できることを厳密に立証する必要がある。

　第2は、公正の確保という基準である。公正の概念は帰するところ価値判断であって論者によってその隔たりは大きい。しかし、少なくとも次の二点については大方のコンセンサスが得られるのではないかと考えられる。

　1点目は、競売が暴力団、占有関連業者等の反社会的集団の資金源を提供し、結果的により一層大きな反社会的行為を助長していることになっているとすれば、そのような分配は公正ではない。このような資金経路を断ち切る度合いが

強ければ強いほど、分配の公正に寄与すると考えられる。

2点目は、いわゆる善良な借家人が不測の損害を受けて居住や営業の場を追われるという点を無視してはならないという点である。占有屋等と結託しない全くの善意の借家人が競売によって重大な損害を被るとするならば、公正の観点からこのような者の居住等の安定を図るべきであるとの価値判断はコンセンサスを得やすいだろう。

しかし、公正の問題を考える際は、要するに短賃保護制度のような制度を維持することによって発生する反社会的集団への利益供与という一方の不公正と、これによって居住等の安定を害される借家人の利益との、どちらが重要と考えるべきかという比較衡量を避けては通れない。逆にいえば、短賃保護の廃止や執行法の改正という一定の政策を実現した場合における不公正の減少と公正の増大とをやはり比較衡量の対象にしなければならないということをも意味する。

以上要するに、資源配分を改善できる提案であって、公正の増減の差し引きが一定の価値判断の下で正になる政策こそが望ましい政策であると評価されるのである。

以下では、現行の短賃保護に関する初期権利配分を与件として1996年及び1998年の執行法の改正の機能と限界を分析する。

(1) 1996年改正

1996年改正前は、売却のための保全処分の対象が「債務者」に限定されていたため（旧執行法55条）、いわゆる占有屋を含めて解釈できるかどうかには疑義があった。また、買受人のための保全処分（旧執行法77条）についても同様に「債務者」の行為に限定されていたため、第三者の占有屋の行為には適用の困難が伴った。さらに不動産引渡命令（旧執行法83条）についても、差押前からの占有者のうち、買受人には対抗できないが債務者には対抗できる者について、引渡命令で排除することが可能か否か疑義があった。

1996年改正では、売却のための保全処分、買受人のための保全処分について処分の対象をそれぞれ「債務者又は不動産の占有者」（執行法55条1項）、「債務者又は不動産の占有者でその占有の権原を差押権限者、仮差押債権者……に対抗することができないもの」（執行法77条1項）と変更した。不動産

第2章　競売市場における司法の失敗

引渡命令については、買受人に対抗できる権原により占有している者以外の占有者すべてに対して発動できることとした（執行法83条1項）。加えて、不動産競売開始決定前の保全処分の制度が創設された（執行法187条の2）。

これら一連の改正が、保全処分、引渡命令において占有屋排除のために一定の有効な役割を果たすものであったことは言うまでもない。しかし、これらは実体法上の短賃保護を維持する限り大きな限界を持つこともすでに述べてきたとおりである。

(2) 1998年改正

① 執行抗告の簡易却下

執行法改正の主な論点のうち目玉の1つとされているのが、手続を不当に遅延させることを目的とする執行抗告の簡易却下制度である（執行法10条5項4号）。執行対象不動産の占有を長引かせることを目的とする者の依頼を受けて、引渡命令等に対する執行抗告を申し立て、手続を遅延させることを業とする「抗告屋」が暗躍しているが、「執行抗告が民事執行の手続きを不当に遅延させることを目的としてされたものであるとき」には、執行抗告の却下事由とされることとなった。

本改正は、端的に抵当権者の取引費用の削減に直接寄与する改正であり評価できる。しかし、より必要なことは抗告審の迅速化であり、高裁での専門部・集中部の構想[7]など執行裁判所における一種の規模の利益の追求が望まれる。

② 買受申出をした差押債権者のための保全処分

やはり1998年執行法改正の目玉として位置付けられているのが、買受申出をした差押債権者のための保全処分である。すなわち、買受申出がなかった場合において、差押債権者に対抗することのできない占有者が不動産の売却を困難にする行為をし、又はその行為をするおそれがあるときは、執行裁判所が差押債権者の申立により、買受人が代金を送付するまでの間担保を立てさせて占有を解いて、執行官又は申立人に保管させるべきことを命じることができる（執行法68条の2第1項）。差押債権者がこの申立をするには、申立額（最低売却価額以上）を定めて、次の競売時に申出額に達する買受の申出がないときは

第2章　競売市場における司法の失敗

自ら申出額で不動産を買い受ける旨の申出をするとともに、申出額に相当する保証を提供しなければならない（執行法68条の2第2項）。

　この改正の機能及び評価は次のとおりである。第1に、差押債権者自身の占有・管理による悪質な占有屋対策として、現行制度を与件とする限りにおいて一定の意義を果たすこととと見込まれる。しかし、事前に差押債権者自身が占有を解くか、売却後買受人自身が占有を解くかは、主体が違うのみであって、社会的な意味での取引費用の総和が減少すると直ちに評価することはできない。あえていえば、差押債権者の方が占有者に係る情報を詳細かつ正確に入手し、適切な対応を迅速にとりやすいという程度のものかと思われる。これは、民法制定以来の立法趣旨として強調されてきた、抵当権の目的は価値の保全であって物件の利用に対して介入を許されないという命題の大きな修正となっている。本来抵当権者としては、担保価値の実現が競売手続によって迅速・確実に達成されうるのであれば、競売以前の抵当物件の利用に関して何ら関心を持つ必要性はない。にもかかわらずそのような関心を持たざるを得ないように制度が仕組まれている、すなわち短賃保護を制度化しているということ自体による矛盾が噴出しているのである。

　このような矛盾を放置しているが故に抵当権者による利用への介入が必要であるという認識が強まり、このような改正に至る潮流を形成したと思われるが、抵当権者による利用への介入は本来苦肉の策・弥縫策であって、問題の本質的な解決とは何の関わりもない。むしろこのような方向が強化されることによって、債権者の抵当権設定に係る取引費用が増大し、金融の信用創造機能が縮小するという社会的損失の負担を、我々の社会全体が強いられているという矛盾から関係者の目を背けさせることにもつながりかねない。抵当権者の利用への介入を求めれば求めるほど、抵当権者の負担は増大する。そのような介入のコストも貸金のコストとして市場全体の縮小をもたらす。抵当権者への負担の転嫁は、本来的な解決法から評価すれば本末転倒である。

　第2に、次回の売却実施時に買受申出がないときに、差押債権者が買受人となることを義務付けられているのは問題が大きい。差押債権者に自ら買受人となる付加的選択肢を与えるのみであればともかく、このようなことを唯一の選択肢として強制する必然性はない。差押債権者は本来物件の高値売却に最も利

第 2 章　競売市場における司法の失敗

害関心を有さざるを得ない立場の者であり、そこに物件の保管を委ねることには競売市場を活性化させるうえでの一定の役割を見出すことができる。逆に言えば、そこまでの措置を取ることが次善の策としての保全処分改善の必要十分条件であって、その先で、物件を用益したり物件を転売することに関して必ずしも比較優位を有するわけではない差押債権者に強制的に物件の買受をセットで引き受けさせることは人的資源配分を悪化させることはあってもその逆はあり得ない。差押債権者が物件を保管することが有効であるとするならば、むしろ執行法55条の「差押債権者の申立てによる売却のための保全処分」の一環として物件保管を正面から認めるべきである。

　本来差押債権者として主として想定される金融機関は、金融取引のエキスパートであれば足りるのであって、その他の要素を国家が法でバイアスをかけて奨励する必然性はない。分配面から考えても、貸金を返済できず、それのみか債権者からさらに余分の金銭的利得を引き出そうとする債務者の行為のために、債権者が物件保全のための負担をし、最終的には物件の所有者となって用益や処分をせざるを得ない地位に立たされるといった事態を公正であるとみなす理由はないと思われる。債務者の悪用なかりせばこのような手続的負担、社会的損失は発生しようがなかったからである。結局のところ、短賃保護という無用な権利の初期配分設定をしたことの避けようのない矛盾がここにも噴出している。

　③　登記嘱託の特例

　買受人及び買受人から物件に抵当権の設定を受けようとする者（金融機関等）が代金納付時までに申出をしたときは、登記の嘱託は司法書士などで申出人の指定した者に嘱託書を交付して登記所に提出させる方法で行わなければならないこととされた（執行法82条2項）。これによって、申出人が所有権移転登記と抵当権設定登記とを実際上同時に申請することが可能となり、買受人が物件購入のための金融機関のローンを受けることが容易となった。この改正は「制度として最終消費者の参入を予定した点で、1つの思想的決断があったものと言えよう」[8]と評価される。

　また、最高裁判所[9]によると、買受人が住宅金融公庫の中古住宅購入融資

第 2 章 競売市場における司法の失敗

を利用しやすくするための運用が開始されることとなった。具体的には、申立債権者の申し出により、執行官が現況調査に際して申立債権者が依頼する建築士を同行し、建築士が公庫中古住宅融資を受けるうえで必要な中古住宅物件概要書を作成できるようにするもので、申立債権者は公庫支店による融資適格であることの確認を事前に受けられるようになる。従来より、買受人が中古住宅物件概要書の作成を建築士に依頼して公庫中古住宅融資を受けることは制度上は可能であったが、この運用が開始されれば、競売物件の広告に「公庫融資（中古）利用可」と記載することも可能となり、買受人にとっても公庫融資利用が事前に保証されるようになる。

　これらの法改正や運用により、方向として最終消費者の参入が可能になる程度に買受人の負担が小さくなることは望ましく、そのための制度的対応としてこれらが意義を持つものであることは疑いない。しかしながら、短賃保護そのものを変更せずに、このような条文が導入され、また公庫融資利用のための運用が開始されたことの意図が一人歩きして、あたかも競売物件への素人の参入が容易となったかのごとく喧伝されることとなるならば、混乱が一層助長されることとなってしまう。むしろこのような制度改正の方向は、問題を惹起せしめないようにするための実体法上の手当が一層必要になったことを示唆しているとみるべきだろう。

④　売却の見込みがない場合の措置
　執行裁判所は、競売を3回実施しても買受申出がなかった場合は、不動産の形状・用途・土地利用規制等を考慮して、競売手続を停止することができることとされた（執行法68条の3第1項）。停止の通知を受けてから3ヶ月以内に差押債権者が買受の申出をする者があることを理由として申出たときは、執行裁判所は売却を実施させなければならず（執行法68条の3第2項）、その申出がないか、又は売却を実施しても買受の申出がなかったときには、執行裁判所は競売手続を取り消すことができる（執行法68条の3第3項）こととされた。差押債権者の売却実施の申出は、実際上自己競落の申し入れをすることの予告的な意味合いを持つことになる[10]。

　これは、裁判所の負担軽減と、最終的に差押債権者に自己競落を含めて責任

をとることを求めた改正にほかならない。占有屋等による執行妨害にあっていることは、競売手続停止の要件に当たらない[11]とされるが、競売が成立しないことの要因が、不動産の形状等なのか、執行妨害等のためなのかを厳密に分離計測することは実際上不可能である。両者の要因が複合する場合にはおよそ競売手続停止がないこととするならば、規定の趣旨は大きく減殺されるし、明らかでないにも拘らず両者の要因を考察し、不動産の形状等による競売不成立であると認定する競売手続の停止案件が頻発するならば、反社会的集団にとってはこれほど望ましい法の保護はない。

最低売却価額という非市場的な、しかも客観的根拠の乏しい市場介入をしておきながら、また執行妨害を結果的に全面的に保護する機能を果たす短賃保護を継続しておきながら差押債権者の責任を高めるというこのような改正は基本的方向において矛盾している。執行裁判所に求められる本来の機能とは、競売の不成立といった事態を招来せしめないような、その物件なりの市場価値の迅速な実現を担保するための枠組みと手続なのである。

4　競売市場失敗の立法による克服

これまでのほとんどの立法学説は、第1章が論じたように法の枠内における中途半端で生産性のない提案に終始してきた。競売市場における様々な弊害解決のための最も重要な方策は、短賃保護という権利を借家人に与えてしまった実体法である民法395条の構造転換である。一方、それでも残存する取引費用については、執行法等の手続法の一層の改善を図るべきである。

(1)　短賃保護（民法395条）の廃止

現在の短賃保護の下でも、抵当権設定後に設定された借家権は法的にも最低3年間、実態上は日本の法慣行により2年しか保護されない。競売手続に通常1年程度要することを勘案すれば、現在の保護される短賃でも実際上買受人の代金納付後数ヶ月程度の明渡猶予期間が存在するにすぎない。短賃保護廃止は善良な借家人の保護に欠けるという批判は詭弁である。借家人の実体上の権利としては、もともと猶予期間程度の意味しかない保護期間を与えられているにすぎない。借家人で実質的に保護されているのは、実体上の権利を無視して不

第2章 競売市場における司法の失敗

当な利得を要求しようとする確信的悪用者にほかならない。このような意味において、短賃保護の廃止は資源配分の効率性を劇的に改善するのみならず、現にある保護を後退させることなく反社会的集団の利得のみを減殺することができる法改正であり、公正の観点からの副作用もありえない。

具体的には、現行民法 395 条は廃止したうえで、次のA、B、Cの3つの抵当権と抵当権に遅れる借家権との関係に関するバリエーションを設けることとする(12)。この選択は、借家権設定以前の抵当権者相互の合意に委ねることとするが、完全な合意がない場合、言い換えれば一人でも異論のある場合は、債権保全の実効性を高めることを最優先し、Aの処理とすることとする。借家権設定以前の抵当権者全員の合意がある場合に限ってB又はCの処理となる。

A─借家権排除型抵当権

民法本来の対抗原則に戻り、抵当権の設定後に設定される借家権については、期間・態様・家賃等の如何を問わず、抵当権実行後買受人に対して一切対抗できないこととする。アメリカでは、定期借家契約による借家人付き物件は安定的な収益が見込め、むしろ空き家よりも高値で落札されるケースが多い。日本でも 2000 年 3 月に施行された改正借地借家法によって定期借家制度が創設されたため、今後は借家人と買受人との間の再契約が多数発生していくと見込まれる。

B─借家権審査型抵当権

借家権設定前の抵当権者のすべてが、新たに設定しようとする個別の借家権の具体的な内容を事前に審査し、全員が合意する場合に限り、かつ、その旨を登記に明示することによって、その内容での借家権の存続を買受人にも対抗できることとする。一定の優良な借家権の場合、先発の抵当権者がその内容や借家権者を信頼する場合にその意思を優先することには何の問題もない。

逆に言えば、たとえば敷金数百ヶ月分で、譲渡転貸自由、低額の家賃がすべて予め支払い済みといった詐害的借家権又はそのバリエーションについては、抵当権者の意思で確実に排除することができる。また、借家権を買受人に対抗可能とするためには、登記での明示が必要なため、執行裁判所の調査費用が増大したり、執行妨害者に悪用の口実を与えることも防止できる。

短賃保護制度の廃止は、抵当権設定後の賃借権設定の決定権を抵当権者に初

33

期配分することに他ならない。この時に、債務者すなわち所有権者が不動産利用収益権を実現することは容易である。抵当権者は債権保全に最も利害関係を有する者であり、債務者が良質な賃貸借であることを立証できれば、その賃借権設定が実現できる蓋然性は高いからである。この意味で、このような抵当権オプションの創設はコースの定理に忠実なものである。

C――借家権無条件承認型抵当権

抵当権設定後に新たに設定された期間3年以内の借家権に付いては、借家権設定前の抵当権者のすべてが同意するならば、現行の短賃保護と同様競売後も存続を認めることに支障はない。これについても登記にその内容を明示することとする。

定期借家か正当事由借家か、また明らかな詐害的借家であるかどうかもわからない段階で借家権の存続を無条件に承認することは、およそ抵当権者にとっては自殺行為である可能性が強く、この方式はあまり採用されないかもしれない。しかし、このような類型を禁止する合理性もない。

このような類型が法改正後ほとんど利用されないとすれば、このような類型しか強制していない現行法の異常性が社会実験により実証されることになるであろう。

なお、このように抵当権者の合意により選択肢を豊富に提供することについては、多くの抵当権者が存在するときに運用の混乱を招くのではないかとの懸念がありうる。しかしながら、B及びCでは借家権設定前、すなわち借家権に対抗できる抵当権者の間でのみの意見の一致を前提とし、一人でも異論がある場合は原則であるAに返るのであるから、運用の不明確性はない。しかも、これらは登記に明示される。現行法の混沌と比べればよほどましな制度と言うべきである。

また、このような法改正を行うと、債務者が抵当権者と結託して競売申立をさせ、借家人の追い出しに濫用するのではないかという反論があるかも知れないが、適切ではない。現行制度の下でも、このような濫用は可能である。それにも拘わらず、このような法の悪用により借家人が追い出されているという事例は見聞していない。短賃保護制度が廃止されてもこの事情は変わらない。

（2） 借家人明渡猶予期間の創設

　改正により、Aの類型の抵当権設定後に設定された借家権は抵当権実行とともに消滅することになる。借家人は買受人の代金納付後無権原の占有者となるが、直ちに立退を求めるのは借家人にとって酷な場合があるため、一定の猶予期間を与えることが適切である。このため、借家期間終了時（代金納付前にそれが終了するときは代金納付時）又は代金納付3ヶ月後のいずれか早い時期が到来するまでは、借家人の明渡を猶予する（図2-1）。それでもなお、差押直前に設定された短賃に対しても引渡命令が確実に発令され得る。

　買受人の代金納付によって借家契約は消滅し買受人はこれを承継しない。その後の占有権はあくまでも明渡猶予期間の設定に基づくものであって、借家権による占有権ではない。この間の賃料相当額は最終賃料と同額とする。また、明渡猶予期間中の借家人が、占有を中止したり、第三者に占有を移転したときは直ちに明け渡さなければならないこととする。

　なお、法改正によって一般市民も含めた投資用物件としての競売参加が増大すると見込まれるため、明渡猶予期間後の借家再契約が増大するだろう。

　借家契約が買受人に承継されないこととすると、借家人が敷金・保証金返還請求権を買受人に対して行使できないのはかわいそうである旨の指摘がありう

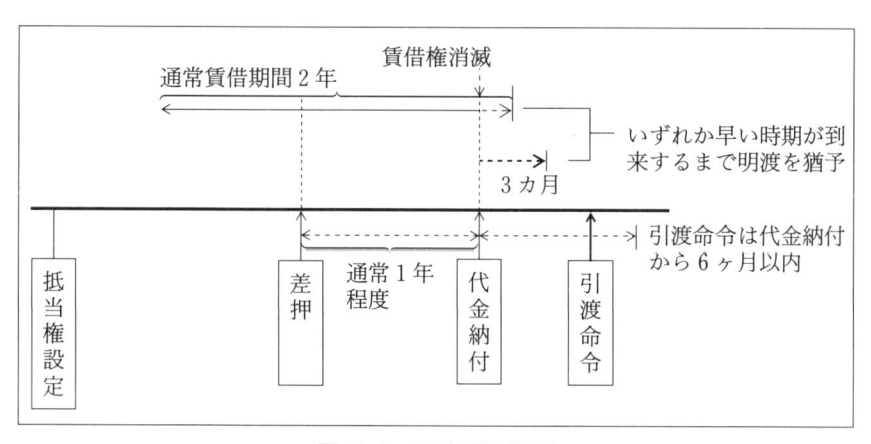

図 2-1　明渡猶予期間

る。この指摘は理由がない。貸し主が無資力となって敷金・保証金が返還されない場合としては、破産、不慮の事故、災害など他にも一般的な多くのケースが想定できる。たまたま抵当権が実行され、買受人が現れた場合に限って名目的には買受人から借家人へのプレゼント、実質的には抵当権者から借家人へのプレゼントを強制することに何の合理的根拠も存在しない。

(3) 消費者保護制度

　新たな制度では、抵当権の内容についての十分な情報開示が借家人になされることが必要である。抵当権付き建物の借家契約については、標準的な約款において抵当権が設定されていること、抵当権に係る債権の内容、抵当権が実行された場合に一定の猶予期間内に明け渡さなければならない旨等を明示することとするのが適切である。

　宅地建物取引業者が借家契約の仲介を行う際には、建物に対する抵当権の設定に関する事項を説明すべき重要事項とする制度が厳格に運用される必要がある。併せて、抵当権実行の申立や差押がなされているかどうか、抵当権の類型、抵当権が実行された際の借家権の地位がどのようになるか等も業者の責任において適切な説明がなされるように行政的対応をすることが法の実効性を一層高める。

　なお、借家人が保護されなくなるとの批判が当たらないことに既に述べたとおりであるが、この法改正では、たまたま借家期間終了直前に差押がなされたという差押から建物明渡までの期間が最も短くなる場合においても、1年程度の居住期間保護がある。

　また、市場収益を安定的に確保できる定期借家契約については抵当権者、買受人が歓迎する借家類型である。競売によりいったん権利が消滅しても再契約の可能性は強い。もっとも、買受人が自己居住する場合には再契約を期待することはできないが、それは一般的な定期借家権でも同様であり、この場合における固有の論点ではない。

　したがって、むしろ現行の制度よりははるかに借家人に利点をもたらす。逆に言えば、定期借家権が存在しなかったにも拘らず実質的意義のほとんどないわずかな期間の借家権の存続を強制してきた現行法は抵当権者を必ず害する機

第2章　競売市場における司法の失敗

能を果たすとともに、借家人として保護に値する者をも決して再契約の可能性のない劣悪な地位に押しやってきたという意味で矛盾に満ちたシステムなのである。

以上の法改正により執行妨害は利益を生まなくなる。買受人の代金納付と同時に物件の占有がすべて無権原となることの実質的意義は大きい。訴訟を提起することなく、執行法上の引渡命令のみによって占有排除ができることは買受人の負担を激減させ、担保価値を高める。抵当権設定後の借家権は原則として競売により消滅し、買受人に承継されなくなるため、敷金・保証金の返還請求権の行使の余地がなくなる。裁判所の現況調査に当たっても、短賃の存在、それが詐害的であるか否かの調査などが現在膨大な作業負担を発生させている。これらの調査は無用となり執行費用の節減がもたらされる。

なお、短賃保護に係る立法論には、賃貸借の類型ごとに保護の有無、その内容を決するべきであるという見解がある[13]。戸建ての居住用借家及び建築形態を問わず営業用の借家については短賃保護を廃止し、共同建て・長屋建ての居住用借家については短賃保護を継続する。保護される賃借権は、「占有を伴い合理的な賃料及び期間」でなければならず、「合理的な額を超える敷金は承継されない」こととする[14]。

しかし、純粋に保護の必要性の程度という公平基準だけからみても、共同建て・長屋建て居住の借家人は常に保護に値し、営業用や戸建て居住借家人は常に保護に値しないという価値判断は成り立たないと思われる。また、このような類型化では、都市の標準的居住形態としてのマンション、すなわち共同建て住宅については短賃保護の弊害を全面的に維持することとなってしまう。このような提案が実現すれば、マンションに反社会的集団を結集させる効果をもつだろう。さらに、賃貸借の内容が「合理的」であるか否か自体に権利の不明確性が発生する。事後的に裁判官が設定する主観的基準を認めること自体がそもそも権利の設定のあり方として「合理的」ではないのである。立法論において事後の司法的判定に裁量性を持ち込むことはコースの定理に反し妥当ではない[15]。

全面的な短賃保護制度の廃止論には、鈴木（1985）184頁で「立法論としては、この短期賃借権保護制度を廃止すべし、とする見解が有力である」とし、

第 2 章　競売市場における司法の失敗

本稿で提案した立法にも全面的賛成の意を表された鈴木禄弥氏のほか、東海林 (1973)[16]、高木 (1984)[17]、岩城 (1991)[18] による研究があるが、第 1 章が論じたように、民事法研究者による短賃保護の立法論は、単に保護すべき短賃とそうでない短賃の境界線引のみに注力した無益な研究も多かった。

(4)　競売物件への瑕疵担保責任の導入

　裁判所が物件を仲介する競売市場も、民間業者が仲介する市場での常識が通用する健全な市場とすべきである。国家が仲介する不動産が最も危険な物件であるということ自体異常事態であると認識しなければならない。

　競売についての瑕疵担保責任を排除した民法 570 条但書は廃止すべきである。同但書は、競売物件は傷物であって、買う人間はそれを覚悟せよという法の姿勢をあらわにしたものと解釈することができ、最終需要者の市場参入を拒絶する象徴的な意味を持つ規定であるからである[19]。併せて、債務者が瑕疵の存在を知っている場合にはそれを告知する義務を法的に設け、これに対する違反は刑事罰で担保する制度も併せて導入すべきである[20]。

(5)　民事執行法改正

　抵当権の実行等による競売は任意の売買と異なり、いやがる債務者に無理矢理強制売却させる制度である。任意の売買であれば、買手・借手双方に取引の利益があるが故に契約が成立するのであって、情報開示不備や不法占有といった問題は起こりにくい。執行法を整備するに当たっては、このような基本的な前提の違いを認識しておかなければならない。

　したがって、競売市場では一般に債務者の円滑な任意協力を期待できない以上、ここにこそ執行裁判所という権力が厳格にかつ迅速に介入すべき根拠がある。このような観点から現行の執行法をみると、大幅な改善が必要である。

① 　売却のための保全処分（執行法 55 条）の一環としての差押債権者による物件保管制度の創設

　この点についての理由は既に論じた。ただし、あくまで差押債権者が望む限りでの選択肢として位置づけることが適切である。

第 2 章　競売市場における司法の失敗

② 　競売参加者の物件内覧権の確保

　現行法の下でも、差押債権者が不動産を保管をした場合には、競売参加者が実際上建物の中を内覧できる。しかし、もともと任意の協力が期待できない制度であるが故に、内覧権については債務者・占有者の意思に反してでも強制的に確保しなければならない。これは、競売制度一般の場合に当たっての当然の措置とすべきである[21]。

　競売で債務者・占有者と買受人との利害が対立している以上、情報の非対称によって買受人が十分な取引の前提を入手し得ないという市場の失敗が発生している。これを是正するのは司法権力以外にはあり得ない。

③ 　ライフライン等調査権限の改正

　1998 年、執行法 57 条 4 項により、現況調査に当たって執行官は市町村に対して固定資産税関連資料の写しの交付を請求することができることとされ、同条 5 項により、電気・ガス・水道等のライフラインに関する事業者に対して必要な報告を求めることができることとされた。

　しかし、もともと占有者が正当な権原を有するのであれば、それを対外的に示すことは極めて容易であるのに対して、正当でない目的を有する占有者について部外者が正当性がないことを論証すること自体が極めて大きな困難を伴うのは当然である。部外者である執行官がこれらを調査することを前提とする限り、本改正は一定の前進ではあるが、そもそも執行官と占有者との間の正当性の挙証責任に関する権利の初期配分設定自体を誤っている。法はここでもコースの定理の含意を大きく逸脱している。正当性の挙証責任は全面的に占有者に負わせるべきである。本来正当であれば証明することが極めて容易なこれらの事項について占有者が正当性を証明しないときには、「正当な占有権原なし」とみなしてその不証明の不利益をすべて占有者に負わせるよう法の原則を転換しなければならない。

④ 　抵当権者の関与を極少化

　本来、抵当権者に負担なく競売手続が粛々と進行し、買受人に占有者を相手とする負担が一切発生しないように法を仕組むことによってこそ無用の反社会的集団の抵抗や悪用を誘発しないようにできる。執行費用の最終負担者が当事

39

第2章　競売市場における司法の失敗

者であるべきは当然としても、執行事務自体は抵当権者ではなく執行裁判所の責任で行わなければならない。

　この点に関して、抵当権者は債権確保のために大いに努力すべきではないか、担保物件の管理等に十分留意すべきではないかという見解がありうる。しかし、このような精神訓話を法制度化してしまうことによって結局金融市場は収縮し、反社会的集団への資金援助が助長されるのである。

　第1に、このような見解は、不備な現行制度を所与の前提とした場合の現実の抵当権者に対する助言としてはありえても、立法論としては取引費用を増大させ、本末転倒である。

　第2に、抵当権は質権と異なり占有を伴わない担保物権として制度化されている。抵当権者に管理責任を負わせるのは多様な担保制度の意義を減殺させることになる。

　第3に、年間百万戸以上供給されている新築住宅のほとんどが住宅融資を受けている。抵当権者である金融機関が膨大な物件の占有状況を逐一チェックできると考えたり、チェックすべきであるとするのは空想でしかない。

⑤　占有排除は対物処分で

　執行法上の保全処分には、民事保全法62条のような、執行を知らないで占有を承継したものに対しても効力を及ぼすという効果、いわば当事者恒定効が存在しない。現実の執行妨害でしばしばみられる、占有を第三者に転々と移転する手口に万全の対策を施すことは困難である[22]。

　たとえば、土地収用法26条による事業認定の告示も、同法48条及び49条による収用裁決も対物処分であって、氏名が確知できない場合等であっても処分の効力として占有者は移転義務等を負う。執行費用の極少化の観点からも執行法による占有排除も同様の制度とすべきである。札や標識による公示も容易であって実害はない。次善の策として民事保全法62条のような仕組みもありうる。

⑥　最低売却価額の廃止

　人為的で必ずしも市場価格を反映しない最低売却価額の設定により、競売の不成立が多数発生している。債務者の責任をより厳格化することが必要である。

不整形地や特殊な条件の土地については、市場性が低く、売却が極めて困難な物件が少なくないといわれる[23]。しかし、どのように条件の悪い物件であったとしても、その物件なりの価格は常に存在する。仮にそれが隣接物件所有者による場合など特殊な条件を満たさなければならない場合であったとしても、人為的な最低売却価額によって競売の成立を困難ならしめる理由はない。債務者の保護のためにそれが必要であるとも言われるが、債務者が高値売却に利害を有するのであれば、自らの責任でそのような値付けをしそうな者を探索し、競売に参加させればよい。何よりも債務者が直接執行妨害の主体となるか、又は協力をしない限り、競売物件が市場価格を大きく割り込むことは通常あり得ない。正当な債務者利益を守るのだとする制度の前提は破綻しており、早急に撤廃すべきである。

また、このような評価に係る費用・時間は競売に係る取引費用を著しく高額化させる要因ともなっており、人為的に創出される費用は本来削減すべきである。

5 おわりに

本章では、短賃保護制度の問題点を、債権回収の実態の側面から明らかにすると同時に、短賃保護制度の廃止を中心とした民法、執行法の改正を提案した。

短賃保護制度を廃止する実体法改正という手段以外の解釈論的運用や執行法上の手続法制の整備によってはこれらの弊害が解消できないことは、100年の歴史が証明している。この歴史的な事実の蓄積を前にしては、例えば「安易に立法論に頼るよりも解釈論としてぎりぎりどこまで解決が可能かを探る必要がある」[24]とする現行制度擁護論が説得力を持ち得ようはずがない。

我々は、提案への建設的批判を歓迎する。ただし、提案を批判するのであれば、単なるデメリットの列挙は無意味である。およそ事物の是非の判断一般の際と同様に、メリットよりもデメリットの方が大きいことを論証していただきたい。同様に、現行法を支持するのであれば、現行法を維持するメリットの方がデメリットよりも大きいことを論証していただきたい。

むろん将来の法改正効果は予測であって自明ではない。しかし、よくわからないから改正には慎重たるべきであるという態度は、およそ現行法に無限大の

第2章　競売市場における司法の失敗

価値を付与する非論理的な思考様式である。

　このような議論は、米倉（1976）及び鎌田（1995）に典型的に見ることができる。

　米倉（1976）22頁は、「そんなに悪いものばかりがいるかどうか実態を公式の機関ででも調べていただいて、なるほど短期賃貸借というのは百害あって一利もない規定だということが明らかになったときに、それではどうしようというふうに考えればよいのではないか……あまり性急にこの結論をださないほうがよい」と述べる。「性急にこの結論をださないほうがよい」とは、すなわち現行法を維持すべきであるということを意味する。

　第1に、改正法に比較し、現行法が「百害あって一利もない規定」であることが立証されない限り現行法を存置すべきとする判断基準は妥当ではない。米倉氏の「基準」によれば、現行法を改正するときに途方もなく高いハードルを強いることとなり、結果としてあらゆる法はほとんど改正できない事態に陥る。およそ法制度が「百害あって一利もない」ことなど、現実にはあり得ないのではないか。現行法にも改正法にも、それぞれのメリット及びデメリットがあり、それを可能な限り解明したうえで両者を比較衡量する以外の判断基準はない。

　第2に、仮に「百害あって一利もない」ことが法規範を否定するための前提条件であると主張するのであれば、逆に現行法を維持する、すなわち短賃保護廃止を否定する以上、それが「百害あって一利もない」ことを自ら証明するのが公正な学術的態度だろう。

　また、鎌田（1995）30頁は、「民法395条の廃止または大幅修正のあり方にコンセンサスが成り立っているわけではなく、また民法395条による保護を必要としている賃貸借も幅広く存在しているものと推測され……適切な利害関係のあり方を模索し続けるべきである」として現行制度を擁護する。

　第1に、「保護を必要としている賃貸借も幅広く存在している」旨を根拠を示すことなく推測する。しかし少なくとも、我々の文献調査、聞き取り調査によれば、保護すべき短賃が「幅広く存在している」という根拠は見いだせず、その逆の根拠は多数存在する。およそ判断に当たっては実証的根拠を提示すべきである。

　第2に、「コンセンサス」が「成り立」つとは、どのような母集団で、どの

程度のシェアを占めることを意味するのか。鎌田（1995）31頁は、民法395条を「全廃すべき」48.3％、「一部修正のうえ存続」35.5％、「現在のまま存続すべきである」16.1％とする企業アンケート結果を紹介している。鎌田氏が立法を支持しない以上、反証も挙げずに自ら引用する企業アンケート結果を無視することの正当性を説明すべきである。鎌田氏が法改正のために必要とする「コンセンサス」の母集団とは、法解釈学研究者等の専門家集団のみを意味するのかもしれない。

なお、鎌田氏は定期借家権導入論議に関しても同様の論法による粗雑な反対論を展開した[25]。法改正の効果と現行法の効果とを、予測は交えつつもメリットとデメリットの双方で判断しきることをしない論者に政策論、立法論を語る資格はない。ましてや誰か第三者が証明をしてきたら自分が査定者として検討してやってもよいというが如き態度は、政策論の良心とは無縁である。今後の法解釈学専門家の議論が本来の作法に則して展開されることを祈りたい。

　　［＊本章は、NBL 671号、672号に掲載された同名論文を加筆修正したものである。］

　　注
（1）　本章を執筆するに当たり、林田清明、山本和彦の各氏から有益なコメントをいただいたことに感謝する。
（2）　筆者らは、弁護士、司法書士に加え、金融機関、ディベロッパー、企業の債権回収担当者等の実務家多数に聞き取り調査を実施した。調査に協力いただいた各位に謝意を表するとともに、特に実名での紹介を快諾された三氏のご協力に心より感謝したい。
（3）　1998年10月29日、福井秀夫・福島隆司が聞き取り。
（4）　1998年11月11日、上原由起夫・福井秀夫・久米良昭が聞き取り。
（5）　1998年11月27日、上原由起夫・福井秀夫・久米良昭が聞き取り。
（6）　梶山（1997）が1996年改正の、山本（1999）が1998年改正の機能についてそれぞれ的確に分析している。
（7）　山本（1999）79頁。
（8）　山本（1999）81頁。

第 2 章　競売市場における司法の失敗

- （ 9 ）　最高裁判所（1999）。
- （10）　林（1999）19 頁。
- （11）　林（1999）18 頁。
- （12）　これら三類型は福井（1998 a）で提案している。なお、福井（1998 b）、福井・久米（1999）参照。
- （13）　内田（1983）320〜338 頁。
- （14）　内田（1983）331 頁。
- （15）　なお、類似の見解として、生熊（1984）73〜74 頁は、居住用借家か否か、「取引観念上明瞭な賃貸用建物」か否か等の分類により、短賃保護の有無を決すべきという立法論を提案している。「取引観念上明瞭な賃貸用建物」という概念規定が、司法裁量の余地がない「明瞭」な概念であるとはいえない。
- （16）　東海林（1973）95 頁は、「私自身立法論としては……問題の多い本条（引用者注・民法 395 条）はこれを削除し」たほうがよい旨述べる。
- （17）　高木（1984）396 頁は、短期賃貸借保護制度について、「民法起草者が考えたような用益目的からではなく、他の目的ことに抵当権の実行を妨害するために利用されることが多く、弊害のほうが大きくなっているからであり、立法論的には廃止すべきである」としている。
- （18）　岩城（1991）9 頁は、「こうした欠陥のある現行法を、……このまま 21 世紀に伝えることは許されず、いまや立法措置を講じても、問題を解消していく必要がある」としている。
- （19）　山本和彦氏の提案である。
- （20）　阿部泰隆氏の提案である。
- （21）　動産執行に関しては民事執行規則 117 条に買受希望者による見分の手続が規定されている。
- （22）　梶山（1997）146〜147 頁。
- （23）　林（1999）17〜18 頁。
- （24）　川井（1999）153 頁。
- （25）　鎌田（1997）における反対論の破綻については、久米（1998）190〜197 頁ですでに論証している。

参考文献
──岩城謙二（1991）「短期賃借人に対する明渡請求」NBL 471 号

——生熊長幸（1984）「本来的建物短期賃貸借の保護」岡山大学法学会雑誌33巻4号
——内田貴（1983）『抵当権と利用権』有斐閣
——梶山玉香（1997）「抵当権の実行と民事執行法改正」ジュリスト1115号
——鎌田薫（1995）「抵当権（その二）」『担保法理の現状と課題』別冊NBL 31号
——鎌田薫（1997）「法務省論点のどこに問題があるのか」論争東洋経済10号
——川井健（1999）「不良債権と抵当権の効用——短期賃貸借の解除と物上代位」ジュリスト1152号
——久米良昭（1998）「定期借家権に関する市民意識と立法過程」阿部泰隆・野村好弘・福井秀夫編『定期借家権』信山社
——東海林邦彦（1973）「民法395条を巡る問題点とその検討」金沢法学18巻12号
——最高裁判所（1999）「競売物件買受の際の住宅金融公庫中古住宅購入融資の利用について」1999・6・22付け記者発表資料
——鈴木禄弥（1985）『物権法講義・三訂版』創文社
——高木多喜男（1984）「短期賃貸借を巡る実体法上の問題点」加藤一郎・林良平編『担保法大系第1巻』きんざい
——林道晴（1999）「不良債権処理のための民事執行法及び民事執行規則の改正について」判例タイムズ986号
——福井秀夫（1998 a）「短期賃貸借保護の問題点」週刊住宅新聞1998・11・12付け
——福井秀夫（1998 b）「短期賃貸借保護撤廃を」日経金融新聞1998・11・18付け金融フォーラム
——福井秀夫・久米良昭（1999）「担保占有者排除へ立法を」日本経済新聞1999・4・2付け朝刊経済教室
——山木和彦（1999）「競売手続円滑化法及び特定競売手続臨時措置法について」ジュリスト1151号
——米倉明発言（1976）「座談会・新しく抵当権を考える(3)短期賃借権の実状」NBL 123号

第3章　実務における近年の法改正の意義と限界

吉　田　修　平

1　はじめに

　1979年に制定された民事執行法は、その後2度に渡り大きな改正が加えられることになった。
　まず、住宅金融専門会社（住専）問題の処理と関連して、1996年に改正され、次いで1998年には、いわゆる金融再生国会において、金融システムの危機に対処し競売手続の円滑化等を図るため改正がなされた。
　いずれも議員立法で行われたものである。
　本稿においては、1996年改正と1998年改正の意義と内容について検討し、その上で両改正の限界、即ち、両改正によっては解決できなかった問題点について指摘をしてみたい。

2　1996年の改正について[1]

(1)　売却等のための保全処分について[2]

　①　旧法においては、売却等の保全処分の相手方は債務者とされていた。これに対し、1996年の法改正により、売却のための保全処分の相手方として債務者だけではなく、不動産の占有者も相手方とされることになった（新法55条）。
　これにより、債務者だけでなく、不動産の占有者が、不動産の価格の減少行為等を行った場合には、その行為を禁止する命令等を発令することが可能となった。
　また、同条2項の執行官保管命令[3]の相手方も「不動産を占有する債務者、または不動産の占有者でその占有の権原を差押え債権者、仮差し押え債権者、若しくは法59条1項の規定により消滅する権利を有する者に対抗することが

第3章　実務における近年の法改正の意義と限界

できないもの」とされた。これにより、債務者以外の一定の者が法55条1項の禁止命令等に違反した場合等にも、執行官保管を命ずることができるようになった。

　この改正により、保全処分の相手方については、民事執行法制定時の政府原案と同じ規定となった。

　②　売却のための保全処分としての執行官保管命令の発令の要件については、債務者が55条1項による禁止命令などに違反したことが要件とされていたが、1996年の改正では、上記の場合のほか、「相手方が価格減少行為などを行う場合であって、同項の禁止命令などによっては不動産の価格の著しい減少を防止できないと認めるべき特別の事情があるとき」にも発令をすることができるように要件が緩和された。これにより、前項の保全処分の相手方についての改正と相まって、より広く不動産の価格減少行為等を防止できるようになった。

　③　更に1996年改正法77条1項で、買受人等の保全処分[4]についても「債務者の他、不動産の占有者でその占有の権原を差押え債権者、仮差押え債権者、若しくは法59条1項の規定により消滅する権利を有する者に対抗することができないもの」とされ、また前項の場合と同様に執行官保管も命ずることができる。

(2)　引渡命令について

　①　旧法では引渡命令[5]の相手方について、債務者または事件の記録上差押えの効力発生前から権原により占有しているものでないと認められる不動産の占有者とされていたが、1996年の改正により、債務者の他それ以外の第三者であっても、差し押え前からの占有者であるか差押え後の占有者であるかとを問わず、買受人に対抗できない権原により占有している者に対しては、引渡命令を発することができることとされた（改正法83条1項）。

　この改正により、旧法によっては「引渡命令の相手方とならない」とされていた占有者（差押え前からの使用貸借による占有者などは、債務者との関係で占有権原を有するため）も引渡命令の相手方とすることができるようになった。

　但し、これは、買受人に対して対抗できる権原はないが債務者（所有者）との関係で占有権原を有しているため、引渡命令の相手方とならないとされてい

第3章　実務における近年の法改正の意義と限界

たものについてのことであり、買受人に対しても対抗できる権原を有しているもの、例えば、差押え前からの短期賃貸借に基づく占有者については、その占有権原は買受人にも対抗することができるため、1996年の改正によっても引渡命令の相手方とすることはできない。

②　また、改正法では相手方が55条1項の禁止命令等に違反した場合のほか、相手方が価格減少行為などを行う場合であって、同項の禁止命令などによっては不動産の価格の著しい減少を防止できないと認めるべき特別の事情があるときには、いきなり発令をすることができるようになった。

即ち、改正前は一旦、1項の禁止命令違反があった上で、2項の執行官保管を命ずることができるとされていたものを、改正により禁止命令違反等がなくても、直ちに執行官保管を命ずることができるようになった。

③　更に、債務者以外の占有者に対して引渡命令を発令する場合、既にその者を審尋[6]している場合のほか、事件の記録上、その者が買受人に対抗することができる権原により、占有しているものでないことが明らかであるときもその者の審尋を要しないこととされた。

即ち、必要的審尋の範囲が変更された（改正法83条3項）。この点についても、民事執行法制定時における政府原案と同じ規定になった。

(3)　不動産競売の開始決定前の保全処分について(改正法187条2項)

①　不動産競売の開始決定前における保全処分が新設された。この手続は不動産の競売開始決定の前の段階であっても、担保権を実行しようとする者の申立により、執行裁判所が特に必要であると認めた場合には、前述した売却のための保全処分と同様の保全処分の発令を認めるものである。

これにより、競売開始決定前の一定の執行妨害行為を防止することができるようになった。

②　この手続の相手方も、前述と同じく、債務者または担保権の目的である不動産の所有者、若しくは占有者ということになる（同条1項）。

但し、不動産を占有する債務者または所有者のほか、第三者に対しては改正法55条2項と異なり「不動産の占有者で、その占有の権原を担保権実行者に対抗することができないもの」とされている（同条2項）。

第3章　実務における近年の法改正の意義と限界

3　1998年の法改正について[7]

　1998年においては、以下のとおり、民事執行法の一部の改正と「滞納処分と強制執行などとの手続の調整に関する法律（滞調法）」の一部改正などがなされたのであるが、後者は、滞納処分との関係についてであるので、本稿においては、民事執行法の改正についてのみ検討を加える。

(1)　手続を不当に遅延させることを目的とする執行抗告の簡易却下の制度の新設（改正法10条）

　①　民事執行の手続きに関する裁判のうち、引渡命令など一定のものにつき、不服のある当事者は執行抗告[8]を提起することができるとされている。しかし、執行妨害を図る意図を有する者たちは民事執行の手続きを遅らせることに利益を感ずるため、理由がないにも拘わらず執行抗告を行うことにより、その執行抗告についての判断に要する時間を稼ぎ、結果的に民事執行手続きを不当に遅延させることがしばしば行われてきた。

　そこで、改正により、従来の簡易却下事由に加えて、執行抗告が民事執行の手続きを不当に遅延させることを目的としてなされたものであるときには、同じく簡易却下ができることとされたのである。

　そして、この執行抗告について却下をした場合に、この却下に対し、更に執行抗告をすることができるとされているが（再度の執行抗告）、この再度の執行抗告についても改正法10条5項各号に該当する場合には原裁判所が執行抗告を却下することができると解されている。

　②　この改正により、手続を不当に遅延させる目的での執行抗告、即ち、権利濫用的な不服申立は許されないものとされ、手続の迅速化を図ろうとするものである。

　しかし、手続を「不当に遅延」させることを目的としてなされたものという要件がある以上、一見して明らかに不当な遅延を目的としているとは認められないように工作をするなど巧妙な手段、方法に基づく場合には上記要件が認められるか否かのリスクが生じ、執行抗告はその限りで執行妨害の手段としての意味を残すこととなるのではなかろうか。

第3章　実務における近年の法改正の意義と限界

(2)　執行官・評価人の調査権限の拡充

①　法18条、57条、58条、168条が各改正され、執行官または評価人が調査あるいは評価をする場合の権限が拡充されることとなった。

この意図は、執行官が現況調査のため必要がある場合には、電気、ガス、水道の供給その他、これらに類する継続的給付を行う公益事業を営む法人に対し、必要な事項の報告を求める権限を認めるものである。

評価人が評価をする際も、前記の執行官と同様の権限が認められた。また、168条では8項を新設して、不動産の引渡命令の執行を行う場合に、執行官が電気、ガス、水道の供給その他、いわゆるライフラインの調査に関する権限を認めることとした。

これらのライフラインの調査権限の拡充を調査官及び評価人に認めた理由は、いわゆる占有屋（立退料を取得するために引渡命令の物件を占有する者）が、現実に不動産を占有している者を煩雑に交代させることにより、引渡命令ができないようにする執行妨害が行われることが多く報告されているところ、現実にその不動産を占有している者を客観的に確定する方法として、ライフラインの調査についての権限を拡充したものである。

即ち、電気、ガス、水道等の契約状況を把握することが、現実の占有者を把握することに極めて有効と考えられたのである。

②　しかしながら、このような権限の拡充も、あくまで調査におけるものに過ぎないのであり、調査の結果、契約状況からは、占有者はAであると判断されたとしても、現実の占有者がAであるとは限らず（偽名、第三者名義を用いることもありうる）、従って、「絶対的に占有者を確定できる」という保証はない。

(3)　買受けの申出をした差押え債権者のための保全処分の新設について（法68条の2）

①　民事執行法上の保全処分として売却のための保全処分（55条）、最高買受け申出人または退去人のための保全処分（77条）、及び不動産競売の開始決定前の保全処分があるが、その他に新しい保全処分の類型として、買受けの申出をした債権者のための保全処分を新設したものである。

第3章　実務における近年の法改正の意義と限界

　この保全処分は、売却を実施しても買受けの申出がなかった場合において、買受人に対抗できない占有者が不動産の売却を困難にする行為をし、またはその恐れがあるときは、差押え債権者の申立てにより、その占有者の占有を解いて執行官または申立人（差押え債権者）に不動産を保管させる命令を発することとした。

　但し、この保全処分の申立をするには最低売却価格以上の額（申出額）を定めて、次の売却の実施において買受けの申し出がなければ自ら申出額で不動産を買受ける旨の申し出をし、かつ申出額に相当する保証の提供をすることとされてる。

　このような保全処分を新設することにより、売却前の段階で執行妨害を排除することができることを目的として、「売却のための保全処分」と比べて相当程度緩和された要件のもとに保全処分を行えることとした。更に、申立人保管の制度の新設により、競売物件の買受け希望者などに対し、予め物件の内部を閲覧させることも可能となった。

　②　しかしながら、この方法による場合も、入札または競い売りの方法により売却を実施しても買受けの申し出がなかった場合であること等の要件が加わっており、そのような場合でなければこのような保全処分を発することはできない、とされている。即ち、一旦は売却ができなかった場合でなければならないのである。

　また、不動産の占有者が売却を困難にし、あるいは、その行為をする恐れがあることも要件とされており、これらの要件を満たすことが必要であるということは、差押え債権者にとって、必ずしも使い勝手がよいものとは限らない。

　さらに、自ら買受けをする旨を申し出をしなければならず、また、申出額に相当する保証の提供を要するということは差押え債権者にとっては大変な負担ということになると思われる。

　そして、「不動産の占有者が債務者（担保権実行の場合は所有者）またはその占有の権原を差押え債権者、仮差押え債権者、若しくは59条1項の規定により消滅する権利を有する者に対抗することが出来ないものであること」との要件をも満たさなければならない。

4　両改正の限界について

(1) 以上、概観してきたように1996年並びに1998年の民事執行法の改正は、全て悪質な執行妨害からいかにして差押え債権者、抵当権者などを守るか、ということに心を尽くしたものであることは明らかである。また、関係各位の努力により、その方向に向けての着実な歩みがなされてきたことは間違いない。しかしながら、前述したような幾つかの問題点のほか、更に両改正には以下のような限界があるのではないか。

(2) まず、指摘できることは、以上の改正が全て民事執行法という手続法におけるところの改正であるということである。

民事執行法上の保全処分を利用する方が、訴訟手続を経て実体権を実現するよりも負担が軽いということから、概観してきたような保全処分が多用されてきたものとも言える[9]。そのことから、手続法の改正による実益があったとも言える。

しかしながら、法55条の売却等のための保全処分で見られるように、買受人にも対抗することのできる差押え前からの短期賃貸借に基づく占有者については、これらの保全処分をもってしては占有を排除することはできず、執行妨害を阻止することはできないのである。

即ち、実体法である民法によって、抵当権について短期の賃貸借は保護されるものとされている以上、いかに手続法において執行妨害の目的の下における占有を排除せんとしても、そこには限界が生ぜざるを得ないことになる。

ところで執行妨害の場合の態様については、次のような幾つかの分類がなされている。

たとえば1つの分類の仕方として、①短期賃借権を利用するもの、②長期賃借権を利用、または単に不法占有するもの、③抵当権が設定されている地上建物を取り壊し、建物を再築して法定地上権を主張するもの、④抵当建物を増築し、増築部分を区分所有として第三者名義にするもの、⑤抵当不動産の所有権を移転をして滌除の申出をするもの。⑥抵当権不動産に内装工事等を施して先取特権を主張するもの、⑦抵当土地を整地して貸駐車場等として利用するもの、⑧抵当不動産に物理的な損傷を与えるもの[10]という分け方が

第3章　実務における近年の法改正の意義と限界

ある。

　また、別の分類の仕方として、(a)裸の占有・占拠による妨害、(b)後順位の抵当権設定、登記、抵当権設定の仮登記による妨害、(c)賃借権による妨害、(d)使用貸借による妨害、(e)留置権による妨害、(f)短期賃貸借に伴う抵当権妨害、(g)法定地上権による妨害[11]という分け方とがある。

　そして、これらの執行妨害のうち、民法395条により抵当権者に対抗できるとされている短期賃借権を利用する者が従来から最も多いとされ[12]、あるいは、抵当不動産の占有や、占有を根拠付ける法的な権原の設定が最も多用される妨害策であるとされている[13]。

　このように最も多い執行妨害の態様である短期賃貸借等の法的な権原の設定によるものを、前述した民事執行法の改正による保全処分の拡充等によって排除することは必ずしも十分ではない。特に、執行妨害により不当な利益を得ようとしている者達に対して、民法という実体法において、抵当権に対抗しうるものとされている短期賃貸借があるということは、自らの行動に法が裏付けを与えていると思わせる効果があることも指摘されなければならない。

　即ち、それらの者が、自らの占有は法的な占有権原を伴うものであるため刑事責任を追及される恐れが少ないと予想している[14]ことは十分に考えられるのである。いわば、このような不当な利益を目指す者達にとっての精神的な支柱として、民法395条が機能していると言っても過言ではなく、民事執行法という手続法における改正では、その問題をカバーすることは出来ない。

　(3)　そして、この民事執行法における保全処分においては、当事者恒定効がないことが、更に問題となる[15]。

　まず、申立人は相手方を特定して保全処分を行わなければならないという負担があり（その負担自体も、この保全処分を申立てる者にとっては大変に重いものになるのであるが）、懸命な努力をしてそこで占有をしている個人を特定できたとしても、その個人、たとえば占有屋Aが次のBに、あるいは次のCに転々と変わるような事態は十分に予想されるところであり、このように変更される当事者に対しては民事執行法上の保全処分は十分な効果をもたないのである。

　(4)　また、保全処分を発令できるとしても、前述したような幾つかの要件を立証する負担は申立人に負わされているのであり、このような立証のための費

第3章　実務における近年の法改正の意義と限界

用、時間、コストをかける負担並びに立証ができなかった場合のリスクという負担をも申立人は負う。

そうである以上は、これらの保全処分には執行妨害の排除の限界が存すると言わざるを得ない。

何故ならば、これらの負担の存在により、買受人となろうとする者（一般の庶民）は、ヤクザや占有屋相手にこれらの負担を冒してまで競売により不動産を取得しようと考えるわけがないからである。

（5）　なお、最高裁は1999年11月24日に大法廷判決を下し、抵当権者による不法占有者の排除を実体法上の請求権として認めた。このことは、今後の執行妨害排除についての大きな転機をもたらすものであると考えられるが、たとえば、解除された短期賃借人はともかく、解除はされていないものの濫用的な短期賃貸借の場合に、この大法廷判決の趣旨は適用されるか否か、など最高裁判決によっても解決され得ない問題は残っているのである[16]。

従って、手続法の改正によっても、また抵当権自体に基づく不法占有者の排除が認められたとしても、民法395条の短期賃貸借保護の規定がある限りにおいては、前述したごとく執行妨害の態様の中で最も多いとされている短期賃貸借を利用した執行妨害のための競売不動産の占有という事態を根絶することは難しいと言わざるを得ないのである。

　　　注
（1）　1996年改正全体については、長野他（1996）6頁以下、梶山（1997）141頁以下を参考にした。
（2）　債権者の債務者に対する金銭債権の満足のために、債務者の所有している不動産を対象として差押えをなし、これを換価してその代金を債権者に配当するための手続が不動産に対する強制執行手続であるが、不動産の差押えから換価（売却）までにはかなりの時間がかかるため、その間に債務者等がその不動産の価値を著しく減少させるような行為等をすると適正な価格による売却ができなくなってしまうため、このような行為を禁止する旨の作為または不作為を命ずることができる。このような命令を「売却等のための保全処分」（法55条1項）という。
（3）　債務者等が法55条1項の禁止命令等に従わない場合、そのままそれらの

第 3 章　実務における近年の法改正の意義と限界

者に不動産を占有させておくと、その不動産の価値が著しく減少するという場合には、保全命令を申立てた債権者の申立てにより執行裁判所は換価手続の終了の間、その不動産を執行官に保管させる命令を発することができる。このように、債務者らからその不動産の占有を奪い、執行官にその不動産を占有させることを執行官保管（法55条2項）という。

（4）　不動産の強制執行においては前述のとおり、不動産を換価（売却）するのであるが、そのような買受けを申し出た者がいた場合、買受け申し出後においても、その者のために差押え不動産の価値を保全する必要がある。そこで、このような場合においても売却等の保全処分の場合と同じように価格の減少行為や引渡を困難にする行為の禁止等をする保全処分を行うことを買受人等の保全処分（法77条1項）という。これらの場合にも、売却等の保全処分の場合と同様に執行官保管を命ずることもできるのである。

（5）　不動産の強制執行において、買受人が代金を支払うことにより、目的不動産の所有権を取得したとしても、現実にその引渡しを受けることができなかったり、あるいは困難である場合には、執行裁判所による簡易な引渡手続が認められ、これより買受人が保護される。これを引渡命令（法83条）という。

（6）　審尋とは、当事者の主張を聴いて整理をすることであるが、必ずしも双方の当事者の主張を聴く必要がないことなど、当事者を対立させる手続である口頭弁論と異なる。

（7）　1998年改正全体については、後藤他（1998）58頁以下を参考にした。

（8）　執行抗告（法10条）とは、民事執行の手続に関する裁判のうち、民事執行の手続を取り消す旨の決定（12条1項）、売却の許可または不許可の決定（74条1項）、引渡命令（83条4項）など、差押え債権者にとって重要な一定のものについて、当事者が行うことのできる不服申立手続をいう。

（9）　梶山（1997）143頁参照。

（10）　吉田（1997）20〜22頁参照。

（11）　升田（1996）21〜23頁参照。

（12）　吉田（1997）21頁参照。

（13）　升田（1996）22頁参照。

（14）　升田（1996）22頁参照。

（15）　梶山（1997）146頁参照。なお、民事保全法上の占有移転禁止の仮処分を

第 3 章　実務における近年の法改正の意義と限界

取得できれば、それによりそれ以後、当事者は固定されることになる。
(16)　詳細については、第 4 章参照。

参考文献
——梶山玉香（1997）「抵当権の実行と民事執行法改正」ジュリスト 1115 号
——後藤博・小堀悟（1998）「競売手続の円滑化等を図るための関係法律の整備に関する法律——特定競売手続における現況調査及び評価等の特例に関する臨時措置法の紹介——」金融法務事情 1533 号
——長野勝也・井上直哉（1996）「民事執行法の改正に伴う民事執行規則の改正の概要」金融法務事情』1461 号
——升田純（1996）「短期賃貸借をめぐる諸問題と最近の裁判例」金融法務事情 1454 号
——吉田光碩（1997）「改正民事執行法と抵当実務」NBL 614 号

第4章　抵当権者による不法占有排除と民事執行手続
——最大判1999・11・24の民事執行法上の意義と限界——

山　本　和　彦

　最大判1999・11・24は抵当権者による不法占有者の排除を実体法上の請求権として認めた大法廷判決であり、そのような請求を否定した最判1991・3・22民集45巻3号268頁を正面から変更するものである。ここでの問題は、不動産に対する担保権実行手続の実効性の確保であり、そのための執行妨害の抑止にある。バブル経済崩壊後の経済政策の焦点として不良債権の処理があり、そのためには担保権実行手続を機能させることが国家的急務とされ、後述のように、運用・立法のあらゆる面から執行法上の対策が駆使されてきた。しかし、それらはなお十分でないとして、むしろ実体法上の問題に正面から対処する必要性が指摘されてきたところ、本判決はまさにそのような要請に応えるものと言える。

　本章では、民事執行法研究者の観点から、専ら本判決の執行法上の意義、とりわけ民事執行手続との関連性・連続性に絞って検討することにしたい。

1　民事執行法による不法占有排除

(1)　民事執行法55条の保全処分の活用

　本判決の検討に入る前に、1991年判決後本判決に至る従来の法状況を簡単に概観しておくことにする[1]。

　1991年判決は、いわゆる抵当権ドグマに依拠し、抵当権自体に基づく明渡請求も債権者代位権に基づく明渡請求も否定したため、併用賃貸借に基づく明渡請求を否定していた最判1989・6・5民集43巻6号355頁と相俟って、占有を利用した執行妨害に対する担保権者の対応を極めて困難にした。しかるに、最高裁の判示とは異なり、実際には執行妨害目的の占有者の存在は売却価額を低落させ、さらには売却自体を阻害した[2]。このような状況に対処するため、東京地裁執行部を初めとした執行実務は、民執法55条の積極的活用に赴い

た⁽³⁾。つまり、同条は、民事執行法制定時の国会修正の結果、文言的には債務者のみを相手方とするものであったにもかかわらず、それ以外の占有者にも拡大適用したのである⁽⁴⁾。その理論構成は概ね、「所有者・債務者の意思に基づき、ないしはその関与のもとに、執行妨害を目的として占有する第三者は、所有者・債務者の占有補助者と同視されて保全処分の相手方になる」とするものであった⁽⁵⁾。ただ、このような傾向はすべての裁判所が受け入れていたものではなく、各裁判所の実務や抗告審裁判例も分裂傾向にあった⁽⁶⁾。

(2) 1996年民事執行法改正

以上のような法状況の中で、不良債権処理の必要が喫緊の政治・経済課題となり、いわゆる住専問題の処理を図る過程で議員立法として成立したのが1996年の民事執行法改正であった⁽⁷⁾。本改正の最も大きな点は、55条の保全処分の相手方を債務者以外の占有者に拡大した点である。これにより、55条は国会修正前の形に戻り、占有者が一般的に1項保全処分の対象となるとともに、その権原が買受人に対抗できない占有者についてはさらに執行官保管の保全処分も可能とされた。これは、55条の適用対象の拡大を解釈論として図った実務の動向を追認するとともに、裁判例の統一を図ったものと評しうる⁽⁸⁾。

また、本改正はそれに止まらず、保全処分発令の手続面においても、一定の場合には占有者の審尋を不要としたり（法55条3項）、1項保全処分を経ないで2項保全処分の発令を認めたり（法55条2項）して、申立人に利用しやすい手続を整備している。加えて、新たな保全処分の類型として、競売開始決定前の保全処分を設けた（法187条の2）。執行妨害行為は開始決定の前後に行われることが多いが、担保権実行の場合に第三取得者がいるときは滌除の関係でその者に実行通知をしなければならず、一定の時間的間隙を生じ妨害行為を誘発しやすい事実に鑑み、開始決定前にも保全処分の発令を認めたものである。ただ、これは手続開始前にも抵当権者の占有への介入を事実上認める効果を持つため、1991年判決との理論的な整合性を問題にしうる余地があるものであった。

(3) 1998年民事執行法改正

　1996年改正後も、銀行・証券会社等の破綻に伴う経済状況の悪化により、執行妨害対策の更なる進展が期待された。そこで、1998年には、いわゆる金融機能再生関連法の一環として再び民事執行法の改正がされた[9]。占有に基づく執行妨害という本判決との関係では、現況調査における執行官の調査範囲の拡大等の改正に加えて最も重要な改正点は、買受申出をした差押債権者のための保全処分の新設である（法68条の2）。この保全処分は、買受人に対抗できない占有者が不動産の売却を困難にする行為をし、またはそのような行為をするおそれがあるときに、執行官または差押債権者に不動産の保管を認めるものである。ただ、この場合、申立人（差押債権者）は、次回の売却において買受申出が他にないときは、最低売却価額以上の申出額で不動産を買い受ける申出をし、かつ、申出額に相当する保証を提供しなければならないものとされた。これにより、自己競落を辞さない債権者にとっては、確実に占有者を排除できるとともに、自己の管理の下で不動産を買受希望者の内覧に供するなどして、高価な売却を図る途が開かれた。

　以上のような立法的対処を前提になお残された課題として、まず実務上の問題として、保全処分事件数の低迷がある。1991年頃の運用変更により増加した55条保全処分も、その後は不動産執行事件の増加にもかかわらずむしろ低落傾向に転じており[10]、また競売開始決定前の保全処分や買受申出をした差押債権者のための保全処分の申立件数も微々たるものに止まっている。また理論上の問題として、特に担保権者の不動産保管を認める1998年改正に至り、1991年判決との乖離が言わば頂点に達した点が指摘できよう[11]。そして、それとも関係するが、保全処分による対応は保全処分の帰結と本案の帰結が異なるという可能性を常に孕み、法的安定を害するとの批判も加えられた[12]。

2　本判決の民事執行手続上の意義

　以上のような状況の中で、最高裁判所が抵当権者による占有者の排除の問題につき大法廷に事件を回付した旨の報道がされ、その結果が言わば固唾を呑んで注目されていた[13]。以下では、この問題の「論議の中心が実体法から執行

第4章　抵当権者による不法占有排除と民事執行手続

手続に移っ」ていた中[14]、実体法上の明渡請求を認めた本判決が民事執行手続にいかなる影響を与えるのかという観点から、簡単な問題の概観を試みてみたい。

(1) 民事執行法上の保全処分の意義の変容

① 保全処分の実体法上の根拠

民事執行法上の保全処分は、民事保全法上の保全処分とは異なり、被保全権利を要しない本案とは切り離された独自のものであるとの理解が一般である[15]。確かに当該不動産とは何の実体法上の関係も有しない一般債権者についても保全処分を認める現行法はそのような考え方をとっているものと理解できる。しかし、そこに何の限界もないのかという疑問を別途提起することは可能であろう。事実、民執法55条2項が1項の場合とは異なり、占有者の占有を完全に奪う保全処分につき占有者の権原が買受人に対抗できない場合に限定しているのは、買受人の将来の明渡請求権の保全という側面を示唆しているとも理解できる。しかるに、相次ぐ法改正の結果、手続開始前にも保全処分による占有排除を認め、抵当権者自身による管理まで認めた中で、保全処分の根拠の理論的検討が再び必要になると見られていた[16]。

ところが、本判決は抵当権者による明渡請求を認めたため、債権者代位権あるいは直接の妨害排除請求権を保全処分の被保全権利として観念する理解が可能になり、抵当権者の占有に実体法上の根拠が付与されることとなった。その意味で、少なくとも実体法との乖離は大きく減少したことになり、執行法上の保全処分の理論的説明が容易になったことは確かであろう。その意味で、「民事執行法上の保全処分の法的根拠が民事執行法上のみならず、民事実体法上にもそれを見出すことができるようになったという意味で厚みを増した」[17]との評価は相当であろう[18]。

② 保全処分の残された役割

本判決により、抵当権者には、民事執行法上の保全処分に加えて新たな武器が付与された。そこで、問題となるのは、両者の武器の役割分担の問題である。本判決の出現の結果、抵当権者は本判決による実体法上の明渡請求権のみを使

第4章 抵当権者による不法占有排除と民事執行手続

うことになるのか、逆に本判決にもかかわらず執行法上の保全処分が多用されるのか[19]、さらには場合により両者が使い分けられることになるのか、様々な可能性が想定できる。現段階でそれを予測するのは困難であるが、今後の議論の展開のために一応現段階で考えられる両者の優劣について概観しておきたい[20]。

a) 競売申立前の明渡請求の可否

本判決からは必ずしも明らかでないが、競売申立前にも実体法上の明渡請求が可能だとすると、両者の方法は明らかに異なることになる[21]。抵当権者としては執行手続前に決着をつける方向に傾くかもしれない。けだし、(a)競売申立前に占有取得が認められれば、任意売却によることが可能となり、競売よりも高価な換価の可能性があるし、(b)仮に競売を前提にしても、競売申立後に保全処分をすると、その点が執行記録に残り、当該物件が市場で一種の「傷物」扱いを受け価格が低落するおそれがあるが、事前の明渡しによりそれを避けうるからである[22]。この点は本判決では明示されておらず[23]、その優劣の結論は今後の学説判例の展開に委ねられるが、債権回収の実効性確保の観点からは、申立前の請求も認められてよいのではないだろうか[24]。

b) 排除可能な占有者の範囲の差異

次に、両者の方法で排除可能な占有者の範囲に差異のある可能性が指摘できる。占有排除の要件として、民執法55条1項は「不動産の価格を著しく減少する行為又はそのおそれがある行為」とする[25]のに対し、本判決は「第三者が不法占有することにより、競売手続の進行が害され適正な価額よりも売却価額が下落するおそれがあるなど、抵当不動産の交換価値の実現が妨げられ抵当権者の優先弁済請求権の行使が困難となるような状態があるとき」とする。最大の問題点は、本判決のように全くの無権原ではなく[26]、債務者との関係では一応の権原が認められる場合（特に短期賃貸借）を本判決によりどの範囲で排除できるかという点である。執行妨害を目的とした占有については、55条保全処分を認めるのが一般的だとすれば[27]、仮に本判決が純粋の「不法占有」に限定するとすれば狭いことになり、その場合は不法占有には実体法上の請求、その他の執行妨害占有には55条という棲み分けになるかもしれない。その意

第4章　抵当権者による不法占有排除と民事執行手続

味で、濫用的短期賃貸借についての本判決の適用可能性が今後の議論の重要な焦点となろう。

　c）　決定手続の利用可能性

　本判決は訴訟手続による明渡しを認めたものであるが、執行法上の保全処分は決定手続で審理される。債権者にとっては決定手続の簡便性が勝ることは明らかで[28]、手続的には保全処分が選好される可能性はある。ただ、本判決の請求権を被保全権利とする民事保全法上の保全処分として、明渡断行の仮処分が認められれば、この点での両者の優劣はないことになろう。しかし、断行仮処分には一定の付加的要件を要することは明らかで、b）の要件がさらに限定されるとすれば、占有者が暴力団である場合等を除き、多くの場合は保全処分の手続的優位は残存する可能性はあろう。

　d）　申立権者の差異

　本判決が請求権者の「優先弁済請求権」の困難を要件とする以上、少なくとも配当の回る余地のない後順位抵当権者の申立権は否定されることになろう[29]。これに対し、55条の申立権者は差押債権者であり、配当の有無は直接の要件とはされていない。しかし、配当のない者の競売申立ては最終的には無剰余により取り消されるはずであるので、この点では実質的に差はないということになろう[30]。

　e）　占有移転の評価

　本判決は明渡請求を認めることで、抵当権者自身の占有確保を容認した。これに対し、執行法上の保全処分では、前述のように（1(3)参照）、法68条の2により極めて限定された要件の下でしか認められない。したがって、抵当権者が占有確保を志向するならば、実体法上の請求権が選択される可能性があろう。事実、68条の2の保全処分の創設理由とされた抵当権者の占有確保による買受希望者の内覧等の利点[31]が重視されれば、明渡請求が活用されよう。しかし、68条の2の保全処分の利用は低迷しているようであり[32]、その原因として、銀行等差押債権者の「競売物件管理の煩わしさを避けようとする傾向」[33]があるとすれば、この点を理由とした実体法の選好は生じないことになろうか。

第 4 章　抵当権者による不法占有排除と民事執行手続

f）　当事者恒定効の利用可能性

本判決による明渡請求権は、当然占有移転禁止の仮処分の被保全権利となりうる[34]。占有の転々が執行妨害の重要な方策であるとすれば、この点は実体法上の請求権の大きな利点であると言えよう。そのような利点を執行法上の保全処分にも認めるべきとする議論はありうるが[35]、当事者恒定効の明示がない規定の下での解釈論としては困難であろう。その意味で、明渡請求権を被保全権利とする民事保全法上の占有移転禁止の仮処分の可能性は、被保全権利たる明渡請求権の要件や保全の必要の判断方法とも関連するが[36]、執行妨害対策として実際上重要な意味をもとう[37]。

g）　明渡しを超えた処分

最後に、明渡しを超えた処分を要する場合の対応である。特に、建物建築型の執行妨害の場合に[38]、建物収去の処分が可能かという問題が実際上重要であろう。55条の保全処分としては、これを認めるのが最近では一般的のようである。仮に実体法上の請求権としては無理だとすれば、建築型対策として保全処分の優越が認められよう。ただ、この点は、本判決のいわゆる「抵当不動産を適切に維持又は保存するよう求める請求権（担保価値維持請求権）」の効果として認められる余地もありえ、今後の議論の展開が望まれるところである。

（2）　抵当権者の管理占有中の不動産執行の特色

次に、本判決に基づき抵当権者が実際に不動産の明渡しを受けた場合に、当該不動産に対する執行手続にいかなる影響が生じるかが重要な問題となる。「今後最も配慮を要するのは、本判決によって認められた方途と当該抵当不動産に対する民事執行手続との連携の問題である」[39]との指摘があり、「手続の目的である不動産が個別の債権者の管理下にあることによって、かえって手続の障害となる事態が生ずることも考えられないではない」[40]とも言われる。ただ、現段階では判決の言うところの「建物を管理することを目的」とした占有（奥田補足意見の「管理占有」）の実体法上の性格が必ずしも明らかでないので、執行手続への影響を正確に論じるのは困難であるが、管理占有者の占有権原は売却によって消滅し、買受人に対しては常に返還義務を負うような権原である

65

第 4 章　抵当権者による不法占有排除と民事執行手続

ことを前提に[41]、以下では概観を試みる。

①　競売申立て・取下げ

まず、競売申立ては管理占有者以外の債権者も可能であることは言うまでもない[42]。また、明渡後の競売申立ての取下げも可能と解される。この点は明渡請求と競売申立てとが関係ないとすれば当然のことであるが、仮に関係があるとしても、任意売却の可能性などに鑑みると、取下げ制限までは認めるべきでなく、場合によって所有者の返還請求を認めれば足りよう[43]。なお、明渡訴訟中に競売申立てを取り下げた場合、仮に競売申立てが担保価値維持請求権の要件になるとすれば、債権者代位に基づく訴えは却下されるものと見られる。

②　売却準備

売却準備の過程で占有者が問題となるのは、現況調査、評価、保全処分等の場面が考えられる。ただ、管理占有者自身が競売申立てをしている場合には、自ら進んで手続に協力するはずなので、実際には問題とならず、問題が生じうるのは手続と敵対関係にある場合であろう（この点は次項以下も同様である）。その場合でも、現況調査では通常の占有者と同じ義務を課されるだけであるし、保全処分についても同様である（理論上は所有者と同視するか他の占有者と同視するかが問題となるが、この点は④でまとめて論じる）。また、評価については占有減価はしないのが原則となろうが、例外的に管理占有者が自発的な明渡しを拒絶することが予測されるような場合には、減価の余地があることになろうか（この場合は、競売申立債権者による保全処分申立ての余地があろう）。

③　売却手続

売却手続の局面では、特に管理占有の存在は問題にならないと見られるが、管理占有の利点として買受希望者による内覧の可能性を指摘できよう。この場合は、管理占有者が全面的に占有を有するので、民執法 68 条の 2 のような要件を満たす必要はなく、つまり自己競落のリスクを負うことなく、下見会の開催等により高価な換価の余地があることになる。この点で、管理占有はあくまで建物管理を目的とするものなので、内覧が占有目的に含まれるか疑義もなくはないが、価値下落の防止の一環（失われた信用を取り戻す措置）と理解できな

第4章　抵当権者による不法占有排除と民事執行手続

くはないであろうか。ただ、買受申出をした差押債権者のための保全処分の利用が低調であることから、その実益の有無は問題となろう（(1)②e)参照）。

④　引渡命令

最後に、引渡命令と管理占有の関係について検討する。まず問題となるのは、引渡命令の相手方となるのが管理占有者か所有者かという点である。管理占有者の占有が所有者のためのものであることを徹底すれば、所有者に対する引渡命令で管理占有者に執行できるとの理解もありえよう[44]。しかし、引渡命令の対象となる「占有」は独立の所持と解され[45]、管理占有者もやはり占有者として引渡命令の対象となろう[46]。保全処分に基づく職務上の占有である執行官の占有とはその性質を異にすると思われる。なお、所有者に間接占有がないか否かは1つの問題であるが、実際上は抵当権者のみを相手方にすれば足りよう。

次に、引渡命令発令の要件であるが、管理占有権原が売却により消滅するとすれば、それが買受人に対抗できないことは明らかで、常に引渡命令の対象となろう。ただ、管理占有中の費用償還を主張して管理占有者が留置権を主張することなどは考えられる[47]。これを第三者占有と同視すれば、費用負担時期と差押時期の前後により区分することが考えられるが、管理占有者を所有者に準ずるものとすれば[48]、むしろ一般的に引渡命令を認めることになろうか[49]。困難な問題であるが、これが一種の執行費用に類するものだとすれば（民執法55条9項・56条2項）、差押えの前後を問わず留置権を認めるような解決もなおありえようか。

(3)　価値維持請求権の実現の方法

最後に、執行法と直接の関係はないが、本判決が債権者代位権の基礎として、従来馴染みの少ない担保価値維持請求権を援用していることとの関係で、その訴訟法上の実現方法についても簡単に概観してみたい[50]。右請求権は本件との関係では債権者代位の基礎としての意義をもつが、それは実体法上の請求権として論理的には所有者（第三取得者を含む）に対する強制履行の可能性ももつことになろう[51]。したがって、所有者が担保価値の維持に反する行為をす

67

第 4 章　抵当権者による不法占有排除と民事執行手続

るときは、その差止請求も可能となろう[52]。さらに、抽象的作為命令の可否も問題になるが、例えば「価値の維持に反する行為をしてはならない」との請求はおそらく抽象的に過ぎて許されないとしても、相手方を特定せずに「第三者に占有を移転してはならない」との請求は、第三者に対する占有移転が常に価値維持請求権を害する場合には、適法と見る余地があろうか。

3　お わ り に

　以上に簡単に検討してきたところからも、本判決の射程・実体法的評価には未知数の部分が余りに多く、執行手続への影響は現段階ではなお断定し難い部分が多く残っている。今後、請求の時期的範囲・請求権者の範囲、担保価値維持請求権の内容、管理占有の意義等について、学説判例が積み重ねられることが執行法学の立場からも強く期待される。

　ただ、少なくとも執行妨害に対して最高裁が強い態度をとったことの事実上の意味が大きいことは間違いない。保全処分にしても実体法上の方法にしても、債権者の申立てがなければ裁判所は動きようがなく、その実効性は最終的に債権者の対応に係っている。その意味で、問題解決の鍵は債権者が握っており[53]、今後は債権者の属性の変化（サービサーや外資系金融機関による積極的対応の可能性[54]）に加え、債権者を側面から援助する各界の一致した断固とした対応が必要になろう。その点で、刑事立件に積極的な近時の警察・検察の動きなども注目される。そのような社会的雰囲気を醸成する意味では、大法廷まで開いて判例を変更した最高裁の姿勢自体が重要な意味を持ちうることを最後に確認しておきたい。

　　［＊本章は、金融法務事情 1569 号に掲載された論文「抵当権者による不法占有排
　　　除と民事執行手続き――最大判平 11・11・24 の民事執行上の意義――」を加筆
　　　修正したものである。］

　　　注
　（1）　本判決前の判例・学説・実務の動向についての的確な分析として特に、中
　　　野（1999 年）24 頁以下参照。

第4章　抵当権者による不法占有排除と民事執行手続

（2）　この傾向はバブル崩壊に伴う不動産市場の低迷によってさらに拍車が掛けられた。
（3）　この間の詳細につき、東京地裁民事執行実務研究会（1993）参照。
（4）　裁判例については、栗田（1997）39頁以下参照。
（5）　東京地裁（1999）356頁参照。
（6）　河野他（2000）11頁以下の三上徹発言参照。
（7）　同改正につき詳しくは、萩本（1996）48頁以下など参照。
（8）　なお、引渡命令の相手方についても同様に、従来の実務の混乱を収集するための改正を図っている。
（9）　同改正につき詳しくは、法務省（1998）、山本（1999）78頁以下など参照。
（10）　東京地裁の55条保全処分事件は1993年の101件をピークに1998年は53件に止まる。山崎（1999）51頁注16参照。
（11）　山本（1999）80頁参照。
（12）　梶山（1997）146頁以下、中野（1999）32頁参照。
（13）　例えば、中野（1999）34頁注30参照。
（14）　中野（1999）30頁。
（15）　東京地裁（1995年）72頁以下など参照。
（16）　山本（1999）80頁参照。この点に関連した鋭い分析として、福永他（1998）144頁以下の山本弘発言参照。
（17）　今井（1999）2頁参照。
（18）　さらにこの論点につき、河野他（2000）25頁以下の河野玄逸氏発言参照。
（19）　本判決は1996年改正前の事案であり（本判決コメント・金商1081号9頁以下）、その後の実務運用等の進展を前提にすれば、本判決が過去のものに止まることもありえないではない。
（20）　なお、本判決が傍論で認めた抵当権者による直接の妨害排除請求権についても、その要件・効果の明確化を踏まえて、その優劣関係を論じる必要が生じよう。
（21）　民執法187条の2の保全処分も保全処分から3月内に必ず開始決定がされなければならない（同条3項）点で、両者の差異は残る。
（22）　(b)のおそれなどから、保全処分を避け自己競落後の明渡請求・任意売却を執行妨害対策の本道とする理解につき、占有妨害対策研究会（1999）10頁以下参照。

第4章　抵当権者による不法占有排除と民事執行手続

- (23)　奥田補足意見の「本件のように抵当権者による競売申立てがなされている事案においては、代位権行使を認めることに何の支障もない」との説示は、競売申立てがされていない場合も、事案によっては認める余地がある旨を示唆するものとも読めようか。
- (24)　抵当権者が占有を確保しながら、結局競売申立てをしない事態も確かに想定できるが、そのような場合は所有権者の占有回復請求を認めることで一応の対処は可能ではなかろうか。
- (25)　2項はさらに占有権原が買受人に対抗できないことをも要件とする。
- (26)　解除された短期賃借人は本判決の射程に含まれると見られる。この点につき、河野他（2000）28頁参照。
- (27)　東京地裁（1995）358頁参照。
- (28)　ただ、その簡便性がかえって占有者に怨念を残し望ましくないとの指摘として、占有妨害対策研究（1999）14頁以下。
- (29)　この点は奥田補足意見で明確に論じられている。
- (30)　なお、満額配当を受けられる抵当権者の申立権についても、本判決は手続の遅滞を理由として肯定すると見られるので（コメント前掲7頁参照）、やはり差異はない。
- (31)　山本（1999）81頁参照。
- (32)　山崎（1999）49頁によれば、改正法施行後半年余で申立ては3件に止まるとされる。
- (33)　井上（1999）117頁参照。
- (34)　中野（1999）387頁注12、コメント前掲9頁参照。
- (35)　そのような問題意識から執行官による原状回復を認められるのは、萩澤（1998）235頁以下。
- (36)　コメント前掲9頁参照。
- (37)　仮に占有移転禁止仮処分が認められれば、それを利用してその後に執行法上の保全処分や引渡命令に接続するという利用方法もありえよう。
- (38)　東京地裁（1995）359頁参照。
- (39)　コメント前掲9頁。
- (40)　コメント前掲10頁。
- (41)　コメント前掲8頁は「抵当権者は、本来の権原者に抵当不動産を引き渡すまでの間、善良な管理者の注意をもってこれを管理する義務を負うと考えら

第4章　抵当権者による不法占有排除と民事執行手続

れる」とされる。
(42)　この点は競売申立前でも本判決の請求が可能であることを前提とする。
(43)　信義則の問題として処理すべき旨を説かれるのは、河野他（2000）30頁の佐久間弘道氏発言参照。
(44)　河野他（2000）25頁の生熊長幸氏発言参照。
(45)　中野（1998）482頁注4参照。
(46)　引渡命令の対象と解されるのは、中野（1998）387頁注12。
(47)　「管理に伴う費用は後に所有権者に償還を請求する」ことができるとすれば（コメント前掲9頁）、右償還請求権を被担保債権とすることになる。
(48)　コメント前掲9頁は「民事執行法上の保全処分や引渡命令に関し、右抵当権者は抵当不動産の所有者に準ずる立場にある者として、所有者と同様の規律に服するものと解される」とされる。
(49)　中野（1998）387頁注12も一般に可能とされる趣旨にも読める。
(50)　本判決の問題として、債権者代位の基礎を被担保債権から担保価値維持請求権に代え、法律構成を変えた点がある。コメント前掲8頁は「本判決の採用した構成に関しては、原判決摘示に係る当事者の主張中に基本的な要件事実は現れていると見られ、構成の変更につき弁論主義との関係で格別の問題はない」とされるが、そのような構成が当事者のいずれも主張していなかったとすれば、釈明義務（法律問題指摘義務）の問題はあったと思われる。
(51)　コメント前掲7頁は「『抵当不動産を適切に維持又は保存するよう求める』ことが、請求権の主な内容となると見られるが、具体的には、それぞれの状況に応じて決定されることになろう」とされる。
(52)　例えば、「所有者はAに対して占有を移転してはならない」との判決を間接強制により執行できよう。
(53)　井上（1999）117頁は「執行妨害に対する債権者側の姿勢や取組みに問題があるのではないか」とされる。
(54)　河野他（2000）14頁参照。

参考文献
──井上一成（1999）「改正民事執行法・同規則の運用等について」自正50巻11号
──今井和男（1999）「執行実務の現状と今後の課題」金商1079号

第 4 章　抵当権者による不法占有排除と民事執行手続
　　——梶山玉香（1997）「抵当権の実行と民事執行法改正」ジュリ 1115 号
　　——栗田隆（1997）「民事執行法上の保全処分の相手方の範囲」高木新二郎監修『執行妨害対策の実務（新版）』きんざい
　　——河野玄逸ほか（2000）「抵当権者による明渡請求」銀法 21、571 号
　　——占有妨害対策研究会（1999）『占有妨害排除の理論と実務』民事法研究会
　　——東京地裁民事執行実務研究会（1993）『民事執行法上の保全処分』
　　——東京地裁民事執行実務研究会（1995）『民事執行法上の保全処分』
　　——東京地裁民事執行実務研究会（1999）『改訂不動産執行の理論と実務（上）』
　　——中野貞一郎（1998）『民事執行法〔新訂 3 版〕』青林書院
　　——中野貞一郎（1999）「民事執行における実務と学説」判タ 1000 号
　　——萩澤達彦（1998）「執行官保管保全処分の当事者恒定効・原状回復効」民訴雑誌 44 号
　　——萩本修（1996）「民事執行法改正の概要」金融法務事情 1458 号
　　——福永有利ほか（1998）「シンポジウム・担保権の効力と不動産執行」民訴雑誌 44 号
　　——法務省民事局参事官室（1998）『Q＆A 新競売・根抵当制度』商事法務研究会
　　——山崎恒（1999）「東京地裁（本庁）における概況と特徴」季刊債権管理 85 号
　　——山本和彦（1999）「競売手続円滑化法及び特定競売手続臨時措置法について」ジュリ 1151 号

第5章　米国における不動産競売法制＊

久米良昭・福井秀夫・福島隆司

1　はじめに

　米国で債権回収等に係る金融実務に携わった者に対するインタビュー調査によると、米国の不動産競売においては、執行妨害等もなければ、それによってマフィア等が不当な利益を享受している等の事実もないという[1]。また米国には、裁判所が実施する司法競売のみならず、原則として裁判所が関与せず、契約に基づき私人が手続きを進める非司法競売の制度が存在することも、文献等によって紹介されてきた[2]。しかしながら、米国の不動産競売の実務が具体的にどのような手続きによって進められ、またそのマーケットがどのように機能しているのか詳細な実態調査がなされたことはなかった。

　筆者らは、米国の裁判所、法律事務所及び大学を訪問し、主としてワシントン特別区（以下「ＤＣ」という。）、メリーランド州（以下「ＭＤ州」という。）及びニューヨーク州（以下「ＮＹ州」という。）における不動産競売について法制度の実態に関する面接調査を実施した[3]。さらにその後、文献資料の分析や書面等による追加作業を行った[4]。本章は、その成果を取りまとめたものである。

2　不動産競売と関係者

(1)　不動産競売（Foreclosure）

　英語でforecloseとは、一般的には「排除する」という意味を持つ動詞である。法律用語としてのforecloseは、抵当権設定者による抵当物の取戻権を失わせることを意味する。

　もともと英国法でいうモーゲージ（mortgage）とは、元来、借り手すなわち債務者が不動産を債権者に譲渡し、債務を期日（law day）までに弁済したら、借り手が再び取り戻すという一連の取引を指す言葉であった。17世紀初頭に

は衡平法（equity）によって、期日を経過しても借り手は一定の期間内に元利金を弁済して、土地を取り戻す遅延取戻権（equity of tardy redemption）が認められるようになった。それにも拘わらず、その間に支払いがなければ、貸し手である債権者は取戻権を没収して永久に土地を自己のものとし、借り手（＝債務者＝抵当権設定者）を排除する、すなわち foreclose することができるというものであった[5]。

今日では一般に foreclosure とは、債務不履行があった場合に、担保権者である貸し手が、契約に基づき、借り手が担保権を設定した不動産を競売に付する一連の手続を指す。ここでは、その訳語として不動産競売という語を用いる。

（2） 信託契約（Deed of Trust）

米国において融資を受ける際に不動産に担保を設定する方法としては、通常2通りある。第1は信託契約（Deed of Trust）であり、第2はモーゲージ（Mortgage）である。信託契約とモーゲージはもともとは異なる法技術であるが、いずれも担保権設定契約であり、同様の法的効果をもたらす。現在の金融実務では信託契約が一般的に利用されている。このため以下では、信託契約に基づく不動産競売手続きについて説明する。モーゲージの場合は、寄託者ではなく貸し手本人が譲受人（Grantee）であり、後に説明する売却権限者となる点だけが異なり、他は同様の手続きとなる。

信託契約の概要とは次の通りである。借り手が貸し手（例えば銀行）から、不動産に担保を設定したうえで融資を受ける場合、借用証書（Promisory Note）と信託証書（Deed of Trust）を作成する。借用証書は、貸し手・借り手間で交わされる債務の返済を約束する契約書であり、返済額、返済期限、返済方法、利息等が記載される。一方、信託証書は、貸し手・借り手（＝譲渡人（Grantor））・受託者（Trustee＝譲受人（Grantee））間で交わされる担保権設定契約書であり、当該不動産に誰がいかなる権利を有するか、借り手及び貸し手が当該不動産を維持するためにいかなる義務を負うか、債務不履行が生じた場合にいかなる手続で当該不動産を競売するか等が定められる。信託証書は郡の登記所で登記される。

受託者は、通常貸し手の代理人ないし弁護士であるが、貸し手及び借り手の

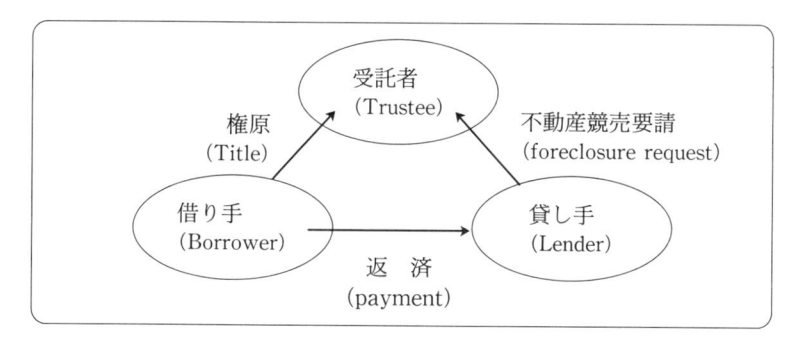

第5章　米国における不動産競売法制

図 5-1　信託契約における貸し手、借り手及び受託者の関係

間に立つものとして双方に義務を負う。

　借り手は、信託契約が締結されると、当該不動産の権原(Title)を受託者に引き渡す。受託者は権原を貸し手のために保持し、債務不履行が生じた場合は、貸し手の要請に基づいて、当該不動産を競売する。借り手は権原を委託者に引き渡しても月々の支払を続けている限り当該不動産上の権利を制限なく享受できるのが一般的であり、居住・賃借はもとより土地を担保に新たな借入を行うこともできる。実体上の真の所有者であるが、法技術的には委託者が当該不動産の所有者とみなされる。

　信託契約の中で、不動産に対する権利間の優先順位が定められる。原則として、優先順位は、権利が設定された時期により決定される。

　例外として様々な先取り特権がある。租税先取特権（tax lien）が必ず第1順位となるのは全米共通である。このほか、制定法上の先取特権（statutory lien）、建設工事先取特権（mechanic's lien）、判決先取特権（judgment lien）などがある。

　日本では、このように信託契約を活用して不動産担保を設定する法技術は存在しない。米国でこのような法技術が発達したのは、慣行上、モーゲージ自体も（形式的にせよ）借り手から貸し手に対する所有権の移転を前提とした制度であったため、所有者すなわち貸し手から寄託者に対する所有権移転を伴う信託契約による不動産担保設定の法技術も制度として定着しやすかったためと考えられる。

第5章　米国における不動産競売法制

　また特に非司法競売が認められている州では、売却権限者が競売を主宰することとなる。貸し手は、通常、金融に関する専門家ではあっても、不動産の売却に係る法手続の専門家ではない。このため、貸し手自身が売却権限者となるモーゲージよりも、専門の弁護士等に委ねることができる信託契約が一般には利用されているものと考えられる。

(3)　不動産競売の関係者

① 借り手（Borrower）
　a) 信託契約が認める限り、不動産の使用収益権を有する。
　b) 不動産を保護し、消耗・破壊から保全しなければならない。
　c) 貸し手の不動産に対する利益を損なう行為を行ってはならない。
　d) 売却前であれば取戻しに関する衡平法上の権利を有する
　e) 州法で特に許可されている場合を除き、売却後は取戻しができない。

② 貸し手（Lender）
　a) 借り手が債務不履行を起こせば競売を開始させる権限を持つ
　b) 債務不履行に基づき、不動産の賃料を徴収することもできる。
　c) 借り手の費用負担により、担保不動産を保全するための適切な措置を講じることができる。
　d) 不動産に立入り、査定する権利をもつ。
　e) 競売によって不動産を購入しない限り、不動産を所有することはない。
　f) 競売によって不動産を購入すれば債権に対する購入価格を維持することができる。
　g) 債務を満たす見返りが得られなければ借り手に対して不足分を請求できる。

③ 受託者（Trustee）
　a) 信託契約に基づき債務不履行に際し、不動産を売却する権限を与えられた者である。
　b) 借り手、貸し手その他不動産の利害関係者によって信託された者で

あると見なされる。
   c) 売却を公正に実施する義務を負う。
   d) 法律に従い、一定の保証金を負う義務を有する。
   e) 借り手の弁護士である場合もあるが、より高度な監査（scrutiny）の基準に従う。
   f) 自己競落を行うことはできない。
   g) 一般に、貸し手を含む利害関係者に対して法的アドバイスを行うことができない。

④ 競売人（Auctioneer）
   a) 州法に基づき、要請されることもある。
   b) 受託者の代理人として売却の実務を担う。
   c) しばしば広告等売却前の広報業務を担う。

⑤ 執行官（Sherif）
   a) 司法競売が実施されている州では、裁判所の執行官又は巡査官が寄託者に代わって売却を実施する。
   b) 一部の州では、執行官が競売人を使用することが認められている。

⑥ 借り手側の弁護士
   a) 競売の運用・実施に際して、借り手に対する法的アドバイスを行う。
   b) 借り手側の利益のため、実際の競売手続きにたずさわる。
   c) 多くの州においては同時に受託者ともなるが、公正のためより厳格な監査の基準に従う。

(4) 競売手続の法源

① 州法
不動産競売の手続きを定めるのは州法である。全国的な統一法はなく、50州及びＤＣの51の法域が51の制度を有している。

② 連邦法
しかし、連邦法が不動産競売手続きの細部について影響を及ぼす場合もある。

第 5 章　米国における不動産競売法制

例えば、連邦貸借信義法（Federal Truth in Lending Act）は融資の方法について、連邦居住用不動産譲渡手続法（Federal Residential Real Estate Settlement Procedures Act）は銀行融資の運用、サービスについて、連邦債権回収実務法（Federal Fair Debt Collection Practice Act）は債権の取り立てに関する規制を行っている。また、銀行倒産法（Federa Bankruptcy Act）が関係することもある。

更に、連邦政府の住宅都市開発省（Department of Housing and Urban Development、以下「HUD」という）の債務保証プログラム（Loan Insurance Program）及び退役軍人省（Department of Veterans Affairs）の債務認定プログラム（Loan Guarantee Program）がある。これらは、米国全体の住宅ローンの 15％を占めており、各省の規則が信託契約の設定、執行の詳細について定める。

なお 1980 年代後半、ローン付き住宅の競売につき各州がばらばらの制度を適用していることを懸念して連邦議会は HUD のローン付き住宅について全米競売法（National Foreclosure Law）を制定したが、現在に至るまでほとんど使われていないという。

連邦法である統一商法典（UCC）は、不動産競売についてはほとんど影響ない。UCC は不動産には適用されないからである。ただし、不動産の内部にある動産については UCC が適用になるので、商業用不動産の内部の動産、商品を不動産競売したい場合には UCC の規定が影響を及ぼす場合がある。

3　不動産競売手続のタイプ──司法競売と非司法競売

(1)　司法競売と非司法競売

日本では競売の実施主体は裁判所が独占しており、その命令、処分が行われない限り物件換価はなされない。その手続きは厳重で、借り手には多大な労力や時間が発生する[6]。

これに対して米国では、裁判所が直接実施する司法競売（judicial foreclosure）に加えて、契約に基づき私人が手続きを進める非司法競売（non-judicial foreclosure）が、36 州及び DC で認められている。両者を分けるのは、不動産

第5章　米国における不動産競売法制

を競売するに当たり、裁判所の命令が必要かどうかである。

　各州の非司法競売制度も、州ごとにその制度の中身は様々である。純粋な司法競売と純粋な非司法競売の間に、各州の制度が散在している。DC は全米の中で最も純粋な非司法競売制度であり、MD 州は、司法競売と非司法競売の中間型である。

(2)　**司法競売の一般的手続**

　司法競売の手続きは裁判所が行う。他の民事訴訟と同様である。
　①　借り手が債務不履行を起こした場合、貸し手は、裁判所に訴状を提出し、(a)債務返済の約束、(b)債務不履行、(c)一定額の債務の存在、(d)信託契約に基づく不動産競売を行う権利、(e)不動産を売却する命令の申請を主張する。
　②　訴状は借り手に送達される。借り手は、これに対して訴答する機会が与えられる。例えば、借入金の存在そのものを否定したり、返済は契約通りになされているから貸し手が担保不動産を取り上げる権限はないなどと主張する。裁判所は、必要があると認めれば聴聞会（hearing）を開き、当事者の主張を聴き、証拠を調べ、借り手が取り戻し権を排除する権限があるか否かを決定する。
　③　借り手からの反論がなされず、また貸し手が十分な証拠を示せば、裁判所は売却の命令を下す。
　④　執行官（sheriff）や司法巡査（constable）などの裁判所職員が、競売（auction）を行う。民間の委託者や弁護士が裁判所から権限を与えられて競売を行うこともある。
　⑤　競売の結果は、裁判所に報告される。
　⑥　手続の瑕疵、価格設定などの競売手続に異議のある利害当事者は裁判所に異議申立を行う。異議が出ると裁判所は聴聞会を開き、証拠を採用し、問題がなければ当該競売を承認する。
　⑦　買受人は、購入金額を支払い、所有権を取得する。

(3)　**非司法競売の一般的手続**

　①　非司法競売は、契約に基づき、当事者間で民間の手続きとして行われる。

② 裁判所は監督機能を担わない。裁判所が関与するのは、不満を持った利害関係者が訴訟を提起した場合のみである。

③ 非司法競売が行われるためには、信託証書において、当該不動産の売却権限（power of sale）を受託者に与えることが明記されていることが不可欠である。売却権限とは、信託証書に定められた借り手が債務不履行を起こした時に、受託者が不動産を売却できる権限である。もし契約上売却権限が与えられていないと、貸し手はたとえ州法上非司法競売が認められていても、司法競売手続によらなければならない。非司法競売を認めている法域では、通常、売却方法が信託契約で詳細に規定されている。

(4) 司法競売・非司法競売の長所・短所

司法競売と非司法競売はそれぞれ長所・短所がある。

① 司法競売は、非司法競売と比較し多額の費用と長期の期間を要す。また裁判所の命令がないと当該不動産を競売できない。争いのない場合でも、申立から認可までは12ヶ月から18ヶ月かかる。争われた場合にはもっと長い時間がかかる。また、費用は非司法競売の2、3倍かかる。

なお、特に1980年代後半、マサチューセッツ州では不動産競売処理が滞留し、平均4年かかっていた。あまりにも申立が多く、裁判所が処理しきれなかったので、同裁判所は弁護士事務所に依頼して競売の事務手続を負担してもらって急場を凌いだことがある。

一方、司法競売の長所は法的安定性である。全ての手続が終了し、裁判所から承認されれば、既判力が生じる。5年後、10年後の訴訟で権利が覆ることがない。

② これに対して、非司法競売では、時間が短く、費用が安く、手続も簡単である。競売開始から終了まで2、3ヶ月で終わることもある。

非司法競売の短所は即ち司法競売の長所である。DCのような純粋な非司法競売は、裁判所の関与がないために買受人の権利関係が不安定であり、場合によっては司法競売より時間がかかって高くつく。一見迅速、安価に見えた手続は、争いが生じると途端に複雑かつ高価な手続となる。司法競売では、こうした問題は一つの競売手続の中で、同一の裁判官によって解決され、手続が終わ

れば既判力を得ることができる。

　a）　例えばDCでは、純粋な非司法競売が行われており、裁判所の関与が一切ないために、買受人の権利関係が不安定である。このため、場合によっては司法競売より長期の手続期間を要し、また多額の費用を要する場合もある[7]。

　DCでは、取得時効は20年であるため、買受け後10年以上たってから権利を失うこともありうる。このため、買受人は保険会社から権原保険（Title Insurance）を購入するのが普通であるが、その保険料の支払いは不動産競売の費用を増加させ、非司法競売の長所を損なうことになる。

　また、DCでは裁判所の関与がないために、問題がある場合には一々裁判所に訴えなければならない。たとえば、買い受け後不法占有者がいることが判明した場合、これを排除するには別訴を起こさなければならない。競落額が債務額に満たなかった場合、その差額についての権利を確保するためには別訴を提起して担保不足金判決（deficiency judgment）を取らなければならない。競売手続の間の賃料を賃借人が支払わない場合は、これを回収するには管理人設置の申立（receivership action）を起こさなければならない。

　b）　ただし、MD州のように、非司法競売であっても、裁判所が関与することによって司法競売同様の法的安定性を確保し、かつ迅速・安価という非司法競売の長所を維持している州もある[8]。

　MD州の手続では、争いがなければ、競売の開始から終了まで4～6か月程度である。司法競売制度の州と比較すれば費用は2分の1で済む。MD州の制度は、裁判所の承認を要件とすることにより、司法競売と同様の法的安定性を与えることができる。

　例えば、買受人が不法占有者を排除する命令を得る必要があるとき、借り手が不動産を損壊するおそれがあるため裁判所の保護命令を求める必要があるとき、債務額と売却額に差があるため不足金判決（deficiency judgment）を得る必要があるとき、競売の間の賃料を回収する必要があるとき、一つの競売手続の中で裁判所の命令を得ることができる。その一方で、競売開始に裁判所の命令を不要にすることにより、司法競売で最も時間がかかる競売申立から命令までの期間を短縮することができる。

　MD州の制度は借り手にとっても保護が厚い。借り手及び利害関係人は、競

第5章 米国における不動産競売法制

売前に裁判所に差止 (injunction) の申立を行うことができる。但し、申立事由は慎重に規定されており、濫用されないように配慮がなされている。

このようにMD州の制度は司法競売の持つ長所と非司法競売の持つ長所を最大化し、両制度の短所を最小化するものとして評価が高い。

c) さらに従来、司法競売のみが認められていたNY州では、1998年、商業用不動産について非司法競売が導入された[9]。同州の非司法競売手続きは、最短の場合45日間で終了するもので、競売手続きの円滑化・迅速化に大きく寄与している。

4 競売手続きの実務

競売の実務については、非司法競売、司法競売でほとんど違いはない。

(1) 不動産競売の主宰者

競売は売却権限を有する者が行う。すなわち、司法競売では裁判所職員が、非司法競売では信託契約 (deeds of trust) における受託者 (trustee) が実施する。州によっては、職業競売人 (auctioneer) が競売を行うことを認め、またはそれを要請している場合もある。

(2) 競売の実施場所

不動産競売が行われうる場所は、通常州法によって定められており、また信託証書によって定められている場合もあるが、(a)当該不動産の現場、(b)裁判所、(c)受託者の事務所、(d)職業競売人の事務所の4箇所が想定される。伝統的には、不動産競売は競売物件の現場で行われることが多かった。その場合、現場を見る (inspect) ことができ、入札直前に内部を点検することもできるからである。

自己使用している居住用不動産の競売は債務者にとって感情的につらいものであるため、暴力を伴うトラブルが起こる危険性がある。とりわけ、裁判所職員の立ち会わない非司法競売では、この危険性が大きい。さらに、競売を専門とする弁護士にとっては、1カ所で複数の競売が行われる方が望ましい。このような理由から、現在は居住用不動産については裁判所で競売が行われるのが一般的になっている。

一方、商業用不動産については、不動産競売がビジネスライクに行われ、また内部を点検することが重要であることから、当該不動産で行われるのが普通である。

(3) 競売不動産の内覧

① 制度や契約によって物件内覧が可能

日本では、居住用不動産であれ、商業用不動産であれ、裁判所が実施する不動産競売において買い受け希望者に対して物件内覧を供することは制度上想定されていない[10]。

これに対して、米国の司法競売の場合は、裁判所執行官又は巡査の権限により平穏に物件内に立入ることが可能であり、現にそのような運用が行われている。

非司法競売の場合であっても、競売前に貸し手等が当該不動産の内部の状態を点検することは、権利としては認められている場合が通常である。すなわち信託契約には、借り手は貸し手が内部を点検することに同意を与えなければならないとの規定が置かれていることが多く、商業用不動産では現場で競売が行われ、買い受け希望者が内覧できる場合が一般的である。しかし前述したように、居住用不動産では、貸し手が強制執行のため自己の住居の中を点検することを、借り手が歓迎するケースは少ない。暴力沙汰になる危険性も高いことから、実務上貸し手はこの権利を行使しないのが普通である。

このため、居住用不動産の入札を考えている者は、別途手段による調査を行う。主に利用されているのが公的機関の保有している情報である。各州は、不動産税の評価のため、不動産内部の検査を行い、面積、間取り、建築時期、取引額などを記載した課税用記録を公開している。MD州の場合、3年に1度この検査が行われるので、比較的新しい情報を入手できる。

ただし、この記録は汚損、配管、水廻りなど内部の管理維持状況を記録したものではないので、限界がある。ごく稀な例であるが、外観はきれいな住居の中に入ったら、壁も床も破壊されていたということがあったという。

第5章　米国における不動産競売法制

②　競売物件に関する情報公開

居住用不動産の場合、広告に掲載される当該不動産に関する情報は最小限度である。たとえば、バージニア州法では競売の広告には当該不動産の住所を載せれば足りると明記されている。

なぜなら、貸し手または受託者は当該不動産を支配していないので、当該不動産の現状について責任ある記述ができないからである。これに対し、商業用不動産の場合は、詳細な記述がなされ、広告も幅広く行われるのが普通である。

(4)　売却価格

①　貸し手は早期売却を選ぶ

貸し手にとっての最大の関心事は当該不動産の売却から債権をどれだけ回収できるかである。競売価格が債務額及び競売費用より大きいというのが理想であるが、現実的には困難である。とりわけ、80年代後半には土地値上がりを見越した融資をしたが、その後不動産の価格が下落した結果、不良債権化して、債務額を回収することは困難であった。

不動産競売は、通常の取引でなく、強制された (forced) 取引であるから、入札額は当然のことながら公正な市場価格より相当程度低い (significantly less) のが通常である。売却には時間の制限があるから、最も高い値段で売れるまで待つこともできない。債務を支払えない者が十分な維持管理をしているとは限らないので、買い受け後、修繕を要する可能性も高い。当該物件について担保責任を受託者に対し問うことはできない (caveat emptor の原則)。さらに、非司法競売を認めている法域では、購入後訴訟を提起されて所有権を失うこともあり得る。法制度は、競売価格が市場価格より低くなることを想定している。

金融界が、不動産競売価格が市場価格より低くてもやむを得ないと考えるようになるまでは時間がかかった。しかし、市場価格で売りに出しても誰も買わず、不動産の維持に費用がかかることを認識して、たとえ損失が出たとしてもできるだけ早く現金化した方が得策である (Dollars today is more than tomorrow's money) と悟るに至った。金融機関のビジネスはカネから利益を得ることであり、不動産から利益を得るのは本業でないので、銀行は不動産を競売で

第 5 章 米国における不動産競売法制

買い受けてもすぐに売却するのである。

② 裁判所は売却価格に不介入

裁判所は、非司法競売のみならず、司法競売においても、競売価格に介入することはない。どんな価格であっても売れればそれが公正であると見なされる。競売手続の正当性が争点となった判例で価格が不自然に低いことに言及しているものもあるが、よく読むと価格そのものではなく競売手続の不自然さ（irregularity）が本質的な問題であることが多い。ただし、州によっては、残債務と売却額の差額が残債務の一定割合以下であることを義務付けているところもある。

③ 最低売却価額制度は存在しない

すなわち米国には、日本のような最低売却価額の制度はない。日本では市場を無視した最低売却価額制度が、競売手続きの不調を促す要因となっている[11]。何より、借り手が直接執行妨害の主体となるか、又は協力をしない限り、競売物件が市場価格を大きく割り込むことは通常あり得ない。米国で最低売却価額制度が存在しないために、借り手の権利が守られていないとの議論も存在しない。

ただし、非司法競売においては、当該不動産に融資した金融機関など貸し手は競落価格をコントロールするのが通常である。当該不動産に融資を行った金融機関は、後述のように自ら買い受けることも多く、また一定額以下の入札は受け入れてはならないとの指示を受託者等の入札主宰者に出したうえで、自らは入札しないこともある（reserved bid）。すなわち競売は、最高価格提示者が競落する絶対売却か借り手が提示した許容価格（minimum acceptable bid）以上を第三者が提示しない限り成立しない保留せりかのいずれかである。

現在の金融界の実務によれば、受入可能な最低入札額は、(a)残債務、(b)市場価格の 70〜80 ％のいずれか低い方である。法律上の義務はないが、貸し手は競売前に当該不動産の時価を鑑定することが普通である。

(5) 買受人の類型

① 債権者である金融機関が買受ける場合が一般的

買受人の大多数は、当該不動産に融資をした金融機関自身である。その割合についての統計はないが、少なくとも 90 ％を超える。金融機関は、当該不動産を一旦買い取って、それを業者を通じて転売し、債権回収に充てるのが通常である。

金融機関が融資の対象たる不動産を買い受けるのは、残債務の回収を担保するためである。住宅ローンは支払期間の中程までは利子のみ支払い、元金がそのまま残っていることが多いため、第三者が市場価格より著しく低い額で入札した場合、融資した金融機関は債務を回収することができない。それならば自分自身で買い取って、必要な修理をした上で市場価格で売った方がよいと考えるわけである。

なお、後順位の担保権者が当該不動産を買い受けることはほとんどない。通常、後順位担保権者の債権額は不動産の価格に比較して非常に小さいので、不動産自体を買い取ってまでわずかな債権を保護するインセンティブがないためである。

② 不動産業者が買い受ける条件

それほど頻繁ではないが不動産業者が競売物件を買い受けることもある。しかし、業者は当該不動産から利益を上げることが目的なので、買受額が市場価格より少なくとも 20～30 ％は低くないと投資しようとしない。

一方、個人が自己居住用に住宅を買い受けることは非常に稀で、まずない。その理由は、第 1 に競売物件の買い受けは大きなリスクを伴うからであり、第 2 に競売による買い受ける権利は「権限の保証がない所有権移転」(Quit-claim) であって、市場から不動産を購入するのと同様の保証は与えられないからであり、第 3 に購買代金を現金で一括払いするためには融資を受ける必要があるが、金融機関が競売物件の買い受けを目的とする融資に応じることはまずないからである。個人は、金融機関が当該不動産を買い取って市場で売り出すまで待っているのが通常である。

第 5 章　米国における不動産競売法制

5　賃借権と不動産管理

(1)　賃借権 (tenancy) の保護

①　不動産担保設定後の賃借権は競売とともに消滅するのが原則

DC を除く 50 州では、信託契約登記設定後の賃借権 (tenancy) は、登記されていようがいまいが、原則として競売とともに消滅する。例えば NY 州のように、家賃規制 (rent control) 下の住宅に関して、信託契約登記設定後の賃借権が競売後も存続することを認めている場合もあるが、あくまでも例外である。

DC の制度は、米国で唯一、信託契約登記設定後の賃借権が競売後も存続することを一般的に認めている。ただし DC においても、自己居住を目的とした住宅の落札であれば賃貸借終了の正当事由となるし、商業用不動産であればたとえ詐外的賃貸借であっても市場賃料を受け取ることが制度的に保証されているため、日本におけるような賃貸借保護を悪用した執行妨害の事例も極めて少なく、貸し手や買受人の利益が損なわれることもほとんどない(12)。

なお、ほとんどの住宅ローン契約では不動産の占有者を借り手自身に限定しているので、第三者に当該不動産の占有を許すこと自体が違法になる。一方、信託契約設定前の賃借権については、買受人に対抗できる。

商業用不動産（アパートは商業用不動産に属する）の場合も、信託契約後に設定された賃借権は保護されないが、実際上は貸し手は借家人が残ることを希望する場合が多い。なぜなら借家人がいた方が維持管理は容易であり、市場価格も維持できるからである。この場合、借家人による新所有者の承認 (attornment) と所有者による借家人追い出しをしないとの約束 (non-disturbance) がセットで契約されている場合が多い。

②　日本の短期賃貸借保護のような制度は存在しない

日本では、短期賃貸借保護制度（民法 395 条）により、建物に関しては 3 年以内の期間であれば、抵当権に遅れる賃借権でも無条件で買受人に対抗できる。このために、執行妨害目的の占有に対して合法的な装いを与え、反社会的集団

第5章 米国における不動産競売法制

に対して多大な利益をもたらすほか、競売の機能不全、金融秩序・不動産市場のゆがみを増幅させている[13]。

これに対して米国には、競売市場の機能不全をもたらす日本の短期賃貸借保護のような制度は存在しない。このため借家人の居住の安定が損なわれ、社会問題となっているという事実もない。さらに後述するように、信託契約設定前からの借家人を除き、第三者による占有はすべて不法占有であると推定されるため、その排除も円滑に行われる基本的要因となっている。

(2) 賃借権取り扱いの実務

居住用不動産の場合は、家主－借家人の関係を作るのを避けるため、貸し手は借家人から賃料を受け取らないのが通常である。むしろ、賃料を数ヶ月間取らないことにより、借家人が引越費用を貯めるのを待つのが一般的であり、賃料収入が得られないという不利益も、不動産の明渡が容易に受けられるというメリットによって相殺される。

一方、商業用不動産については、一般的には改めて賃借契約の締結を交渉するなど、借家人を引きとめるのが通常であり、その維持管理等の費用支出も不動産の市場価格を維持することで相殺される。

① 債務不履行後競売実行までの期間

借り手は所有者として不動産の管理及び借家人からの賃料徴収の義務を負う。

ただし、多くの信託契約では、債務不履行後の賃料等の不動産からの収益については、貸し手が借家人から直接支払を受ける賃料譲渡（rent assignment）という法技術が活用されている。賃料譲渡を行うには貸し手が借家人に通知するのみで足りる州もあれば、裁判所に訴訟提起して管理人職（receivership）を置くことを必要とする州もある。

非司法競売が認められた州では、居住用不動産について賃料譲渡が行われることはほとんどない。競売期間は相対的に短いため、貸し手は、賃料を受け取ることによって生じる責任を負いたくないからである。商業用不動産の場合には賃料自体が相当な額となるため、手間をかけても不動産の管理、市場価格の維持のためよく用いられる。

司法競売が行われている州では、競売手続きの期間が長期化するため、住居用不動産にも商業用不動産にも、多くの貸し手が賃料譲渡を活用する。賃料譲渡は、しばしば競売を補助する付帯的な手続きとして運用される。

賃料譲渡によって得た賃料の使い方は決められており、回収費用が第1順位、不動産の維持管理費用が第2順位で、その残りが債務の支払に充てられる。ただし、これはあくまで売却前のことである。

② 売却実行後

競売が実行されると借り手は不動産の権利を失うので、競売手続が承認された後は買受人が賃料を受け取る権利を取得する。当然のことながら残債務に充当する必要はない。

買受人が貸し手である場合、賃料を受け取るか否かは、売却前と同様である。買受人が不動産業者の場合は、居住用不動産であっても賃料を受け取ることもある。その場合、買受人は現在の賃借権を終了させた上で短期の賃借契約としてその住居に居住することを認めることが多い。短期の賃借契約であれば、短期間の通知で当該不動産を売却することができるからである。

(3) 無権限占有者の排除

① 不法占有者には排除命令

競売実行後借り手（＝所有者）が当該不動産の占有を続けている場合、買受人は競売とともに占有する権限を取得するが、買受人は権原を取得するまでは借り手を排除（evict）できない。その間、借り手は残りの占有期間中、不動産の状態を良好に保つ責任を負うが、これを強制することは難しい。借り手が不動産を損壊するおそれが高い場合は裁判所に対し不動産の保護を求めることができる。競売から実際に買受人が占有を得るまでに天災等により不動産が損壊した場合、いずれが責任を負うかについては、州法や売却条件に定めがあることも多いが、実務上は競売人または貸し手が保険をかけている。

権限なき占有者を排除するには、裁判所から排除命令（writ of eviction）を得る必要があるが、手続きは迅速である。例えばMD州ではsummary eviction という制度により、借り手が明け渡しを拒否した場合には、民事執行を

第5章　米国における不動産競売法制

承認した裁判官が迅速にヒアリングを行い、すぐ立退命令を発出する。実際の執行は、裁判所の執行官（sheriff）が行い、必要があれば実力を行使して執行を行う。

権限のない単なる不法占拠者（squatter）は、州によっては不動産侵害罪（trespass）とみなされ、警察を呼んで排除してもらうこともできる。ほとんどの不法占拠者は見つかったら場所を変えることが多く、居座るということはほとんどない。

②　一度の排除命令ですべての不法占有者に有効

日本では競売不動産を取得した買い受け人が、所有権取得後、不法占有者を排除するための手続きとして引渡命令がある。しかしながら引渡命令は、相手方の氏名を特定して発令する必要があるため、占有を第三者に対して転々と移転する手口に対しては対処が困難である[14]。さらに執行官には実際上手続き進行の裁量があり、執行は必ずしも迅速でない。

米国では、司法競売であれ、非司法競売であれ、借り手及び当該不動産の利害関係者に対しては競売手続きが行われる旨が通知され、これに対しては利害関係者等が異議を申し立てない限り、州法によって認められた先取り特権者及び信託契約による不動産担保設定登記前の権利者を除けば、すべての利害関係者の権利が競売によって消滅する。

このため排除命令に対しては、すでに競売によって権利が消滅した利害関係者であれ、まったくの第三者であれ、占有者はすべて不法占有者として排除される。しかも執行官には、強制執行を猶予したり、現場で和解を勧めたりする裁量や権限は与えられていない。占有者が、建物明渡の執行を回避するためには、競売手続き自体の手続きが無効であり、自らが正当な権利者であることを立証しなければならない。占有者を転々と移転し、誰が占有していたとしても、1度の排除命令によって建物明渡の強制執行が可能である。短期賃貸借保護がないことによって第三者による占有がすべて不法占有と推定されることに加えて、排除命令によりすべての不法占有者に排除効を及ぼすことができるため、建物明け渡しの手続きも円滑に進められる。

6　DC、MD州及びNY州における不動産競売法制比較

(1)　DCの不動産競売制度の特徴

①　非司法競売の手続き

DCでは、全米で最も純粋な非司法競売制度が運用されている。

a)　DCでは、不動産競売の通知を競売の30日以上前に借り手に郵送しなければならない[15]。しかし、この通知は郵送すれば足り、実際に借り手が受け取ることは必要ない。

b)　不動産競売は、新聞に広告された後、通知された日時に行われる。競売は、競売人（auctioneer）の事務所で行われ、最も高い額を入札した者が落札する。

c)　落札者が貸し手で、購入額が債務額以下の場合は、その場で相殺し、現金を支払うことなく所有権（title）が与えられる。購入者が貸し手以外の第三者の場合は、30日以内に購入額を支払わねばならず、支払と引き替えに所有権が与えられる。

②　テナント保護

a)　DCの制度は、米国の中では唯一、信託契約の設定の前後を問わず、テナントが買受人に対抗することを一般的に認めている[16]。また日本の短期賃貸借保護（民法395条）とも異なり、短期のみならず、長期賃貸借の競売後の存続も認めている。なおDCでは、tenantの定義があいまいで、契約に基づく賃借人のみならず、明確な法的権限なく不動産を占有する者も含む。このため以下では、テナンシー（tenancy）とは契約にもとづく建物賃貸借に加えて権限のない建物占有を、テナント（tenant）とは建物賃貸借契約にもとづく借家人に加えて権限のない建物占有者をいう。

DCではテナントが当該不動産の売買について拒否権を有するなど、全米の中で他に類をみないほどテナントの保護が厚い。テナントの政治的な力が強く、DCではテナントを保護する政策を唱道しないと選挙に勝てないからである。しかし、テナントを保護しすぎているため、投資家はDCに不動産投資したが

第5章 米国における不動産競売法制

らないという事情もあるという。

　競売された不動産上にテナントがいると、買受人はテナンシー付きの不動産を買うこととなる。賃貸借契約（lease agreement）がない場合は、月契約（month-to-month）のテナンシーとみなされ、賃貸借契約がある場合は当該契約条項に服する。賃貸借契約の期限が終了した後は、月契約（month-to-month）のテナンシーとなる。

　b）　テナントは、賃料の支払いを怠るか、その他法で認められた例外に該当しない限り、立ち退かされることはない。例外的な場合とは、第1に当該不動産を自己使用住宅として購入した場合、第2に住宅としての使用を停止した場合、第3にテナントがいては危険でできないような修復工事を行う場合である。

　テナントを追い出す事由として最も有効なのは賃料不払いであるが、DCでは貸し手や買い受け人は「所有者としての登記」（register as a landlord）をするまで賃料を取り立ててはならない。そして、「所有者としての登記」は「占有許可」（occupancy permit）を得るまでできない。「占有許可」を得るためには、市当局の検査を受けて建築基準に合致していることの確認を得なければならない。しかし、この検査は厳しく一回の検査で基準に合格することはほとんどなく、必要であれば修繕を行わなければならない。この結果、家賃の支払いを受けるためにはかなり時間と費用がかかる一方で、その間の維持管理義務も免除されない。

　このため、テナントに立ち退いてもらうために一定額の金銭を支払うという慣行が形成された[17]。しかし、これは強要（extortion）、脅迫（blackmail）にあたる違法行為である。

　c）　家を失うとなると貸し手による不動産競売を妨害したいという心情が借り手には働く。借り手が第三者と結託し、低賃料・長期間のテナンシーを結ぶ、例えば兄弟に月1ドルで99年間貸すというような詐害的なテナンシーの設定行為がなされないとは限らない。DCではこのような行為を直接禁止する法律はないが、詐害的な行為に適用される法律群はある。たとえば、正当な目的なく財産を債権者以外の誰かに詐害的に譲渡する行為は、裁判所が「詐害的譲渡」（fraudulent conveyance）として取り消すことができる。その際、裁判所は、テナントと借り手の関係、テナンシーの設定された時期、テナンシーの期間及

第5章 米国における不動産競売法制

び種類、賃料の額などを総合的に考慮して決定する。ただし「詐害性」の立証は容易でない。これは意図の問題であり、訴訟で争うと時間と費用を要する。しかもＤＣではテナントは陪審裁判を請求することができ、その中でテナンシーばかりか、不動産競売そのものを争うことができる。このような場合、最後まで争えば１年半から２年かかり、何万ドルという費用がかかる。その間、不動産の所有者は維持管理を続けなければならない。電気、水道を止めようものなら訴訟に対する報復行為であるとして貸し手は不利になる。

しかし、通常は６ヶ月程度で訴訟は終わり、結果的に所有者となった買受人が占有を回復できることが多い。これはテナンシーの詐害性を争う裁判では、その訴訟中に占有を継続する条件として、裁判所が保全命令（protective order）を発令するからである。裁判所は、テナントに対して、不動産の価値に応じた正常賃料と等しい額を裁判所に支払うよう命じる。テナントが支払いを怠った場合には、借り手が直接賃料を徴収することを認める。このため、テナントが最後まで争うことは少ない。

③ ＤＣのテナント保護制度下でも執行妨害の事例は少ない

ＤＣの制度は、米国において唯一、不動産担保設定契約に遅れるテナントを、不動産競売の後も一般的に保護するものである。それでも、弊害の多い日本の短期賃貸借保護制度と異なり、ＤＣのテナント保護制度を悪用した執行妨害の事例は少ない。

これは、(a)自己居住を目的として買い受けたのであれば、それがテナンシー終了の正当事由となるし、(b)商業用不動産であっても、借り手を害することを目的とした詐害的なテナンシーに関しては、詐害行為取り消し訴訟を提起することによって、裁判所が保全命令を発令し、テナントが市場賃料を支払うことが余儀なくされるからである。これらの理由により、テナンシー保護を濫用する執行妨害の事例はほとんどなく、反社会集団がこれにより多額の不当利益を享受しているという社会的事実も存在しない。

(2) ＭＤ州の不動産競売制度

ＭＤ州の不動産競売制度は貸し手から高い評価を受けている。ＭＤ州では、

第5章　米国における不動産競売法制

競売開始に裁判所の命令を要しないので、定義的に言えば、非司法競売であるが、裁判所が監督機能を果たしているので、非司法競売と司法競売の中間的な制度である[18]。

ａ）　不動産競売を行うに当たり、売却権限者は州裁判所に競売開始の通知をしなければならない。この通知が裁判所の未決訴訟事件一覧にファイルされることによって手続きが開始される[19]。裁判所が許可命令を出す必要はない。また書面を借り手に送達する必要もなければ、聴取を行う必要もない[20]。

ｂ）　売却権限者は、売却日の30日前から10日前までに、売却の日時、場所及び方法を記載した通知を、借り手、不動産の登記上の所有者その他利害関係者すべてに対して送付しなければならない[21]。

ｃ）　売却権限者は、州に保証金を積む[22]。または売却権限者は少なくとも週1回連続3週間にわたって新聞上に日時、場所及び売却方法を明示した競売の広告を出さなければならない。第1回目の広告は、売却日から15日以降であってはならないし、最後の広告は、売却日から1週間以前であってはならない[23]。

ｄ）　競売は、裁判所の正門前で行われるのが一般的である[24]。

ｅ）　売却権限者は、競売の終了後、裁判所に対して、売却に関する報告書並びに公正性・真実性に係る報告書を提出しなければならない[25]。裁判所は、競売が行われたことを週1回連続3週間にわたって新聞上に公告し[26]、借り手及び利害関係者に対し、30日以内に異議を述べる機会を与える[27]。

ｆ）　異議が提起されると、異議に対して聴聞を行うか否かを決定する。意義がその必要性を明確に示している場合には、裁判所は聴聞会を開き、証拠を検討し、決定を行う[28]。もし異議の申立がなく、また聴聞の結果売却が公正かつ適正に行われたと判断されれば、裁判所は競売を承認する（ratify）[29]。

ｇ）　裁判所の承認が得られると、買受人は購入代金の支払と引き替えに権原を取得する[30]。競売が終了すると、売却権限者は収支明細について裁判所から委託された専門家により会計監査を受け、裁判所の承認を得て、売却代金の分配を行う。

第5章　米国における不動産競売法制

(3) NY州の不動産競売制度

① 特　徴

NY州では競売手続効率化のために1998年に非司法競売が導入された。但し、非司法競売が認められているのは、商業用不動産についてのみである。

NY州の非司法競売の手続は、最短では45日間で終了する。

著しい特徴が2つある。

第1は、すべての利害関係者に対して行うべき詳細な通知（Notice）に関する規定が定められている点である。利害関係者としては、債務者、劣後債権者、判決先取特権者、建築工事先取特権者、借家人などである。裁判所の監督を離れて行われるため、債務者、不動産の所有者、借家人等を保護するための措置である。

第2は、債務者は、通知を受け取った際に、自らに実体法上の理由があれば、裁判所に対して競売手続の停止を申立てることができる。これに対して、裁判所が介入し、尋問等を行う。

この申し立ては最初の通知を受け取ってから45日以内に行う。司法競売においては、1年後であっても異議を申し立てることができた。NY州では裁判所の事件数が多く混雑していたため、手続の遅れが著しかったが、非司法競売の導入によって、このような弊害は解消された。

② 競売手続

a）　当該不動産に対するすべての利害関係者を特定化するため、裁判所によって権利者調査（Foreclosure Search）の命令の決定がなされる。登記上の権利者としては、劣後担保権者、判決先取特権者、不動産工事先取特権者等である。借家人は登記されていないため、登記上の調査では発見されない。

この調査から権利者からもれているとその権利を消滅させることができない。このため権利者調査は正確に行う必要がある。

これらが裁判所に記録されると、10日以内に権利者に対して係争通知（Notice of Pendency）が送付される[31]。

b）　競売手続中の不動産管理は管理人（Receiver）が行う。管理人は裁判所

95

が裁判所の公務員として任命するもので、裁判所に対する報告義務を持つ。その意義は、競売手続の開始から終了に至るまで、所有者である借り手から不動産管理権を分離してしまい、その価値を維持・保全することになる。管財人は、不動産収益から、維持・管理に必要な支出を行い、また職務に対する報酬を得る。また行い得るのは保全行為のみであって、積極的な改修等はできない。賃料収入が不十分なため、維持・管理費用や収入がまかないきれない時は、裁判所を通じて所有者である借り手に支払わせることができる。

c) 係争中通知を受けた利害関係者は、裁判所に記録され、いわば訴訟の被告となるため、不満があるときは抗弁書を提出することができる[32]。実際には手続を遅らせる目的の場合がほとんどであり、実態上の権利を伴うものは少ない。貸し手はこれに対して、証拠書類を示して、裁判所の判決を求めることとなる。概ね1ヶ月程度で、裁判所は競売決定の判決を下す。

d) 売却決定の判決が出ると、売却日前の連続5週間に亙り毎週1回ずつ又は連続4週間に亙り毎週2回ずつ、公告がなされる[33]。公告は法律新聞に掲載される。

e) 競売は、免許を持った職業競売人、執行官又は裁判所に任命された担当官が主宰し、裁判所のロビーで行われる[34]。

f) 買受人は、競売当日に売却者に対して10％の頭金を支払い、残りを30日以内に支払う[35]。売却者は代金支払いに応じて譲渡証明を発行する[36]。その引渡により、当該不動産上の権利はすべて抹消される。

g) 買受人は、不法占有者に対して立退請求権を有する。ただし、裁判所が立退命令を発したうえで、執行官が占有排除を行う。なお、担保契約設定登記後の賃貸借であっても、居住用不動産の家賃規制が課された住宅の借家人は立ち退かせることができない。ただしこれは、あくまで家賃規制住宅に限っての例外措置であり、DCのような担保契約設定登記後の賃貸借に関する一般的保護規定は存在しない。

7 ま と め

米国各州の非司法競売制度は、裁判所の関与の程度によって、その内容を異とする。

第 5 章　米国における不動産競売法制

表 5-1　DC、MD 州及び NY 州での非司法競売・手続比較

DC	MD 州	NY 州
銀行への支払遅延	銀行への支払遅延	銀行への支払遅延
↓	↓	↓
銀行は債務者に対し 30 日以内に支払を行うように催告	銀行は債務者に対し 30 日以内に支払を行うよう催告	銀行は債務者に対し支払を催告
↓	↓	↓
支払われない場合、銀行は Trustee に対して民事執行を行うように指示	支払われない場合、銀行は Trustee に対し民事執行を行うように指示	支払われない場合、銀行は Trustee に対し民事執行を行うように指示
↓	↓	↓
		Trustee による権利者調査（Title Search）
		↓
	Trustee は、裁判所に対し執行を開始する旨を通知（initial submission to the court）	Trustee は、裁判所に対し、執行を開始する旨を通知するとともに、権利者に係争通知（Notice of Pendency）
↓	↓	↓
		権利者が異議申立（係争通知受理から 45 日以内）
		↓
		裁判所が売却決定を判決（異議申立から約 1 カ月）
↓	↓	↓
Trustee による競売広告	<u>Trustee による競売広告（連続 3 週間に亘り毎週 1 回）および保証金の預託</u>（誠実な職務執行を担保するため）	<u>Trustee による競売広告（連続 5 週間に亘り毎週各 1 回又は連続 4 週間に亘り毎週各 2 回）</u>
↓	↓	↓
Trustee による競売	Trustee による競売（裁判所正門前で行われる）	<u>職業競売人、執行官又は裁判所に任命された担当官による競売</u>（裁判所ロビーで実施）
↓	↓	↓
	裁判所は異議申し立ての機会を与える競売の結果を広告（継続 3 週間）	買受人が売却者に代金支払（当日 10 %、残金 30 日以内）
	↓	
	<u>裁判所の承認</u>	
↓	↓	↓
Trustee は競売代金の支払と引き替えに Deed を付与	Trustee は競売代金の支払と引き替えに Deed を付与	売却者が代金支払いに応じて譲渡証明を発行
↓	↓	↓
	<u>裁判所が依頼した auditor による会計的な監査を経た後裁判官による最終的な承認（final ratification）</u>	
↓	↓	↓
Trustee による競売金額分配 －費用支払（競売費用、広告費） －担保権者に支払 －剰余があれば債務者へ	Trustee による競売金額の分配 －費用の支払 －担保権者への支払 －剰余があれば債務者へ	売却者による競売金額の分配 －費用の支払 －担保権者への支払 －剰余があれば債務者へ

（備考）　1.　下線部は裁判所の関与
　　　　　2.　表のうち、DC 及び MD に関する部分は、米国インタビュー調査に同行した佐藤達文氏（当時在アメリカ合衆国大使館二等書記官。現金沢地方裁判所判事）が作成した資料による。

第5章　米国における不動産競売法制

表 5-2　不動産競売法制の日米比較

	日本の不動産競売制度	米国の不動産競売制度
競売実施者	・不動産競売は裁判所のみが実施 ・手続きは厳重で、借り手には多大な労力や時間が発生する。	・契約に基づき私人が手続きを進める非司法競売が、36州及びワシントン特別区に存在。 ・非司法競売でも裁判所が一定の監督の下で行うことにより法的安定性を担保・双方が認められた州では、安価・迅速・確実な手続きとして非司法競売がもっぱら利用（例．MD州の場合、司法競売と比較し、期間が1/3～1/4、費用が1/2程度）。
物件の内覧	・制度上想定されていない。運用上もなされていないのが一般的。	・司法競売の場合は、裁判所執行官又は巡査の権限により平穏に物件内に立入ることが可能。 ・非司法競売の場合であっても、信託契約で内覧の権利が認められている場合が通常。商業用不動産では現場で競売が行われ、買い受け希望者が内覧できる場合が一般的。
売却価格	・最低売却価額制度が存在。市場を無視した価格設定により、競売不調の要因に。	・最低売却価額制度は存在しない。 ・裁判所は、非司法競売のみならず、司法競売においても、競売価格に介入することはない
抵当権に遅れる賃借人の保護	・短期賃貸借保護（民法395条）により、建物に関しては3年以内の期間であれば、抵当権に遅れる賃借権でも無条件で買い受け人に対抗可能。 ・執行妨害目的の占有に対して合法的な装いを与え、反社会的集団に対して多大な利益をもたらすほか、競売の機能不全、金融秩序・不動産市場の歪みを増幅。	・DCを除く50州では、不動産担保設定後の賃借人は競売後原則として保護されない。 ・信託契約設定前からの借家人を除き、第三者による占有はすべて不法占有であると推定。排除も円滑に行われる基本的要因。 ・DCの制度は、不動産担保設定契約に遅れるテナントを、不動産競売の後も一般的に保護する。それでも、これを悪用した執行妨害事例は少ない。(a)自己居住を目的として買い受けたのであれば、それがテナンシー終了の正当事由となるし、(b)商業用不動産であっても、借り手を害することを目的とした詐害的なテナンシーに関しては、詐害行為取り消し訴訟を提起することによって、裁判所が保全命令を発令し、テナントが市場賃料を支払うことを余儀なくされるため。
不法占有排除の手続き	・引渡命令は、相手方の氏名を特定して発令する必要があるため、占有を第三者に対して転々と移転する手口に対しては対処が困難。	・排除命令によりすべての不法占有者に排除効を及ぼすことができるため、建物明け渡しの手続きも円滑。
不法占有排除の強制執行	・執行官には実際上手続き進行の裁量があり、執行は必ずしも迅速ではない。	・執行官には、強制執行を猶予したり、現場で和解を勧めたりする裁量や権限はなく、執行は迅速。

98

第5章　米国における不動産競売法制

非司法競売は、司法競売に比較し、期間が短く、費用が安く、手続も簡単であるが、純粋な非司法競売は、裁判所の関与がないために買受人の権利関係が不安定な場合がある。ただし同じく非司法競売であっても、その事情は裁判所の関与の程度によって異なる。MD 州のように、非司法競売であっても、裁判所が関与することによって司法競売同様の法的安定性を確保し、かつ迅速・安価という非司法競売の長所を維持しており、このような州では一般に非司法競売が活用されている。

さらに、(a)一般に短期賃貸借保護に相当する制度がないこと、(b)特に商業用不動産に関しては物件の内覧が可能なこと、(c)最低売却価額制度が存在しないこと、(d)不法占有者に対しては1回の排除命令ですべての者に効力が及ぶこと、(e)執行官に執行を猶予したり、和解を勧めたりする裁量や権限がなく、執行が迅速なこと等、多くの点で日本の不動産競売法制と異なる制度となっている。このために執行妨害等の弊害は存在せず、不動産競売市場が円滑に機能することを保証する制度となっている。

[＊本章は、NBL に掲載された論文「米国における不動産担保契約の概要と非司法競売」(718 号、2001 年 8 月 1 日)、「米国における不動産競売の実務・市場の実態」(719 号、2001 年 8 月 15 日) 及び「ワシントン特別区、メリーランド州及びニューヨーク州における不動産競売法制比較」(720 号、2001 年 9 月 1 日) に加筆修止したものである。]

注
（1）　短期賃貸借研究会（1999）11 頁参照。
（2）　國生(1987)203-209 頁
（3）　面接調査は、Peter R. Kolker 弁護士及び Nelson C. Cohen 弁護士（2000 年 1 月 31 日）、メリーランド州第 6 巡回裁判所 Paul H. Weinstein 判事（1 月 31 日）、ジョージタウン大学ローセンター William T. Vukowich 教授（2 月 1 日）、David N. Prensky 弁護士（2 月 2 日）、Richard Freis 弁護士（2 月 3 日）、に対して実施した。また調査実施に際しては、在アメリカ合衆国大使館一等書記官角南国隆氏に多大なご尽力をいただいた。また弁護士の國生一彦氏、神戸大学法学部教授阿部泰隆氏及び在アメリカ合衆国大使館二

第 5 章　米国における不動産競売法制

等書記官(当時。現金沢地方裁判所判事)佐藤達文氏には、インタビュー調査に同行いただくとともに、本稿とりまとめに際しても多大なご教示を賜った。
(4)　ニューヨーク市在住の弁護士玉井裕子氏からは NY 州の非司法競売について貴重なご教示を得た。ここに感謝の意を表する。
(5)　國生(1987)193 頁。
(6)　日本の不動産競売法制がもたらしている弊害に関しては第 1 章 5 〜 6 頁、第 2 章 22〜25 頁、また制度の不備に関する経済学的分析として第 6 章参照。さらに短期賃貸借制度の廃止などに関する立法論としては、東海林 (1973)、高木 (1984)、鈴木 (1985)、岩城 (1991)、福井他 (1999) 及び第 2 章 32〜41 頁参照。
(7)　DC における非司法競売の手続きについては、ワシントン DC 不動産法典規則 45-715、45-715-1、45-716 等に定められている。*District of Columbia Code* 参照。
(8)　MD 州における非司法競売の手続きについては、メリーランド州不動産法規則 7-104〜105、14-101〜102、14-201〜210 等に定められている。*Michie's Annotated Code of Maryland* 参照。
(9)　NY 州における非司法競売の手続きについては、ニューヨーク州不動産規則 1401〜1421 に定められている。*New York Consolidated Laws Service* 参照。
(10)　物件内覧ができないことによる弊害については第 1 章 5 頁参照。
(11)　最低売却価額制度がもたらす弊害については第 2 章 32 頁、その廃止の提案については第 2 章 40〜41 頁参照。
(12)　詳細については、93 頁参照。
(13)　短期賃貸借保護を悪用した執行妨害の手口については第 2 章 22〜25 頁、短期賃貸借保護廃止の立法論については、第 2 章 32〜41 参照。
(14)　引渡命令の問題点については梶山 (1997) 146〜147 頁、第 1 章 14〜15 頁、民事執行法による占有排除に当事者恒定効を付与すべきとの提案については第 2 章 40 頁参照。
(15)　ワシントン DC 不動産法典規則 45-715 参照。
(16)　ただし前述したように、NY 州の家賃規制下住宅のような例外はある。
(17)　「鍵を受け取るために積む現金」(cash for key) と呼ばれる。

(18) メリーランド州不動産法規則7-105(a)は非司法競売について「モーゲージ又は信託契約（mortgage or deed of trust）において売却をすることができると定められているという条件の下で、債務不履行の場合、財産を売却するか、財産の売却命令発布への借り主の同意を宣言する条項を、担保権者（secured party）を含めて担保（instruments）において名前が挙げられている自然人に授権するモーゲージ又は信託契約（mortgage or deed of trust）のなかに挿入することができる。」と定める。

(19) 同規則14-204(a)は、「売却権による担保の強制売却の申立ては、裁判所の未決訴訟事件簿に命令を申し立てることによって開始されるものとする。」と定める。

(20) 同規則14-204(b)は、「売却権により又は命令への同意のもとにおいて売却命令により担保を強制売却する申立てにおいては、売却前に、訴訟を行ない、又は聴聞を行なうことを必要としない。」と定める。

(21) 同規則7-105(b)は、(1-ii)において、「メリーランド州法典又はメリーランド規則によりなすことを求められる通知のほかに、担保を強制売却する申立てにおいて売却をなす権限を有する人は、売却される財産の記録上の所有者に対して、予定されている売却について書面により通知をなすものとする。」こと、(2-ii)において、「この通知には、売却の日時、場所、条件を記載し、売却日の前30日以後で、10日以前に送付されるものとする。」、(2-iii)において、「通知をなす者は、手続きにおいて、1：返信の受領書（return receipt）又は2A：本項の規定に適合しているか、2B：合理的な方法を用いるかぎり記録上の所有者の住所を確知する事ができなかったとする宣誓陳述書（affidavit）を提出するものとする。」ことを定める。

(22) 同規則14-206は、「担保を強制実行するために財産の売却をする前に、売却をなす権限を有する者は、財産の売却との関係で、又は売却収入の分配に関して発せられる裁判所の命令に適合することを条件に、メリーランド州に保証金を積むものとする。裁判所が別段の命令を発しない限り、保証金の額は債務の額プラス手続の予想費用とするものとする。」と定める。

(23) 同規則14-303(b)は、「裁判所により別段の命令がなされた場合を除き、公開売却をなそうとする受託者は、財産の一部でも所在するカウンテイにおいて一般に流通している新聞に、売却の日時、場所、条件を広告しなければならない。この広告においては売却される財産を十分に特定しなければならず、

第 5 章　米国における不動産競売法制

　　　(1)不動産の売却のためには、連続する 3 週間に毎週少なくとも一回行わなければならず、そして、第一回の広告は売却の前 15 日以前で、最後の広告は売却の前一週間以内でなければならず、(2)又は、動産の売却のためには、売却の 5 日以上前で 12 日以内でなければならない。」と定める。

(24)　同規則 14-101 は、「この規則により行われる不動産の利益の公開売却は、財産が売却される裁判所の入り口のすぐ外側、又は裁判所が命ずるところ（どこでもよい）において、又は規則 14-206 に従って特に広告されたように行われるものとする。」ことを定める。

(25)　同規則 14-305(a)は、「売却をなす権限を有する者は、実施可能な限り早く、しかし、売却後 30 日以内に、裁判所に対して、売却に関する完全な報告書並びに売却の公正性及び報告の真実性に関する宣誓書を提出しなければならない。」と定める。

(26)　同規則 14-305(c)は、「この規則の(a)による不動産又は家財の売却報告書の提出のさいには、書記官は、財産を特定するに足る簡明な記述を含み、かつ、通知の日後 30 日以内に反対の原因が示されないかぎり売却は承認されると述べる通知を発しなければならない。この通知の謄本は、売却報告が提出されるカウンテイにおいて一般に流通している 1 つ以上の新聞において、3 つの連続する週において 30 日の期間が徒過する前に少なくとも週に一回公にされるものとする。」と定める。

(27)　同規則 14-305(d)は、「当事者及び……担保の対象となっている財産における下位の権利の保有者は、売却に対して異議を申し立てることができる。異議は書面で、主張されている不正規性を特に陳述するものとし、この規則の(c)に従って発せられる通知の日又は通知が発せられない場合には売却報告の記録の日の後 30 日以内に提出されるものとする。異議申立書において特に陳述されていないことは何であれ、裁判所が正義の観点からこれに別段の判断をする場合のほかは、放棄されたものとする。」と定める。

(28)　同規則 14-305(d-2)は、「裁判所は、異議に関して聴聞を行うかどうかを決定するものとする。ただし、聴聞を行うことなしに売却を無効とすることはできない。聴聞が求められ、しかも、異議又は何らかの返答が証拠を採用する必要性を明確に示しているならば、裁判所は聴聞を行うものとする。書記官は、聴聞の通知をすべての当事者に送付」すべきことを定める。

(29)　同規則 14-305(e)は、「裁判所は次の各号のいずれもが満たされる場合には

第 5 章 米国における不動産競売法制

売却を承認するものとする。(1)この規則の(d)により異議を提起するための期間が徒過し、かつ、報告に対する異議が提起されなかったか、提起されたが、否定された場合、(2)裁判所が、売却は公平かつ適正に行われたと満足する場合。裁判所が、売却は公平かつ適正に行われたと納得しない場合には、それが適切と思量する何らかの命令を発することができる。」と定める。

(30) 同規則 14-305 (f)は、買受人への所有権移転について、「(1)いつ行われるか：売却が最終的に裁判所によって承認され、購入金が支払われたのち、売却をした者は財産を購入者又はその譲受人に移転しなければならない。移転が購入者の譲受人に対してなされるときは、購入者は証書に連署するものとする。(2)売り主と購入者が同一人であるとき：売却権による売却において売り主と購入者が同一人であるとき、裁判所は、承認命令において、受託者に対し購入金の支払いの際には財産を購入者に移転するよう命すべきである。受託者は、裁判所が特に命ずる場合を除き、保証金を用意する必要はない。(3)代理購入者に対して：売却後移転前の時点ならいつでも、申請により、そして購入者、代理購入者、売却をなす者の同意に基づいて、代理購入者に対して移転をなすよう授権することができる。」ことを定める。
(31) ニューヨーク州不動産法典規則 1402。
(32) 同州不動産法典規則 1421。
(33) 同州不動産法典規則 1405。
(34) 同州不動産法典規則 1408-1。
(35) 同州不動産法典規則 1408-4。
(36) 同州不動産法典規則 1412-1。

参考文献
――阿部泰隆・上原由起夫（1999）「短期賃貸借保護廃止の提案」NBL 667 号
――岩城謙二（1991）「短期賃借人に対する明渡請求」NBL 471 号 5 頁
――梶山玉香（1997）「抵当権の実行と民事執行法改正」ジュリスト 1115 号
――國生一彦(1987)『アメリカの不動産取引法』商事法務研究会
――東海林邦彦（1973）「民法 395 条を巡る問題点とその検討」金沢法学 18 巻 1・2 号
――鈴木禄弥（1985）『物権法講義（三訂版）』創文社
――高木多喜男（1984）「短期賃貸借を巡る実体法上の問題点」加藤一郎・林良

第 5 章　米国における不動産競売法制

　　　平編『担保法大系第 1 巻』きんざい
——短期賃貸借研究会（資産評価政策学会・都市住宅学会・日本不動産学会）(1999)「担保不動産流動化のために——短期賃貸借保護制度の抜本的改正を」1999 年 6 月 30 日付
——福井秀夫・久米良昭 (1999)「担保占有者排除へ立法を」日本経済新聞経済教室 1999 年 4 月 2 日付朝刊
——Publishers' Editional Staff, replaced annually, *District of Columbia Code*, Michie
——Publishers' Editional Staff, replaced annually, *Michie's Annotated Code of Maryland*, Michie
——Publishers' Editional Staff, replaced annually, *New York Consolidated Laws Service*, Michie

第6章　短期賃貸借保護の法と経済分析＊

久米良昭・福井秀夫

1　短期賃貸借保護制度の問題とコースの定理

　短期賃貸借（以下「短賃」という）保護制度は、公共経済学の基本定理であるコースの定理の有用な教材であり、その極めて素直な応用により、短賃保護制度を廃止すべきであるという政策的議論が導かれる。すなわち短賃保護制度に関する立法論とは、抵当権設定後の賃借権に基づく賃借人と買受人との間で、抵当権実行後の受益権をどのように配分することが適切かという問題である。いずれか一方に受益権を認めれば、他方の受益権は否定されるため、この権利をめぐって賃借人と買受人との間で利害の対立が生じる。

　このような問題を解明するうえで、コースの定理は有益である。コースは、2当事者間に受益権の所在を巡る紛争が存在するときに、立法者や裁判官に対して、当事者への権利配分方法に対する知見を与える。

（1）　コースの定理の基本形——取引費用がゼロである場合

　コースは、権利売買交渉に要する取引費用がゼロであるならば、当事者のどちらに初期権利を配分しても効率的な資源配分が達成されるとした。自分の権利の価値をより高く評価する者は、権利が初期配分されていなくても、交渉による権利の売買を通じて、権利を実現するためである[1]。

　短賃保護に関する賃借人の賃借権と買受人の不動産利用権という相対立する権利についても、権利の売買に関する取引費用がゼロであるならば、法が権利の初期配分をどのように定めたとしても、権利の売買が行われて、結局は不動産をより有効に利用する者の権利が実現し、効率的な資源配分が達成されると考えられる[2]。

第6章　短期賃貸借保護の法と経済分析

(2)　コースの定理の現実への適用──取引費用がゼロでない場合

　ところが、短賃に関する権利の売買にさいしては現実にはさまざまな取引費用が発生し、これらはゼロではない。権利の売買に要する取引費用とは、権利購入者が支払う対価以外に当事者が負担する物理的労力、心理的負担及び金銭的支出に係る一切の費用である。例えば、買受人と賃借人が権利売買を交渉するときには時間費用、弁護士等への委託費用、心理的費用等が発生する。買受人が建物明渡を得るためには、裁判等が必要な場合もある。賃借人が建物を明渡す時には引越費用等が発生する。さらに、交渉を行う前提として、買受人には賃借人や賃借権の内容に係る情報が必要であり、そのための調査費用も発生する。

　コースの定理は、あくまで権利実現のための取引費用が一切ゼロである場合、すなわち例えば私的交渉のための費用も、裁判のための費用もゼロであるし、完全情報が与えられている（すなわち将来に関しても確定的に予測可能であり、情報の非対称性も存在しない）ため調査費用もゼロであるという場合を想定し、かつ、またその必要条件として権利の内容を法が明確に規定しているという前提の下で、どちらに権利を与えるかは資源配分に影響を与えないとする。

　経済学の基本的な定理によると、市場が失敗する原因として、①費用逓減産業や独占、寡占等の不完全競争、②外部性、③公共財、④不完全情報や人為的な取引費用の存在があげられる。すなわち買い手が購入する財についての完全情報を入手できないため必要となる調査費用や、人為的な理由によって存在する取引費用に多大な費用を要するのであれば、需要価格（その財を買ってもよいと考える価格）が下がり、結果として市場の縮小を招き、市場による資源配分はパレート最適とならず、市場は失敗する。

　コースの定理が想定する相対立する権利をめぐって紛争がある場合の権利売買市場でも、権利の売買に関する取引費用が存在すると、それ自体が社会的損失になるとともに、権利の価値をより高く評価する者の権利が、初期権利が配分されない時には実現されないという事態が生じる。すなわち市場は失敗する。権利売買市場でも取引費用がゼロでない場合に市場が失敗するという現象は、通常の市場において不完全情報や人為的な取引費用の存在のために市場が失敗

するのと同一の現象である。

　しかしながらコースの定理の意義は、特に相対立する権利をめぐって紛争が生じる時の権利売買市場に対象を限定し、市場が成功し又は失敗する詳細な条件を解明することで、現実世界の立法論に対して独自の知見を与える点にある。

　すなわち、権利の売買に関する取引費用の大きさは、(a)法が権利の内容をどのように定めているか、(b)法が権利の実現のための手続規定をどのように定めているか及び(c)3法が初期権利配分をどのように定めているかにも依存する。コースの定理は、(a)から(c)の立法が適切に定められていなければ、市場の失敗という弊害が肥大化するが、法を適切に定めることによって弊害を極小化できることを教える。

　コースの定理の仮定は現実には成立しないから、現実世界への知見は得られないとするのは短絡的である。何故ならば、法が権利を明確に定め、その流通・執行が迅速かつ容易に行われるように制度を仕組むことが適切であるという現実世界での立法者に対する重要な知見を与えるからである。

(3) 本章の目的

　本章は、短賃保護問題に対してコースの定理を適用することを提案し、これを踏まえてさらに詳細な分析を行う。具体的には、仮に取引費用がゼロであるとした場合の帰結を探るとともに、これと比較しながら現行制度が取引費用を肥大化させて市場の失敗を招くメカニズムを解明することにより、短賃保護の立法政策に関する処方箋を提示するものである。

2　取引費用がゼロの世界で短賃保護制度が市場に与える影響
　（寓話の設例）

　取引費用がゼロである世界では、初期権利配分に拘わらず、すなわち短賃を完全に保護しても、また一切保護しなくとも、全く同じ効率的な資源配分を実現する。

第6章　短期賃貸借保護の法と経済分析

(1) 前提条件

① 想定する取引

　マンションの所有者（＝債務者）が、金融機関（＝抵当権者）から、抵当権設定を条件に金額3000万円、金利年3％の資金融資を受ける。その後、借入金返済が不可能となり、マンションが競売に付される。ただし差押直前に3年間の賃貸借契約が締結され、賃借人が居住していた。買受希望者（＝買受人）はマンションの最有効利用者に賃貸することで月15万円の家賃収入が得られるため、賃借権がない場合の価値を3000万円と評価し、1年程度の競売期間を経て買い受けるが、代金納付後もなお2年間の賃借期間が残されている。

　なお、以下の設例では単純化のため、資金の機会費用である「利子」が短期の場合はゼロであること及び賃借人は転貸しないことを想定する。

② 取引費用についての仮定

a）　関係当事者間でなされる交渉や建物明渡、移転等のための費用はゼロとする。特に、1賃貸借契約は買受人に継承されず、2買受人は賃借期間終了後、費用ゼロで建物明渡を受けられ、3賃借人の立退・移転費用もゼロであると仮定する。

b）　完全情報（不確実性や情報の非対称性が存在しない）が与えられるため調査費用はゼロとする。

(2) 短賃が保護されていない場合（買受人に初期権利配分された場合）

　最初に、抵当権設定後の賃借人は、賃借期間が短期でも、抵当権実行後、買受人には1切対抗できない場合を想定する。

① 不動産市場の市場均衡

　マンションの居住者が最終的に誰になるかは、賃借人が支払っても良いと考える家賃（以下「賃借人による付け値」という。）と買受人が最有効利用者に賃貸することで得られると考える家賃（以下「買受人による付け値」という。）のどちらが高いかによって決まる。

第 6 章 短期賃貸借保護の法と経済分析

a) 賃借人による付け値が買受人による付け値より高い場合

例えば、賃借人にとって住み慣れた借家への愛着が増してくると、賃借人による付け値が買受人による付け値より高くなる場合もある。この時、賃借人は、買受人から代金納付後に建物明渡を求められても、買受人による付け値を上回る家賃を支払う旨を意思表示する。買受人は賃借人と再契約する。すなわち賃借人は、買受人に初期配分された権利を容易に購入することができる。このため不動産の最有効利用が継続する。

b) 賃借人による付け値が買受人による付け値より低い場合

例えば、債務者が執行妨害を企み、仲間である占有屋に賃貸した場合は、居住それ自体が目的ではないため、占有者である賃借人による付け値は買受人による付け値より低額である蓋然性が高い。この場合、初期権利が配分された買受人は、代金納付後、賃借人に建物明渡を求める。賃借人は買受人の付け値を上回る家賃を支払う旨の意思表示ができない。このため、買受人は費用ゼロで建物明渡を受けて最有効利用者に賃貸する、すなわち初期配分された権利をそのまま保持することで、競売後直ちに不動産の最有効利用が実現する。

a) 又は b) のいずれの場合も、買受人の代金納付後、不動産の最有効利用が実現する。債務者も、短賃保護を悪用する等により執行妨害を通じて不当利益を収受することはできない。このため不動産市場は効率的な資源配分を達成する。

② 金融市場の市場均衡

抵当権設定不動産に事後的に賃借権が付着しても、担保価値は競売を通じて確実に実現されるため、抵当権者が不利益を被らない。このため、抵当権者はリスクプレミアムなく市場金利で融資し、金融市場も最適資源配分を達成する。

(3) 短賃が保護される場合（賃借人に初期権利配分された場合）

ここでは、正常であると詐害的であると問わず、短賃が保護されると仮定する。

第6章　短期賃貸借保護の法と経済分析

① 不動産市場の市場均衡

a) 賃借人による付け値が買受人による付け値より高い場合

　この場合、少なくとも賃借期間中は賃借権が保護される。賃借期間終了後に、賃借人が建物明渡を求められても、買受人による付け値を上回る家賃を支払うことができる。買受人は賃借人と再契約する。より付け値が高い賃借人の権利がそのまま保持されるため、不動産の最有効利用が継続する。

b) 賃借人による付け値が買受人による付け値より低い場合

　この場合、買受人は、建物明渡の取引費用がゼロであるため、代金納付後直ちに賃借人に初期配分された権利を購入できる。

　例えば、債務者が不当な利益収受を企み、仲間である占有屋と家賃ゼロ円の賃貸借契約を締結し、占有屋である賃借人による付け値が12万円である場合を想定する。

　賃借人は2年間マンションに居住することで12万円×12ヶ月×2年間＝288万円の利得を得る。賃借人が承諾する借家権買取料の下限は288万1円である。

　一方買受人は、この賃貸借が存在することにより15万円×12ヶ月×2年間＝360万円の損失を被る。このため360万円未満の借家権買取料を支払うことで建物明渡を受けようとする。

　この結果、288万1円以上360万円以下の借家権買取料が支払われる。例えば中間の324万円で決着したとすると、買受人はこの額を正確に予測するため、買受額（民事執行法86条の売却代金。以下同様。）も市場価格から324万円下落し、2676万円となる。買受人は同じく3000万円の総支払額で同様の建物賃借経営を行う。短賃保護がない場合と同じ資源配分が実現し、不動産市場は失敗しない。また買受人は、それだけ買受額が下落するため、損失を被らない。

② 金融市場の市場均衡

　抵当権者は買受額が下落すれば、融資額を全額回収できない。このため資金融資を躊躇すれば、資金融資量は縮小するように見える。

　しかしながら、完全情報を有する抵当権者は、不当な利益収受を企てる債務者に、より高い金利を要求する。すなわち抵当権者は抵当権の価値が例えば

第6章　短期賃貸借保護の法と経済分析

324万円下落することを事前に知っている。債務者が6年後に返済不可能となって競売に付されるならば、抵当権者は市場金利3％に加えて、1.8％（＝324万円÷3000万円）÷6年）の金利を上乗せする。資金供給曲線は上方シフトする。債務者は仲間と324万円の不当利益を収受できるため、資金需要曲線も同じだけ上方シフトする。このため、市場の資金融資量は縮小せず、金融市場は失敗しない。債務者たちの不当利益も、上乗せ金利として債権者が回収する。

③ 所得分配

結局、短賃保護があっても、買受人が支払うことになる借家権買取という費用も買受額の低下によって、抵当権者の被る抵当権価値の下落という損失も金利の上乗せによって、それぞれ相殺される。債務者も短賃保護による利得を得ることができない。すなわち、取引費用ゼロの世界では、短賃保護があっても、ない場合と比較し、所得分配をも変えない。

(4) 初期権利配分と資源配分・所得分配——契約法と不法行為法——

短賃保護問題の説例で見たように、取引費用ゼロの世界では、契約法において相対立する権利を有する当事者のいずれに初期権利するかは資源配分の効率性に影響を与えない。のみならず、当事者がそもそも相対立する権利を契約に基づく市場の取引を通じて取得する契約法の場合には、以下に示すように、どちらに初期権利配分しても所得分配は変わらない。

ここでは、取引を通じて取得したAの権利とBの権利が相対立し、かつ、Aが評価する自分の権利の価値は、Bが評価する自分の権利の価値よりも高い場合を想定する。

Aに初期権利が配分されている場合、BがAの権利買取交渉をしても、BはAの売値を上回る買値を提示できない。より価値の高いAの権利がそのまま保持されるため最適資源配分が維持される。

Bに初期権利が配分されている場合、AはBの権利買取交渉をする。Aは、Bの売値を上回る買値を提示できるため、Bの権利を対価を支払い買取る。より価値の高いAの権利が実現し、最適資源配分が達成される。またAに初期権利が配分されている場合と比較すれば、Aには権利買取対価の支払という損失

111

第6章 短期賃貸借保護の法と経済分析

が、Bには権利売却対価の受取という利得が発生する。

　取引費用ゼロの世界では、完全情報が得られるため、AもBも、Bに初期権利が配分された時のAによるBの権利買取対価を事前に予測できる。このため、Aがそもそもの権利を取得する際に、Aに初期権利が配分されていない場合は、配分されている場合と比較して、権利買取対価の分だけ安い価格でしか購入しようとしないし、その価格で購入できる。一方、Bがそもそもの権利を取得する際にも、Bに初期権利が配分されている場合は、配分されていない場合と比較して、権利売却対価の分だけ高い価格でも購入しようとするし、その価格でしか購入できない。

　すなわち、初期権利配分の変更がA、Bの両権利者にもたらす利害得失の変化は、A、Bが、そもそも権利を取得する際の購入価格の変化によって相殺される。法がどちらに初期権利を配分するかは、所得分配を変更しない。

　これに対して、不法行為法では偶発的な事故によって生じた加害者の加害行為受認請求権と被害者の加害行為差止請求権とを巡る争いが問題となる。以下に示すように、取引費用がゼロの世界では、契約法の場合と同様に、どちらに初期権利を配分するかに拘わらず、効率的資源配分が実現される。しかしながら所得分配は初期権利配分如何によって変わることとなる。

　加害者Cに初期権利が配分されている場合、加害行為を巡る争いが生じても、被害者Dは加害行為の差止めができない。このためDはCの権利買取交渉をする。この時、(ｱ)Cが評価する加害行為受認請求権の価値がDが評価する加害行為差止請求権の価値より高い場合、DはCの売値を上回る買値を提示できず、Cの権利を買取れない。より価値の高い加害者Cの加害行為受認請求権がそのまま保持されるため最適資源配分が維持される。(ｲ)Dが評価する加害行為差止請求権の価値がCが評価する加害行為受認請求権の価値よりも高ければ、DはCの売値を上回る買値を提示できる。被害者Dは対価を支払ってCの権利を買取る。より価値の高い加害行為差止請求権が実現するため、最適資源配分が達成される。

　一方、被害者Dに初期権利が配分されている場合、加害行為を巡る争いが生じたら、Dは加害行為の差止ができる。このためCはDの権利買取交渉をする。この時、(ｱ)Cが評価する加害行為受認請求権の価値がDが評価する加害行為差

112

第6章 短期賃貸借保護の法と経済分析

止請求権の価値よりも高ければ、CはDの売値を上回る買値を提示できる。このため、加害者Cは被害者Dに対価を支払って権利を買取り、より価値の高い加害行為差止請求権を実現するため、最適資源配分が達成される。(イ)加害者Cが評価する加害行為受認請求権の価値が被害者Dが評価する加害行為差止請求権の価値より低い場合、CはDの売値を上回る買値を提示できず、Dの権利を購入できない。より価値の高い被害者Dの加害行為差止請求権がそのまま保持されるため、最適資源配分が維持される。

　結局、加害者に初期権利が配分されていても、被害者に初期権利が配分されていても、取引費用ゼロの世界では、社会的損失が発生することなく、権利の売買を通じて自らの権利の価値を高く評価する者の権利が実現する。このため、どちらに初期権利が配分されているか如何に拘わらず、最適資源配分が実現される。

　しかしながら、加害者にとっても、被害者にとっても、どちらに初期権利が配分されているかによって、その利害得失は大きく変わる。自らの権利の価値をより高く評価する場合には、初期権利が配分されている時に比較し、配分されていないことにより、相手の権利買取の対価支払という損失が発生する。自らの権利の価値をより低くしか評価しない場合には、初期権利が配分されていない時に比較し、初期権利が配分されていることにより、権利売却の対価受取という利得が発生する。しかも取引を通じて権利を取得する契約法の場合とは異なり、そもそもの権利取得時に購入価格で相殺されるという調整が生じない。このため偶発的な事故の結果として生じた不法行為法における加害者及び被害者の関係では、法がどちらに初期権利を配分するかによって、所得分配が変わることになる。

3　取引費用が存在する世界で短賃保護制度が市場に与える影響
（現実に近い設例）

取引費用がゼロという寓話の設例は、あくまで認識をクリアにするための仮想的世界である。ここでは、現実に近い設例を提示する。

113

第6章　短期賃貸借保護の法と経済分析

(1)　短賃が保護される場合(賃借人に初期権利配分された場合)

　寓話の設例では、買受人は所有権取得後に費用ゼロで建物明渡を受けられると仮定した。この前提は現実に近い設例では成立しない。民事法領域での自力救済による簡易かつ迅速な権利実現が認められていない以上、賃借人に対して初期権利を配分すると、買受人が権利を実現するためには最終的には裁判・執行という手段に頼らざるを得ない。ここでは、建物明渡の取引費用が大きく、買受人が建物明渡の取引費用や、賃借人が要求する立退料を予測するさいに、不確実性が存在すると仮定する。

① 賃借人による付け値が買受人による付け値より高い場合

　初期権利が配分された賃借人は、賃借期間中は保護される。また賃借人は、買受人から賃借期間終了後に建物明渡を求められても、買受人による付け値を上回る家賃を支払うことができるため、買受人は賃借人と再契約する。付け値が高い賃借人の権利が保持されるため不動産の最有効利用が継続する。

② 賃借人による付け値が買受人による付け値より低い場合

　しかしながら、債務者が不当な利益収受を企み、仲間の占有屋に賃貸した場合などでは、占有屋である賃借人による付け値が買受人による付け値を下回ることが多い。

　例えば、家賃ゼロ円、残り契約期間2年間の賃貸借契約が設定されており、賃借人による家賃の付け値が12万円であったとする。賃借権付着により買受人は代金納付時点から2年間（以下「第一段階」という）で360万円の不動産利用の機会費用損失を被る。また買受人は、他の競売事例から賃借期間終了後も建物明渡のためには立退料等費用を要することを学習している。これを例えば1000万円と予想すれば、買受額は、賃借権付着による機会費用に建物明渡費用を加えた分だけ市場価格から下落し、1640万円となる。

　買受人が不動産の利用権を実現するためには[3]、(ｱ)賃借人が要求する建物明渡のための立退料（第一段階では借家権買取料を含む）を支払うか、(ｲ)賃借期間終了後、裁判に訴えるか、いずれかが必要である。(ｱ)による明渡には、立退料に加えて私的交渉費用及び明渡までの不動産利用の機会費用を要する。また

114

(イ)による明渡には、裁判・執行費用に加えて明渡までの不動産利用の機会費用を要する。

買受人は、立退交渉に入る際に、立退料支払期待値を予測する。これは、その額の立退料なら支払うという上限値であり、買受人の要求額がここまで下がると期待する予測値でもある。代金納付時点では、買受額の市場価格からの下落分1360万円（＝3000万円―1640万円）が立退料支払期待値となる。また裁判・執行費用プラス不動産利用の機会費用の合計も予測する。例えば明渡まで4年を要する裁判・執行費用が800万円であるとすれば、不動産利用の機会費用720万円（＝15万円×12ヶ月×4年）を加えて合計1520万円であると見込む。

a) 交渉開始

交渉の中で賃借人は立退料を要求する。たまたまそれが、例えば1200万円など立退料支払期待値1360万円以下であれば、交渉が成立する。買受人は1200万円を支払い、建物明渡を得る。

しかしながら賃借人は、買受人が最終的には裁判・執行に訴えざるを得ないため、巨額の立退料収受も可能と考えるのが通常であり、例えば立退料1800万円を要求する。こうして通常は交渉期間が長期化すると見込まれる。

b) 交渉の継続・長期化

買受人は、交渉の過程で賃借人に翻弄される。例えば、他に住むところはないと泣きつく、もう少し立退料が増えれば引越できるのにと和解をほのめかす、立退料を支払わなければ設備・内装を破壊すると脅す、などである。

買受人が当初想定した1360万円では明渡が得られないと考え直せば、立退料支払期待値は例えば1500万円に上昇する。しかしながら依然として賃借人が立退料1800万円を要求し続ければ、交渉期間が長期化する。

c) 合意立退が成立する場合

代金納付から2年後、たまたま賃借人の要求する立退料が、1500万円に下がって立退料支払期待値以内に収まり、また裁判・執行費用プラス不動産利用の機会費用合計1520万円を下回り、かつ、その時点での市場価格3000万円をも下回れば、明渡交渉が成立する。買受人は1520万円を支払い、建物明渡を

第6章　短期賃貸借保護の法と経済分析

得る。

　これまでに発生した社会的損失は、不動産の非有効利用72万円（＝(15万円―12万円)×12ヶ月×2年）に、買受人及び賃借人の私的交渉費用を加えた額に達する。また買受人にとっての立退料1500万円、不動産利用の機会費用360万円（＝15万円×12ヶ月×2年）及び私的交渉費用の総額は、買受額の市場価格からの下落分1360万円を少なくとも500万円以上は上回るため、買受人は多大な損失を被る[4]。

d）　裁判となる場合

　一方では同じ代金納付から2年後、賃借人が依然として立退料1800万円を要求していれば、立退料支払期待値が1600万円に上昇する場合もある。この時は、裁判・執行費用プラス不動産利用の機会費用合計1520万円が、立退料支払期待値を下回り、かつ、市場価格3000万円をも下回るため、買受人は、裁判に訴えて4年後に建物明渡を得る。この決着までに生じた社会的損失は、不動産の非有効利用216万円（＝(15万円―12万円)×12ヶ月×6年）、買受人及び賃借人の両者にとっての私的交渉費用及び裁判・執行費用の総額となる[5]。また買受人にとっての不動産利用の機会費用1080万円（＝15万円×12ヶ月×6年）、2年間の私的交渉費用、4年間の裁判・執行費用（事前予測が正しければ800万円と見込まれる）。を加えた合計額は、買受額の市場価格からの下落分1360万円を520万円以上は上回る（520万円を超える部分は私的交渉費用）。買受人は、市場価格3000万円の物件を3520万円以上の価格で買ったこととなり、多大な損失を被る。

e）　買受人が権利実現を諦める場合

　交渉の中で、賃借人がさらに高い立退料要求を突きつけてくる場合もある。買受人も、このような相手に裁判を起こせば当初予想した以上の裁判・執行費用を要すると考え直す。このような交渉が長期化すれば、立退料支払期待値も、裁判・執行費用プラス不動産利用の機会費用合計の予測値も上昇し、ついにはその両方が市場価格を上回る事態が生じ得る。この場合、買受人は建物明渡を当面は断念する。何故ならば、市場価格を上回る追加的費用を支払って買受不動産の利用権を取得するより、その追加的費用で他の物件を取得したほうが高

116

い収益が得られるからである。

　最終的には、㋐買受人が賃借人に市場価格より1円でも安い立退料を支払って決着するか、㋑買受人が賃借人又はその仲間にただよりもましとして1円でも良いから売却することで決着するか(6)、いずれかの事態が生じて不動産の有効利用が実現する。しかしながらそれまでの間、私的交渉費用や不動産の非有効利用など巨額の社会的損失が発生する。立退料が支払われるか、賃借人又はその仲間にただ同然で売却されるかすれば、反社会的集団に莫大な所得移転がなされる。

　㋐、㋑のいずれの事態も生じなければ、不動産の非有効利用はさらに継続する。このため、競売後、不動産の最有効利用が実現されない事態や、最低売却価額を下げても競売が成立しないという事態も生じ得るのである(7)。

　e)の事態は、塩漬けのまま放置された低・未利用土地が大量に存在するという昨今の現実を説明する。賃借人へ初期権利を配分する限り、巨額の社会的損失が発生し、しかも所得分配上も著しい不公平が生じる。不動産競売市場でこのような事態が発生していれば、抵当権設定不動産の価値は著しく下落する。このため金融市場も著しく阻害され、そこでも巨額の社会的損失が発生するのである。

(2)　短賃が保護されない場合(買受人に初期権利配分された場合)

　買受人に初期権利が配分されている場合は、建物明渡の取引費用は小さい。後述するように、建物明渡のために裁判に訴える必要がなく、直ちに引渡命令の発令が可能であり、安価、迅速かつ確実に建物明渡を受けられるためである。もっとも民事執行法の不備などによる取引費用の発生は、一定程度避けることはできない。

①　賃借人による付け値が買受人による付け値より高い場合

　この場合、賃借人は、代金納付後直ちに買受人から建物明渡を求められるが、買受人による付け値を上回る家賃を支払うことができるため、買受人は賃借人と再契約する。すなわち賃借人は、買受人に初期配分された権利を容易に購入することができる。この結果、不動産の最有効利用が継続する。

第6章　短期賃貸借保護の法と経済分析

② 賃借人による付け値が買受人による付け値より低い場合

この場合、初期権利が配分された買受人は、代金納付後に賃借人に建物明渡を求めるが、賃借人は買受人の付け値を上回る家賃支払うことができない[8]。買受人は引渡命令により安価、迅速かつ確実に建物明渡を受けて最有効利用者に賃貸し、初期配分された権利を実現する。この結果、早期に不動産の最有効利用が実現する。

すなわち①又は②のいずれの場合も、買受人は不動産利用権を確実に実現できる。現在競売市場で生じている競売の不成立等の弊害は生じない。不動産の有効利用は容易に実現されるし、巨額の社会的損失を招くこともない。

4　取引費用がゼロでない場合の初期権利配分への知見

以上のように取引費用がゼロでない現実に近い説例を分析することで、初期権利配分のあり方に関して次のような知見を得ることができる。

(1)　買受人及び賃借人への初期権利配分のあり方

買受人に権利があるとき賃借人が権利実現する取引費用は小さいが、賃借人に権利があるとき買受人が権利実現する取引費用は著しく大きいという場合に、立法者はどちらに初期権利配分すべきか、迷う余地はない。

両者にとっての権利実現のための取引費用に著しい差異がある場合には、権利を与えられないときに権利実現費用が高くなる者に初期権利配分すれば、逆に言えば権利を与えられないときに権利実現費用が安くなる者に権利実現の責任を負わせれば、最終的には権利の売買に関する交渉は成立し、より適切な資源配分を達成するとともに、取引費用の総和という社会的損失を削減することができるためである。これは、交渉の余地がない不法行為責任を巡る争いで、最安価リスク回避者に責任を負わせよという命題と同義である。

この場合には、買受人と賃借人が自分の権利を高く評価するか、すなわち、どちらが不動産の最有効利用者であるかを一切考慮する必要はない。不動産の最有効利用者がいずれであるかを正確に識別するのは困難であるため、仮にその比率が50：50であるとしても、買受人に初期権利配分さえしておけば、最有効利用者である50％の賃借人は、小さな取引費用で権利を購入・実現する

第 6 章 短期賃貸借保護の法と経済分析

ことが可能であるし、最有効利用者である 50％の買受人にとっては、初期配分した権利をそのまま保持できるからである。この結果、競売不動産の大部分で最有効利用が実現し、しかも取引費用の総和という社会的損失を大幅に削減する。

さらに、現行制度のように初期権利が賃借人に配分されるならば、不動産の有効利用には比較優位を持たないが、3 年間の賃借権が無条件に保護されていることを悪用して買受人を欺き、脅すことで不当な利得を収受することに比較優位を持つ「占有屋」である賃借人を多数呼び寄せてしまう。現行制度はそのような状況を生みだし、不動産の有効利用をさらに阻害して資源配分の効率性を損なうのみならず、権利が与えられていない買受人にとっての権利実現のための取引費用を著しく増大させ、一層多大な損失を社会にもたらす。

賃借人に初期権利を配分する合理的な根拠は一切存在しない。

(2) 初期権利配分のルール

さらにこれらの分析から、コースの定理の系として、円滑な権利売買の実現が困難な場合をも想定した初期権利配分のルールを導くことができる。

① 権利を甲に配分した場合の乙による権利実現のための取引費用も、権利を乙に配分した場合の甲による権利実現のための取引費用も、いずれも同程度に小さいのであれば、甲・乙いずれに権利を初期配分してもよい。

② 権利を甲に配分した場合の乙による権利実現のための取引費用は小さいが、権利を乙に配分した場合の甲による権利実現の取引費用が著しく大きい場合には、甲に権利を初期配分すべきである。

③ 権利を甲に配分した場合の乙による権利実現のための取引費用も、権利を乙に配分した場合の甲による権利実現のための取引費用も、いずれも著しく大きい場合には、権利の価値を高く評価すると推定される者に初期配分せざるを得ない。権利の価値を高く評価する者がいずれであるかを識別することは困難であるが、権利売買が円滑に行われない場合のやむを得ない措置である。

5 短期賃保護制度の弊害

(1) 民法395条本文──初期権利配分の誤りによる取引費用の肥大化

① 賃借人への初期権利配分の問題点

説例で示したように、賃借人に初期権利配分すると、買受人による建物明渡の取引費用が大きくなるために、不動産の非有効利用という弊害が生じる。

民法395条は、抵当権に遅れる賃貸借について、抵当権実行後も賃貸借期間中は賃借人を保護することにより、賃借人に初期権利を配分している。

このため、買受人が評価する不動産利用権の価値が賃借人が評価する賃借権の価値よりも高い場合に、競売不動産の有効利用を実現するためには、買受人が代金納付後に賃借人から権利を購入することが必要である。ところが現行制度では、買受人が建物明渡を得るためには、最終的には裁判等に頼らざるを得ないなど、取引費用は極めて高い。

引渡命令には事情変更の可能性が小さい短期間（代金納付後6ヶ月以内）しか発令できないという制約があるため、差押直前に短賃を設定し、賃借人が「正常短賃」を装い、賃借期間中の保護を援用して引渡命令を免れることは容易である[9]。

買受人が建物明渡を得るためには、最終的には、確定判決により債務名義を得て強制執行を申立てるという裁判・執行に頼らざるを得ない。裁判・執行の取引費用は、長期の時間費用、暴力団を相手に訴訟を起こすという心理的費用、裁判外での折衝に係る労力的負担、訴訟費用等に係る金銭的損失など、天文学的なレベルに達する。

引渡命令で建物明渡を得られるのと、短賃保護があるため裁判・執行に頼らざるを得ないのとでは天と地ほどの違いがある。無権限の占有者は裁判で追い出せるから問題ないとするのは、裁判が安価かつ迅速な権利実現手段として機能していないという現実を無視した机上の空論でしかない。

② 不確実性、情報の非対称性によりさらに弊害は増大

また説例で示したように、賃借人に権利配分され、買受人にとっての建物明渡の取引費用が存在するケースでは、不確実性や情報の非対称性による影響も

大きい。買受人による権利実現のための取引費用はさらに肥大化し、短賃保護の弊害は助長される。

すなわち、現実には、買受人が賃借人への立退交渉を開始するとき、合意和解のための私的交渉に要する費用や立退料、あるいは裁判・執行費用を事前に予測するさいには常に不確実性が存在する。その不確実性は大きいため、立退料を払って合意和解するか、裁判に訴えるか、明確な方針をもって賃借人と交渉することもできない。

また、金融市場、不動産市場では、抵当権者や買受人は、「善良」な債務者・賃借人と「悪質」な債務者・賃借人とを識別できない。その結果、「悪質」な者との関係を持つことを恐れ、結局「善良」な者の参入が阻害されるのである。

このような情報の非対称性のため、買受人は賃借人のすべてが悪質な執行妨害者であると疑わざるを得ず、立退を求める。このため善良な賃借人が再契約により居住継続する余地は完全に剥奪される。現行制度は、これを悪用する執行妨害者を全面的に保護する一方で、善良な賃借人にはむしろ不利益をもたらす。また抵当権者も、融資を求める者が、決して執行妨害屋の介入を許さない善良かつ強固な意思の債務者であることを事前に識別できない。競売市場の機能不全という実態がある限り、「善良」な債務者も資金融資を受けることは困難となる。このように、現行制度は、「善良」な賃借人、債務者を保護せず、むしろ多大な不利益をもたらしているのである。

③ 短賃保護制度が市場にもたらす影響

現行の短賃制度の下では、買受人が権利を実現するための取引費用は膨大で、しかもその不確実性は大きい。このため、競売不動産買受のインセンティブは低下し、買受額は下落し、競売期間は長期化し、競売不成立という事態も頻発する。担保不動産は処理されずに長期に亘って塩漬けされ、不動産市場は著しく縮小する。

また、抵当権者にとっても、抵当権の価値は著しく下落するし、しかもこれを事前に予測するさいの不確実性は大きい。このために資金供給のインセンティブは低下し、金融市場は著しく縮小する。

第6章　短期賃貸借保護の法と経済分析

さらに、買受人や抵当権者から、執行妨害により不当な利益を収受する反社会的集団に対する莫大な所得移転を生むという不正義を公然と放置することとなる。

(2)　民法395条但書の問題
　　——権利規定が不明確なため肥大化する社会的損失

　コースの定理は「法は権利の内容を明確に定めるべき」とする。しかしながら、民法395条但書は、不明確な規定である。このため、買受人や抵当権者の取引費用を増大させ、説例で示したように短賃保護による弊害をかえって助長している。
　すなわち民法395条但書はいわゆる「詐害的」賃貸借が解除されるとする。法は、債務者及び賃借人に初期権利配分しながらも、例外規定により一定の場合には抵当権者及び買受人に権利配分することで、抵当権者及び買受人の保護を意図したと解される。
　しかしながら法律には「詐害的」であることの具体的要件がない。過去の判例を紐解いても「正常」と「詐害的」の間に明確な一線を画することはできない[10]。
　最終的に解除の確定判決を得るまでには相当程度の期間と費用を要する。
　さらに、今日、執行裁判所は「詐害的」短賃を積極的に認定し、競売手続の中で排除するため、買受人が引き受けるのは「正常短賃」だけともいわれる[11]。しかしながら、現況調査で排除できない外形的「正常短賃」によって執行が妨害され、不当利益が収受されているのが現実である[12]。
　民法395条但書は、一見すると抵当権者や買受人を保護しているようだが、実はかえって権利の不確実性や肥大化した取引費用によって、資源配分に失敗しているのみならず、抵当権者、買受人にも過大な負担をもたらしている。結局、「正常短賃」と「詐害的短賃」を区別し、前者のみに権利を与え、後者を排除することは、何の実益ももたらさない。むしろ多大な弊害をもたらす。
　付言すれば、短賃による弊害解消に尽力してきた最高裁判所による試行錯誤も、民事法学者による短賃に係る解釈論や立法提案も、「正常」と「詐害的」との線引きを行うことだけに注力してきた。この線引き自体に意味がないとし

(3) 民事執行法上の問題——取引費用はもっと減らせる

買受人に初期権利を配分したとしても、取引費用はもっと減らす余地がある。すなわち、引渡命令には、前述したように短期間しか発令できないという制約に加えて、占有者が次々と交代する確信的執行妨害者の集団には発令が困難であるという問題がある。また、1996年の民事執行法改正により拡充された保全処分（55条、77条、187条の2）の手続も、「価格減少行為」等の要件が不明確なこと、占有を排除するには外形的「正常短賃」の排除が前提条件となること等の限界がある[13]。

なお現在は、通常、買受希望者が内覧し、物件の内容を確認することができないことも、一般市民の競売参加を阻害する要因である。

6 結 論——コースの定理の政策的含意

本章では、短賃保護の問題にコースの定理を適用することによって、適切な立法への知見を得た。ここで得られた結論は、債権回収や不動産競売に携わる実務家の意見と完全に合致している。

コースの定理は初歩的な公共経済学のテキストに必ず紹介されている。ところが、極めて適合的な場面である短賃保護に応用する分析がこれまでに見当たらないのは驚くべきことである。コースの定理は、すでに約40年前に、ロナルド・コースが発表した。コースはノーベル経済学賞（1991年）を受賞し、同定理は立法政策研究の古典となった。民事立法を担う法務省や民事法研究者の多くは、コースの定理を初めとする法と経済学にあまり言及しない[14]。

コースの定理の政策的含意は、本稿で論じたように、社会的な富の増大においても、当事者の公正を達成するうえでも、極めて豊かな内容を持っている。

ここでは、コースの定理の政策的含意と、それを踏まえた短賃保護制度に関する立法論を要約する[15]。

(1) 法は権利の内容を明確に定めるべきである

　実体法が権利の内容を不明確に規定すると、権利の実現に際して紛争が生じ、多大な取引費用という社会的損失が発生する。コースの定理から、本来不要な費用の発生を回避するため、法は権利の内容を明確に定めるべきという政策的含意が得られる。

　民法395条但書は、抵当権者や買受人を保護せず、土地の有効利用を阻害するという立法意図とは逆の効果を生んだ。不明確な例外規定を定めたためである。民法395条を廃止する際にも、不明確な例外規定を設けるべきでない。

(2) 法は取引費用を極小化するよう手続規定を定めるべきである

　権利の売買に要する取引費用は、手続法が権利の実現手段をどのように規定するかに依存するので、手続法は、その取引費用の総和が極小化するように規定を定めることによって社会的損失を極力抑えることが必要である。

　本章では、民法395条廃止によって、競売市場の機能不全問題が大部分解消することを示した。しかしながら短賃保護が廃止されたとしても、占有者が次々と交代する執行妨害者の集団に対しては引渡命令を発令できない、買受希望者が事前に物件を内覧できないという現行民事執行法の規定は、取引費用を増大させる。

　権利の流通・執行費用を縮小することはそれ自体独立な課題である。民法395条が廃止されても、なお民事執行法の改正による権利実現の手続規定整備が必要である。

(3) 法は取引費用の総和を小さくするよう初期権利配分を定めるべきである

　相対立する権利の間に争いがある時、その権利実現のための取引費用が双方の権利者にとっても無限大に近く大きいという事情がない限り、市場での権利売買を通じて資源配分の効率性は改善される。このとき、より適切な資源配分を実現するためには、権利が与えられないときに権利実現費用が高くなる者に初期権利を配分する、すなわち通常は、取引費用の総和が小さくなるように初

第 6 章　短期賃貸借保護の法と経済分析

期権利配分を定めるべきである。

　現行の民法 395 条は、初期権利配分されない時の権利実現費用が高い者に初期権利配分すべきであるという基本的な命題に反する初期権利配分を行っている。このため、買受人が不動産利用権を実現するための取引費用は著しく大きい。これに加えて、民法 395 条但書の不明確な規定や民事執行法上の手続規定の未整備、さらには市場の不完全情報（不確実性、情報の非対称性）等のため、不動産市場、金融市場の効率性が大きく阻害されるとともに、本来必要のない取引費用という膨大な社会的損失がもたらされている。加えて、反社会的集団に対しても莫大な所得移転を発生させている。

　短賃に関する権利の売買に関する取引費用の総和は、賃借人に初期配分するのでなく、買受人に初期配分する方が小さくなる。何故ならば、賃借人は買受人に権利があっても、より小さい取引費用で権利を実現できるためである。

　取引費用がゼロでないとき、権利の売買を通じて資源配分の効率性を高めるためには、権利の初期配分を受けないときに権利実現費用が高くなる者に初期権利を配分すべきである、逆にいえば、権利の初期配分を受けないときに権利実現費用が安くなる者に権利実現の責任を負わせなければならないのである。

　金融不安の解消のため、競売市場の活性化を通じた担保不動産流動化、不良債権処理促進は、もはや一刻の猶予も許されない。諸悪の元凶である民法 395 条の廃止を含む短賃保護制度の抜本的改正が急務である。

　　［＊本章は、NBL 670 号（1999 年 8 月 1 日）に掲載された論文を加筆修正したものである。］

　　注
（1）　コースの定理の原典は Coase(1960)。またその明解な解説としてランズバーグ（1995）115〜128 頁、クーターほか（1997）123〜145 頁参照。また、「効率的な資源配分」、「市場の失敗」等の概念について明るくない読者は、これらの文献に加えて、例えば井堀（1998）を参照されたい。
（2）　コースの定理に関する設例は、対立する当事者間での訴訟事件で、権利配分が裁判所の判決によって決せられるものが多い。しかしながら、コースの

第 6 章　短期賃貸借保護の法と経済分析

定理は、制定法での初期権利配分の問題にも当然に適用可能である。
（ 3 ）　賃借人が、買受人からの立退要求を受けてかわいそうだという批判は的外れである。賃借人は、現行の短賃保護制度の下でも、賃借期間終了後は 15 万円以上の家賃を支払わない限り、再契約して住み続けられる立場にはない。
（ 4 ）　立退料は、単なる所得移転であって、社会的損失ではない。
（ 5 ）　直接的な裁判・執行費用には、弁護士、裁判官、執行官等への報酬が含まれるが、これは紛争が生じないように立法されていたら発生しなかったはずの費用である。
（ 6 ）　執行妨害者は市場における最有効利用者に転売しようとするため、転売された時点では不動産の最有効利用が実現する。
（ 7 ）　仮に競売が成立しなくとも、賃借人（及びその仲間）は抵当権者に対して金銭要求の交渉をするなど、不当利益を収受するための選択肢を豊富にもつ。
（ 8 ）　賃借人は立退に際して引越し代等を負担しなければならない点を考慮すべきという批判は的外れである。賃借人は、賃借期間終了後に 15 万円以上の家賃を支払わなければ、引越し代等を負担しなければならない事情は同じである。
（ 9 ）　詳細については第 1 章を参照。
(10)　例えば、最高裁 1991 年 3 月 22 日判決（民集 45 巻 3 号 268 頁）、最高裁 1996 年 9 月 13 日判決（民集 50 巻 8 号 2374 頁）。
(11)　法務省民事局参事官後藤博氏の教示によると、(1)登記のみで占有のない短期賃貸借及び(2)賃借期間中の賃料の全額前払い、異常に高額な敷金の差入れ等のある賃借権は詐害的と認定されるという。また、(3)債務者が、自らが代表者である同族会社に対して賃借権を設定したような場合には、賃借権を保護しないし、(4)賃料収入から債権を一部回収しようとする賃借権は、非正常短賃として認定されるという。
(12)　このような執行妨害の具体的な手口とそれがもたらす弊害については、第 2 章で詳述している。
(13)　詳細については第 1 章を参照。
(14)　コースの定理と整合的な立法論を明確に提示している法解釈学研究者による研究として鈴木（1985）181～184 頁のほか、東海林（1973）95 頁、高木（1984）396 頁、岩城（1991）9 頁がある。
(15)　短賃保護制度改正を巡る学説・判例の問題点については、すでに第 1 章で

第 6 章　短期賃貸借保護の法と経済分析

論じたが、ここではコースの定理に則して詳述した。なお、福井 (1998 a)、福井 (1998 b) 及び福井他 (1999) も併せて参照されたい。

参考文献
——井堀利宏 (1998)『基礎コース公共経済学』新世社
——岩城謙二 (1991)「短期賃借人に対する明渡請求」NBL 471 号 5 頁
——クーター，ロバート＝ユーレン，トーマス (1997)『新版・法と経済学』太田勝造訳、商事法務研究会
—— Coase, R. H. (1960), The Problem of Social Cost, The Journal of Law and Economics, Vol.3,「社会的費用の問題」松浦好治編訳『法と経済学の原点』木鐸社、1994 年
——東海林邦彦 (1973)「民法 395 条を巡る問題点とその検討」金沢法学 18 巻 1・2 号
——鈴木禄弥 (1985)『物権法講義（三訂版）』創文社
——高木多喜男 (1984)「短期賃貸借を巡る実体法上の問題点」加藤一郎・林良平編『担保法大系第 1 巻』きんざい
——福井秀夫 (1998 a)「短期賃貸借保護の問題点」週間住宅新聞 1998 年 11 月 12 日付
——福井秀夫 (1998 b)「短期賃貸借制度撤廃を——債権回収の可能性向上——」日経金融新聞 1998 年 11 月 18 日付金融フォーラム
——福井秀夫・久米良昭 (1999)「担保占有者排除へ立法を」日本経済新聞 1999 年 4 月 2 日付朝刊経済教室
——ランズバーグ，スティーブン (1995)『ランチタイムの経済学』佐和隆光監訳、ダイヤモンド社

第7章 不良債権と貸し渋りの法と経済学＊

山崎福寿・瀬下博之

1 はじめに

　貸し手と借り手の間には、情報の非対称性[1]にともなって深刻な問題が発生する。なぜなら危険な借り手と安全な借り手を識別することが困難となるからである。また、借り手は成果を正しく報告しないかもしれないし、自己の利益のみを追求し、非効率な投資を実施してしまうかもしれない。

　貸し手はこのような問題を克服するために、借り手の危険度や信用能力を十分に審査するだけでなく、貸出が実施された後にその資金が計画通りに使われているかを監督しなければならない。貸出に伴って発生するこのような費用をエイジェンシー・コスト（Agency Cost）という。エイジェンシー・コストを削減する際に、担保価値が重要な役割を果たす。借り手は担保を提供することによって、相対的に危険の少ない投資プロジェクトに資金を投下する結果、エイジェンシー・コストは節約される。

　とりわけ、日本では担保としての土地が貸し出しの際に重要な役割を果たすことが以前から指摘されてきた。地価の変動によって土地担保の価値が変動する結果、銀行の貸出行動も影響される。最近経験したように、地価の下落が担保価値を大幅に低下させる結果、それに伴って多くの不良債権が発生し、銀行の貸出量は著しく減少する可能性がある[2]。

　さて、このような土地担保の価値は、担保をめぐる権利配分の変化によっても影響される。とりわけ資金市場との関連で重要なのは、抵当権と賃借権の関係である。銀行貸出にともなって土地建物に設定される抵当権と、抵当権上に設定される賃借権の優先順位の問題は、以前からたびたび法学者の間で議論されてきた。また最近では、無資力となった債務者が、借家人保護を悪用して故意に短期賃借権を設定したうえで、債権者から利益を得るという事件が多発している。これは詐害的短期賃借権とよばれる[3]。

第7章　不良債権と貸し渋りの法と経済学

　本稿では経済学的な観点から、このような権利の衝突が資金の貸出市場や住宅の賃貸借市場にどのような影響を及ぼすかについて考えてみたい。短期賃借権の濫用がどうして生じるのかを分析したうえで、それが抵当権の設定や資金の貸出市場に及ぼす影響を分析する。

　以下では、第2節で短期賃貸借制度に関する問題点と判例を簡単に説明したうえで、コースの定理を応用して短期賃貸借制度の問題点を考察する。

　第3節では、短期賃借権に関する次の2つの問題点を分析する。ひとつは抵当権者と借家人の間の権利配分に関する問題である。短期賃借権の強化によって、担保に対する請求権の一部が、抵当権者から借家人や債務者に移行することによって、資源配分にどのような問題が生じるかについて考えてみたい。これは、コースの定理が成立するかどうかという問題である。

　もうひとつは、抵当権設定が賃借権よりも時間的に先行するにもかかわらず、事後的には抵当権は劣後してしまう点に関する動学的な問題である。たとえば貸し手（銀行）は、事前には借り手の機会主義的な行動を排除するために抵当権を適切な水準に設定するが、事後的には優先関係が崩れる結果、この抵当権の bonding の機能が失われてしまう場合がある。そのようなケースを予想すると、事前的にも貸し手（銀行）は貸出を抑制してしまう可能性がある。これは動学的不整合性（time-inconsistency）の問題と呼ばれている。

　第4節で結論を要約したうえで、短期賃貸借制度の廃止を提案する．

2　短期賃貸借制度とコースの定理

(1)　順位確定の原則

　銀行やその他の金融機関が貸出をする際に、貸出債権の安全性を確保するために、貸出先の所有する土地や建物に抵当権を設定する。借り手が債務不履行により破産した場合には、貸し手は民事執行法の定める手続きにしたがって、抵当権の実行を申し立てることができる。裁判所によって競売開始の決定が出されると、その時点から競売が実施され、担保資産の売却によって、これまで土地や建物に設定された抵当権は消滅する。

　土地や建物の価値が貸出債権の価値よりも大きい場合には、同じ土地や建物

第7章　不良債権と貸し渋りの法と経済学

に対して2重あるいは3重の抵当権を設定できる。抵当権を設定した時点の先後によって、抵当権にも順序が設定される。抵当権は登記によって公示され、登記時点の時間的順序にしたがって弁済の優先順位が決定する。この意味で、後から設定された抵当権によって順番が入れ替わることは認められていない。これは民法上、順位確定の原則と呼ばれる[4]。

　土地や建物には、このような所有権や抵当権をはじめさまざまな権利が付随する。ある条件の下で、どのような優先順位でその価値に対する請求権が発生するかという点が明確にされていない場合には、さまざまな問題が発生する。人々はその土地や建物に抵当権やその他の権利を設定するインセンティブを失ってしまう。以下では、コースの定理を応用して、短期賃借権にはどのような意義と問題点があるかを明らかにしよう。

(2)　短期賃貸借制度と家賃の変化

　この順位確定の原則が著しく歪められているのが、以下で分析の対象とする短期賃貸借制度である。民法395条は短期賃貸借保護を規定している。

　債務者である土地・建物の所有者は、銀行から資金を借り入れる際に、その土地建物に対して抵当権を設定した上で、その土地・建物を第三者に賃貸することができる。抵当権と賃貸借権の間では、時間的順序にしたがって優先権が認められるのが民法本来の原則である。賃借権が抵当権より前に設定されている場合には、たとえ抵当権が実行されても、賃借権は存続する。それに対して、賃借権が抵当権より後に設定されている場合には、通常抵当権は賃借権に優越し、債務者が無資力になって抵当権が実行されると、抵当権設定後の賃貸借は解消され、賃借人は土地建物を明渡さなければならなくなる。

　しかし日本では例外的に、例えば建物については契約期間3年以内の短期のものについては、抵当権実行後も保護される。この権利を短期賃借権という。この権限の存在のために、明渡要求等は裁判所に求めなければならず、それに要する費用等は無視できない大きさになる。その結果、土地・建物の買受人が、賃借人から建物を明渡してもらうことは大きな負担になっている。さらにこれを悪用して故意に短期賃借権を設定して、無資力となった債務者が債権者から利益を得るという事件が多発している。これは詐害的短期賃借とよばれる。

131

第7章　不良債権と貸し渋りの法と経済学

　このような賃借権保護は、借地借家法をめぐる論争が明らかにしたように、土地や建物の利用や借家の供給量に顕著な影響を及ぼす。短期賃貸借制度を経済学的に評価すると、その目的は、借家人の権利を保護することによって、家賃を高め、債務者である土地・建物の供給者の収入や流動性を確保しようとする点にあると考えられる。

　いま述べた点を図7-1を用いて説明しよう。縦軸に家賃、横軸に借家の量を測ると、抵当権の設定された借家（アパート）の供給量は、短期的には垂直線のSS線で示すことができる。これに対して借家の需要曲線DDは右下がりに描くことができる。家賃が低下すれば、より多くの借り手がアパートを借りようとするであろう。いま何らの借家権保護も存在しないとすると、このとき均衡はE_0点で決定し、家賃はR_0に決まる。

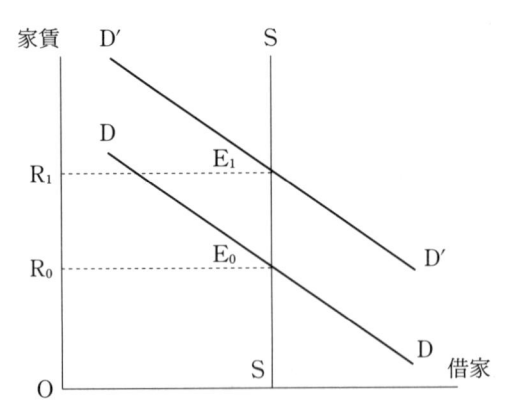

図 7-1　家賃の変化と短期賃貸借権

　ここで、短期賃貸借制度によって借家権が保護されると、借家の需要曲線はD′D′まで上方にシフトする結果、家賃はR_0からR_1に上昇し、抵当権設定者（債務者）の家賃収入はOR_0E_0Sで囲まれた面積からOR_1E_1Sの面積へと増加する。

　短期賃貸借制度による借家権保護があるために、借家の需要は増加し、高い家賃収入が得られるのに対して、この制度が存在しないと、抵当権実行時に突然立ち退きを請求されるといったリスクが存在する。その結果、借家人の需要

第7章 不良債権と貸し渋りの法と経済学

は減少し、家賃収入は低下する。この意味で、短期賃貸借制度は借家人保護と同時に抵当権設定者（債務者）を保護していることに等しい。言いかえると、債務者と借家人の利害は一致している。その結果、債務者と借家人が結託して設定する詐害的短期賃借権の温床になる[5]。

抵当権の本来の目的が被担保物権からの収益を債務者に保証することによって、債務不履行のリスクを軽減しつつ、債務者が無資力になる場合の危険を担保するという点を考慮すると、このような短期賃貸借制度による借家権保護は、いま述べたように、一定の意義を有すると評価できる[6]。

しかし、第2章で詳述したように、弊害の多い短期賃貸借制度を廃止しても、一定の明渡し猶予期間を設定すれば、借家人保護を実現でき、かつ被担保物権からの収益を債務者に保証することもできる。明け渡し猶予期間の設定は、図7-1のDD曲線を現状と同じ程度右にシフトさせるであろう。後述するように、確かに短期賃貸借制度には、資源配分の効率性という観点から評価して、きわめて多くの問題がある。したがって、明け渡し猶予期間を設定すれば、短期賃借権による借家権保護は不要であろう。

(3) 抵当権と短期賃貸借制度

このような短期賃貸借制度は、賃貸借市場における土地や建物の供給に影響を及ぼすだけでなく、抵当権設定の基本的な原因となった貸出市場にも影響を及ぼす[7]。

貸出市場への影響は、短期賃貸借制度の濫用事件が多発するようになって、次第にあきらかになってきた。短期賃貸借制度の濫用事例とは次のようなものである。いま、抵当権設定者である債務者が抵当権の設定されている土地建物に賃借権を設定登記する。契約の際に借家人から高額の保証金や敷金を支払ったことにして、敷金の額も登記する。このような条件の下で債務者が支払い不能に陥り、土地・建物が競売に付された場合には、その土地建物の価値はきわめて低く評価される。新しくその土地建物を購入する人にとっては、短期賃借権のために、借家人に対する立ち退き請求等の煩雑な作業にともなう時間的費用や高額の敷金を負担しなければならない。その結果、抵当権者は著しく不利な立場に立たされる。競売による資金回収の可能性は低下する結果、それを

第7章 不良債権と貸し渋りの法と経済学

threat として、債務者が抵当権者に対して、債務の減額を要求するという事態が発生する。

このような濫用的短期賃貸借権に対しては、395条但書で解除制度を準備しているが、裁判にともなって無視できない時間費用や金銭的費用が発生するために、抵当権者は著しく不利な立場に立たされる。この場合には、登記の時間的順序によって権利関係の順位が決定されるという順位確定の原則が歪められている。抵当権を設定した後に、短期賃借権を設定されることによって、抵当権者に対しては予想もしない大きな不利益が発生する。

しかし、仮にこのように権利が乱用されても、そのことが適切に予想されるかぎり、資産効果やリスク負担の問題などがなければ、資源配分には中立的な影響しか及ばない。これがコースの定理の含意である。この点を図 7-2 の貸出市場の均衡条件を用いて明らかにしてみよう。

縦軸に利子率、横軸に貸出量をとると、右下がりの借入れ需要曲線 L_0^D と右上がりの銀行の貸出供給曲線 L_0^S を描くことができる。

短期の賃借権保護が存在しなければ、均衡は E_0 点で決定され、利子率は r_0、貸出量は L_0^* に決定される。ここで短期賃借権が導入されると、図 7-1 で明らかにしたように、債務者の利益が増加し、借入れが有利になる結果、借入れ需要曲線は L_1^D まで右方へシフトする。

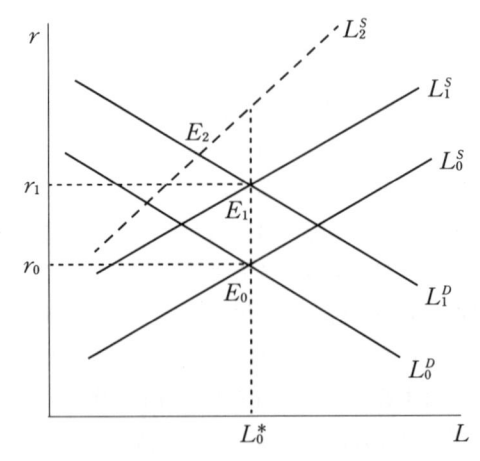

図 7-2 貸出市場と短期賃貸借権

しかし、貸手である抵当権者は、もはや賃借権に対抗できないことを知り、みずからの権利が一部失われる結果、これまでよりも貸出を抑制する。貸出供給曲線は L_1^s まで左方へシフトする。新たに均衡点は E_1 点に移り、利子率だけが上昇し、貸出量は変化しない。これは短期賃貸借制度の導入によって、抵当権に本来含まれていた権利の一部が借家権保護という形で、債務者や借家人に移行したからである。

これが短期賃貸借制度についての貸出市場に関するコースの定理である。権利の配分が明らかならば、資源配分（ここでは貸出量）に対して短期賃貸借制度は中立的な影響しか及ぼさない。しかし、コースの定理が成立するには、いくつかの条件が満たされなければならない。とりわけ、貸出市場においては、貸し手と借り手の間に情報の非対称が生じている。そのために、このような中立性命題は妥当しない可能性が高い。この点を第3節で分析する。

(4) 詐害的短期賃借権と動学的不整合性

もうひとつの代表的な濫用事例は、弁済を受ける可能性のない後順位の抵当権者が債務者と結託して、短期賃貸借権を設定、登記する場合である。この場合にも第1抵当権者は対抗手段をもたないために、競売や任意売却においても担保不動産の価格は著しく低くなることが予想される。これをthreatとすると、後順位抵当権者は先順位抵当権者よりも、交渉上優利な立場に立つことができ、先順位抵当権者に賃貸借権の買い取りを求めるという事例がある。この意味で、抵当権の先後による順位確定の原則は、短期賃貸借制度によって著しく歪められている。

これに対して、司法は短期賃貸借権よりも抵当権の方が優越しているという判断を示していたが、ある時期を境に異なった判決を言い渡した。さらに、この濫用を予防するための措置として、従来は抵当権者がみずから短期賃貸借権（併用賃借権）を設定することによって、第三者向けの短期賃貸借権を排除しようとしてきた。しかし、1989年の判決によって、この併用賃借権を使う手段は認められなくなった。最高裁は、短期賃借権については一定の意義がある点を評価したうえで、それを無条件に排除してしまう併用賃借権は無効にすべきという判決を下した（最判1989・6・5民集43巻6号355頁）。

これによって、詐害的な短期賃借権者に対する抵当権者の対抗措置は無効となってしまった。あらたな判決の下では、競売で買い受けた土地・建物の所有者のみが、その土地・建物を占有する人を排除する権利があるとされた（最判1991年3月22日民集45-3-26)[8]。つまり、抵当権者には立ち退きを請求する権利さえ認められない。

このような短期賃借権によって順位確定の原則が歪められるときには、動学的整合性に関する問題が発生する。動学的整合性とは、事前に望ましい選択が事後的にも必ず望ましい選択でなければならないという問題である。ある銀行の貸し出しというコミットメントを受け入れた後に、債務者には当初の投資計画を変更して他の債務者から更なる融資を引き出す方が有利な場合がある。もちろん、これは当初の貸し手にとっては好ましいことではない。プロジェクトの変更はリスクの変更を意味するからである。しかし、順位確定の原則が守られる限り、貸し手はそのような借り手の行動を予想して、担保を含めた貸出契約によって、借り手の行動を抑制することができる。

しかし、順位確定の原則が歪められるときには、借り手は短期賃借権を新規の貸し手に譲渡することによって、追加融資を受けることが可能になる。新規の貸し手のコミットメントによって、その当初の貸出契約の価値が低下することが明らかな場合、当初の貸し手のコミットメントについてのインセンティブが失われるという問題が生じる。この問題も次節で分析する。

3　短期賃借権と貸し渋り

(1)　短期賃借権と情報の非対称性

図7-2で説明したようなコースの定理が貸出市場で成立する可能性は小さいと考えられる。なぜなら、貸出市場では、情報の問題や借り手の機会主義的な行動がしばしば重要な問題になるからである。この節では、Stiglits and Weiss (1981) のモデルを用いて、情報が非対称な場合に、抵当権侵害によって、「貸し渋り」が生じることを示したい。なお詳しい議論はAppendixの1を参照されたい。

いま、各企業はそれぞれ1種類づつのプロジェクトを有しているとする。こ

第7章 不良債権と貸し渋りの法と経済学

のプロジェクトにおいて、各企業は固定費用を全額銀行借入れで調達したうえで、時点ゼロで投資すると、将来のある時点で一定の収益が得られるものとする。市場に存在する各プロジェクトの期待収益率は同一で、リスクだけが異なるものと仮定する。このとき企業は、リスクタイプだけで区別される。ここで情報の非対称性を導入し、借入れ企業は自分のリスクタイプを知っているが、銀行には企業がどのリスクタイプに属しているか識別できないものとする。ただし、市場にいる企業のタイプは一定の分布関数に従うとし、この分布関数についての知識はすべての人が共有しているものとする[9]。

このとき、短期賃貸借権の強化は、すでに述べたように、図7-2の供給曲線を上方にシフトさせる。他方、需要曲線も上方にシフトする。ここで情報の非対称性が存在する場合には、供給曲線はL_2^sのようになり、必ず供給曲線のシフトが需要曲線のシフトを上回ることを証明できる。その結果、均衡貸出量は減少する。すなわち、前節で説明したコースの定理は成立しない。

この理由を直感的に説明してみよう。いま、情報の非対称性が存在する場合には、銀行はすべての潜在的な需要者のタイプの期待値を計算するのではなく、市場利子率の下で資金を借りにくる借り手のタイプの中から、借り手のタイプの期待値を計算する。

市場の貸出利子率が高いとき、その市場に参加しようとする借り手は相対的に高いリスクの投資家である。そして、その貸出利子率が高くなればなるほど、その下で借りようとする借り手のリスクはますます高くなる。

このとき、短期賃借権の強化は、まず権利の移転を反映して需要曲線と供給曲線をともにシフトさせ、金利を上昇させる。ここで権利の移転は（期待値で見て）リスクの高いタイプにより有利である。なぜなら、リスクの高いタイプほど、抵当権を行使される可能性が高く、短期賃貸借権の強化による恩恵をそれだけ大きく受けることになる。従って、借り入れ金利の上昇は相対的にリスクの高いタイプの人には不十分なものになり、相対的にリスクの低い人には過大になる。金利の上昇は、相対的にリスクの低い人を市場から排除することによって、市場に残る借り手の平均的なリスクは上昇する。その結果、銀行はさらに高い金利が得られなければ、貸出をしようとはしなくなる。

すなわち、貸出金利の上昇は、よりリスクの高いタイプだけを市場に残して

第7章　不良債権と貸し渋りの法と経済学

ゆくという意味で、銀行にとって逆選択の効果を持っている。したがって、逆選択の効果分、すなわち銀行の条件付き分布関数の改訂分だけ、供給曲線のシフトは相対的に大きくなる[10]。

その結果、情報の非対称性を前提にすると、さきに述べたようなコースの定理は成立せず、短期賃借権によって貸出量は抑制される。

(2) 短期賃貸借権による優先権の侵害と動学的不整合問題

次に、短期賃貸借権が、既存債権に対する優先権を侵害することによって、情報の非対称性がない場合でさえ、銀行が貸出を抑制する可能性があることを明らかにしよう[11]。

以下では、簡単化のために割引率や安全利子率は0とする。いま、0時点でIの投資をすると、1期後に確率pで$X(>I)$の成果があるか、$1-p$の確率でなんの成果ももたらさないものとする。企業は当初Rの約定返済額で資金を借り入れるものとする。このとき、企業が設定した抵当の1時点における価値を$C(\leq I)$とする。

しかし、プロジェクトが完了する前に、債務者は追加投資によってプロジェクトの内容をリスクのあるプロジェクトに変更することができるものとする。内部資金を出資することなく追加融資を受けることが出来れば、債務者は自らに有利なようにプロジェクトを変更するかもしれない。いま投資プロジェクトは、途中の1/2時点でΔIの追加投資をすると、時点1で確率qで$M(>X)$の成果を生み出すとしよう。この変更によって、収益の期待値はpXからqMに変化する。ただし$qM-\Delta I<pX$であり、この変更は期待値で見て決して望ましいものではない。

それにもかかわらず、借り手は有限責任性の下では、このようなプロジェクトへ変更する誘因を持つ可能性がある。借り手は残余請求権者であり、成功時の成果が高ければ高いほど、その成果から債務を返済した残余部分は大きくなる。他方、プロジェクトが失敗したときには、どちらのプロジェクトを選択してもその責任は借り手が出資した資金と抵当資産という一定金額に限定される。その結果、借り手はプロジェクトを変更するインセンティブを有している。借り手のこのような行動は、しばしば機会主義的な行動と呼ばれる[12]。

第7章 不良債権と貸し渋りの法と経済学

　銀行などの債権者は、プロジェクトの内容について審査し、十分な収益があるプロジェクトに対してのみ資金を貸し出す。このとき、銀行は追加投資によってプロジェクトが変更される可能性を予見したうえで、プロジェクトの変更を不可能とするように抵当権の水準を設定する。これによって、追加投資は決して、新規の追加融資者に正の純収益を保証できなくなるため、追加投資の可能性を排除することができる。銀行は貸出額を減らし、より多くの資産を抵当資産に含めることで、借り手のプロジェクト変更のコストを高め、それによって借り手のプロジェクト変更の純利益をなくすことができる。

　しかし、詐害的短期賃借権はこのような銀行の防衛的な行動を無効なものとする。いま、債務者が新規融資をする投資家に、担保物権上の賃借権を認め、それを登記するものとしよう。このこと自体、抵当権の価値を新規の貸し手に移転することを意味する。このように、抵当権の優先権を侵害できる機会が存在すると、この機会を利用して、債務者は追加資金を調達することが可能になる。なぜなら、借り手は自分の利得を減らさなくても、優先権を侵害することで、当初の貸し手から新規の貸し手に利益を移転することができるからである。その結果、自らの利得を高めつつ新規融資を引き出す可能性が発生する。

　この場合には、新規の貸し手は新規の抵当を要求しなくても、短期賃貸借権と引き替えに、資金を提供する可能性がある。なぜならば、新規の資金提供者は、たとえプロジェクトが失敗に終わったとしても、抵当権を行使しようとする既存の資金提供者から短期賃貸借権を解除するために、優先的な弁済を受けることができるからである。

　その結果、当初の貸し手が資金を貸出さなくなる可能性がある。これは、詐害的短期賃借権によって、設定したはずの担保が後順位の抵当権者に移転してしまうからである。以上の議論の詳しい説明は Appendix の 2 を参照されたい。

4　結　論

　本章では、短期賃借権が資金の貸出市場にどのような影響を及ぼすかについて、理論的な観点から検討した。第一に、短期賃借権は情報の非対称性のあることを前提にすると、資源配分に対して中立的ではなく、貸出資金の減少をもたらすことを明らかにした。第二に、短期賃借権を用いて債務者と後順位の抵

第7章　不良債権と貸し渋りの法と経済学

当権者が結託する場合には、動学的整合性の問題が発生する。その結果、資金の貸し手のインセンティブが失われる。こららは何れも資金の貸し渋りを発生させる。

　このような観点から、資源配分の効率性を改善するためには、福井・久米 (1999) が提案し、また第1章、第2章で詳述したように、短期賃貸借制度を廃止する必要がある。これによって、短期賃貸借制度の悪用が防げるとともに、資金市場の効率性は著しく改善し、不良債権の処理も円滑に進展すると考えられる。この制度の廃止によって失われる借家人の権利は、一定期間の明け渡し猶予制度で十分に保護されるであろう。

Appendix

1　短期賃借権と情報の非対称性

　短期賃借権の強化も、情報の非対称性やモラルハザードの問題がなく、その結果が正しく予測されているかぎり、基本的には所得分配に影響を及ぼすだけである。破綻時点における権利の移転を反映する形で約定貸出金利が上昇すれば均衡貸出量には影響を与えない。しかし、このようなコースの定理が貸出市場で成立する可能性は小さい。なぜなら、貸出市場では、情報の問題や借り手の機会主義的な行動がしばしば重要な問題になるからである。

　本文第3節(1)では、このことをわかりやすく説明したが、ここでは、情報の非対称性がある場合に、貸し渋りなどの現象が生じることをモデルを用いて示す。

(1)　モ デ ル

　以下では、これは、抵当資産自体の貸借関係と混同しないように、資金の借り手として企業だけを考え、資金の貸し手として銀行だけを考える。

　いま、各企業はそれぞれ1種類づつのプロジェクトを有しているとする。このプロジェクトにおいて、各企業は固定費用Iを全額銀行借入れで調達したうえで、時点ゼロで投資すると、将来の時点1でxの収益が得られるものとする。ここで$x \in [0, \infty]$は分布関数$F(x|\theta)$に従う確率変数である[13]。ここでθは各企業が保有するプロジェクトのリスクタイプを表すパラメーターであり、市場に存在する各プロジェクトの期待収益率は同一で、リスクだけが異なるものと仮定する(mean preserving spreads)。このとき企業は、リスクタイプθだけで区別される。ここで情報の非対称性を導入し、借入れ企業は自分のリスクタイプθを知っているが、銀行には企業がどのリスクタイプに属しているか識別できないものとする。ただし、市場にいる企業のタイプ$\theta \in [\theta_L, \theta_H]$は分布関数$G(\theta)$に従うとし、この分布関数については、すべての人に共通の知識であるとする。

　ここで、資金貸借取引として負債契約を前提に分析しよう[14]。この負債契

第7章 不良債権と貸し渋りの法と経済学

約を $\sigma=(r,C)\in R^2$ で定義する。ここで r は負債契約の約定額面利子率であり、C は企業が設定した抵当資産の時点1における売却価値（一定）である。この売却価値のうち、清算などによって銀行が獲得できる実際の比率を $\beta\in[0,1]$ で表す。これは短期賃借権の保護によって、抵当物件の売却額の一部が、これらの権利保有者に移転することを示している。企業の保有する抵当資産の価値は $C\leq I$ である[15]。さらに、企業も銀行も危険中立的に行動するものとする。

契約 σ の下で、約定返済額 $(1+r)I$ よりも債務不履行による返済額 $\beta C+x$ の方が小さくなるとき、企業は債務不履行を起こす。この条件は以下のように書ける。

$$\beta C+x\leq (1+r)I$$

いま式の記述を容易にするために、$\hat{x}(\sigma)$ を以下のように定義しよう。

$$\hat{x}(\sigma)\equiv (1+r)I-\beta C \tag{1}$$

すなわち $\hat{x}(\sigma)$ は、所与の契約 $\sigma=(r,C)$ の下で、借り手が債務不履行を起こさないような成果 x の最低値である。このとき、タイプ θ の企業の期待利潤 π_F は次式となる。

$$\pi_F(\sigma,\theta)\equiv \int_{\hat{x}(\sigma)}^{\infty}\{x-(1+r)I\}dF(x|\theta)-\beta C\int_0^{\hat{x}(\sigma)}dF(x|\theta) \tag{2}$$

右辺の第1項は債務不履行を起こさない場合の期待利潤であり、第2項は債務不履行を起こす場合の期待損失額である。

また、銀行がタイプ θ に資金を提供するとしたときの期待利潤は、以下のように書ける。

$$\pi_B(\sigma,\theta)\equiv \int_0^{\hat{x}(\sigma)}(x+\beta C)dF(x|\theta)+(1+r)I[1-F(\hat{x}(\sigma)|\theta)] \tag{3}$$

したがって、銀行が θ を識別できる場合には、上式がそのまま銀行の期待利潤となる。しかし、銀行は企業のタイプ θ を識別できないと仮定しているので、銀行の期待利潤は θ に関する条件付き期待値の下で計算しなければならない。

(2) 資金需要

いま、所与の契約 σ に関して、
$$\bar{\theta}(\sigma) \in \{\theta \mid \pi_F(\sigma, \theta) = 0\}$$
と定義しよう。すなわち、所与の契約 σ の下で企業の負債返済後の残余利得の期待値（以下単に企業の期待利潤と呼ぶ）が、ちょうど 0 になるような θ を $\bar{\theta}(\sigma)$ と定義する。ここで仮定された分布の下で、任意の $\theta > \bar{\theta}(\sigma)$ に対して、上で定義したような企業の期待利潤 $E\pi_F(\sigma, \theta)$ は必ず正となるから、任意の $\theta > \bar{\theta}(\sigma)$ の企業が資金を借りようとすることになる[16]。

陰関数定理から $\bar{\theta}$ を以下のように書くことができる。
$$\bar{\theta} = \bar{\theta}(r, C, \beta) \tag{4}$$
ここで、
$$\frac{d\bar{\theta}}{dr} = \frac{I\int_{\hat{x}(\sigma)}^{\infty} dF}{\partial \pi_F / \partial \bar{\theta}} = \frac{I\{1 - F(\hat{x}(\sigma))\}}{\partial \pi_F / \partial \bar{\theta}} > 0 \tag{5-1}$$

$$\frac{d\bar{\theta}}{dC} = \frac{\beta \int_0^{\hat{x}(\sigma)} dF}{\partial \pi_F / \partial \bar{\theta}} = \beta \frac{F(\hat{x}(\sigma))}{\partial \pi_F / \partial \bar{\theta}} > 0 \tag{5-2}$$

$$\frac{d\bar{\theta}}{d\beta} = \frac{C \int_0^{\hat{x}(\sigma)} dF}{\partial \pi_F / \partial \bar{\theta}} = C \frac{F(\hat{x}(\sigma))}{\partial \pi_F / \partial \bar{\theta}} > 0 \tag{5-3}$$

である。なお上の導関数の分母の符号は次式で与えられる[17]。
$$\frac{\partial \pi_F}{\partial \bar{\theta}}(\bar{\theta}, r, C) \equiv \int_{\hat{x}(\sigma)}^{\infty} \{x - (1+r)I\} f_\theta - \beta C \int_0^{\hat{x}(\sigma)} f_\theta > 0 \tag{6}$$

これらの(5-1)から(5-3)式は、利子率や設定される担保価値の上昇が、リスクの低い企業を排除してしまう意味で、逆選択をもたらすことを意味している。

このとき θ の分布関数は $G(\theta)$ で与えられるから、企業の資金需要量 L^D は以下のように書くことができる。
$$L^D(\sigma, \bar{\theta}) = \int_{\bar{\theta}}^{\theta_H} I dG(\theta)$$

陰関数定理を使うと、これは逆需要関数として以下のように書き換えることができる。
$$r^D = r^D(L^D, \beta, C) \tag{7}$$

第7章　不良債権と貸し渋りの法と経済学

ここで

$$\frac{dr^D}{dL^D} = -1 \bigg/ \left[Ig(\bar{\theta}) \frac{\partial \bar{\theta}}{\partial r} \right] < 0 \tag{8-1}$$

$$\frac{dr^D}{d\beta} = -\frac{\partial \bar{\theta}}{\partial \beta} \bigg/ \frac{\partial \bar{\theta}}{\partial r} = -\frac{CF(\hat{x}(\sigma)|\bar{\theta})}{I\{1-F(\hat{x}(\sigma)|\bar{\theta})\}} < 0 \tag{8-2}$$

$$\frac{dr^D}{dC} = -\frac{\partial \bar{\theta}}{\partial C} \bigg/ \frac{\partial \bar{\theta}}{\partial r} = -\frac{\beta F(\hat{x}(\sigma)|\bar{\theta})}{I\{1-F(\hat{x}(\sigma)|\bar{\theta})\}} < 0 \tag{8-3}$$

となる。これらから分かるように、資金需要曲線は金利に関して右下がりになる。また担保価値 βC の上昇は資金需要を減少させる。しかも、このとき実際に資金を借りる企業は、(5)式から分かるように、よりリスクの高い企業によって構成されるようになる点に注意したい。

(3) 資金供給

次に、銀行は、借り手のタイプ θ を知らないので、その期待利潤は、θ に関する条件付き期待値の下で計算され、以下のように与えられる。

$$E\pi_B(\bar{\theta}) = \int_{\bar{\theta}}^{\theta_H} \pi_B(\sigma, \theta) \frac{dG(\theta)}{1-G(\bar{\theta})} \tag{9}$$

ここで $\pi_B(\cdot)$ は(3)式で与えられている。この式から

$$\frac{dE\pi_B}{dr} = \frac{\partial E\pi_B}{\partial r} + \frac{\partial E\pi_B}{\partial \bar{\theta}} \frac{\partial \bar{\theta}}{\partial r}$$

$$= \int_{\bar{\theta}}^{\theta_H} I(1-F(\hat{x}|\theta)) \frac{dG}{1-G} + \left[(E\pi_B - \pi_B(\bar{\theta})) \frac{g(\bar{\theta})}{(1-G(\bar{\theta}))} \right] \frac{\partial \bar{\theta}}{\partial r} \tag{10-1}$$

$$\frac{dE\pi_B}{d\beta} = \frac{\partial E\pi_B}{\partial \beta} + \frac{\partial E\pi_B}{\partial \bar{\theta}} \frac{\partial \bar{\theta}}{\partial \beta}$$

$$= \int_{\bar{\theta}}^{\theta_H} CF(\hat{x}|\theta) \frac{dG}{1-G} + \left[(E\pi_B - \pi_B(\bar{\theta})) \frac{g(\bar{\theta})}{(1-G(\bar{\theta}))} \right] \frac{\partial \bar{\theta}}{\partial \beta} \tag{10-2}$$

$$\frac{dE\pi_B}{dC} = \frac{\partial E\pi_B}{\partial C} + \frac{\partial E\pi_B}{\partial \bar{\theta}} \frac{\partial \bar{\theta}}{\partial C}$$

$$= \int_{\bar{\theta}}^{\theta_H} \beta F(\hat{x}|\theta) \frac{dG}{1-G} + \left[(E\pi_B - \pi_B(\bar{\theta})) \frac{g(\bar{\theta})}{(1-G(\bar{\theta}))} \right] \frac{\partial \bar{\theta}}{\partial C} \tag{10-3}$$

が得られる。ここで $g(\cdot)$ は θ の密度関数である[18]。

これらの式の右辺第一項は、$\bar{\theta}$ を含めた他の条件が変化しないときの、各

第7章　不良債権と貸し渋りの法と経済学

変数の上昇の効果であり、この効果はすべて正である。たとえば貸付利子率の上昇は返済される債務の元利合計が上昇することから、x が相対的に高い状態 (state) での（債務が履行される場合の）銀行の取り分を高める一方、x が低い状態での取り分を不変に保つから、上の第1項は正である。他方、第2項は逆選択の効果を表しており負になる。たとえば利子率の上昇は、他の条件が不変の下で $\bar{\theta}$ を高める。従って、貸し手は貸出利子率 r が上昇したとき、その利子率の下で実際に市場で借りようとする企業の平均的なリスク（θ の値）が上昇していることを知る。従って、銀行の期待利潤を低下させる効果がある。

いま銀行は、資金調達金利 i（たとえば預金利子率やコールレート）を支払っても、正の期待利潤が得られる場合にのみ資金を貸し出すものとしよう。資金供給者が調達する資金は市場全体の供給量 L^s に依存し、$di/dL^s>0$ であると仮定する。これは貸出量を増やすためには、銀行部門が調達する調達金利が上昇することを意味している[19]。市場が競争的であるとすると、銀行の期待利潤はゼロになるまで貸出は増加するから、貸出市場の供給曲線は以下の式を満たすと考えられる。

$$E\pi_B(r^s, C, \bar{\theta}) = (1+i(L^s))I$$

このとき、上式を r^s に関して解くと、貸出供給曲線を導出することができる。

$$r^s = r^s(L^s, C, \beta) \qquad (12)$$

利子率上昇の逆選択の効果が相対的に小さい場合、

$$\left[\Delta \equiv \frac{\partial E\pi_B}{\partial r} + \frac{\partial E\pi_B}{\partial \bar{\theta}}\frac{\partial \bar{\theta}}{\partial r} > 0 \text{ の時}\right]\text{には、}$$

$$\frac{dr^s}{dL^s} = I\left\{\frac{\partial i}{\partial L^s}\right\}\bigg/\Delta > 0 \qquad (13\text{-}1)$$

$$\frac{dr^s}{d\beta} = -\left\{\frac{\partial E\pi_B}{\partial \beta} + \frac{\partial E\pi_B}{\partial \theta}\frac{\partial \bar{\theta}}{\partial \beta}\right\}\bigg/\Delta < 0 \qquad (13\text{-}2)$$

$$\frac{dr^s}{dC} = -\left\{\frac{\partial E\pi_B}{\partial C} + \frac{\partial E\pi_B}{\partial \bar{\theta}}\frac{\partial \bar{\theta}}{\partial C}\right\}\bigg/\Delta < 0 \qquad (13\text{-}3)$$

となる。

ここで上の符号を求めるには、$\Delta>0$ の時、担保価値の上昇が、必ず銀行の

第7章　不良債権と貸し渋りの法と経済学

期待利潤を増加させる（すなわち $\frac{\partial E\pi_B}{\partial C}+\frac{\partial E\pi_B}{\partial \bar{\theta}}\frac{\partial \bar{\theta}}{\partial C}>0$ と、

$\frac{\partial E\pi_B}{\partial \beta}+\frac{\partial E\pi_B}{\partial \bar{\theta}}\frac{\partial \bar{\theta}}{\partial \beta}>0$ が必ず成り立つ）ことを利用している（付論3a）。

他方、利子率上昇の逆選択の効果が相対的に大きい場合（$\Delta<0$ のとき）には、

$$r^s = r^s(\underset{-}{L^s}, \underset{(-)}{C}, \underset{(-)}{\beta}) \tag{14}$$

となる。従って右下がりの曲線となることが分かる。しかし残念ながら $\Delta<0$ の時、$\frac{\partial E\pi_B}{\partial \beta}+\frac{\partial E\pi_B}{\partial \bar{\theta}}\frac{\partial \bar{\theta}}{\partial \beta}<0$ と $\frac{\partial E\pi_B}{\partial C}+\frac{\partial E\pi_B}{\partial \bar{\theta}}\frac{\partial \bar{\theta}}{\partial C}<0$ が常に成り立つことはいえなくなる（付論3b参照）。ただし、逆選択の効果が十分に大きい場合にも、供給曲線は β や C の上昇によって下方にシフトする。(14)式の右辺の下に付された（　）内の負号はこのことを反映して書かれている。

（4）短期賃借権の変化

以下では、説明の都合上、貸出供給曲線が右上がりの場合だけを考えよう[20]。

短期賃借権の強化（β の低下）は、図7-2において、前に説明したのと同様に需要曲線を L_0^D から L_1^D へと上方にシフトさせ、そのシフトの大きさは、当初の均衡の近傍で(8-2)式によって与えられる。一方、供給曲線も同様に情報にシフトするが、情報の非対称性がある場合には、このシフトの大きさは当初の均衡の近傍では(13-2)式で与えられる。ここで供給曲線が上方にシフトする限り、（供給曲線が右下がりでも）必ず供給側のシフトが需要側のシフトを上回ることが分かる（付論4参照）。すなわち、供給曲線は L_0^S から点線 L_2^S のように、曲線 L_1^S よりもさらに上方へシフトする。従ってマーシャルの安定性が満たされる限り、均衡貸出量は点 E_2 のように減少する[21]。すなわち、2節で説明したようなコースの定理は成立しない。

この理由を直感的に理解するために、いま情報の問題がないケースを考えよう。需要サイドの分析は前節と同様であるが、供給サイドの分析は相手の情報を知っているので、期待利潤は(9)式のような θ のタイプに関する条件付き期待値を用いずに、(3)をそのまま用いて計算できる。すなわち、供給者の行動は

第7章　不良債権と貸し渋りの法と経済学

以下の条件を満たすように決められる。

$$\pi_B(r, C, \theta) = (1 + i(L^s))I \tag{15-1}$$

その結果、

$$\frac{\partial \pi_B}{\partial r} = I(1 - F(\hat{x} \mid \theta)), \quad \frac{\partial \pi_B}{d\beta} = CF(\hat{x} \mid \theta), \quad \frac{\partial \pi_B}{dC} = \beta F(\hat{x} \mid \theta) \tag{16}$$

となる。それゆえ(11)式と同様にして、供給関数を導いて短期賃借権の強化による供給曲線のシフトの幅を調べると、次式の絶対値に等しいことが分かる。

$$\frac{dr^s}{d\beta} = -\left\{\frac{\partial \pi_B}{\partial \beta}\right\} \bigg/ \left\{\frac{\partial \pi_B}{\partial r}\right\} = \frac{CF(\hat{x} \mid \theta)}{I(1 - F(\hat{x} \mid \theta))} \tag{17}$$

そしてこのシフトの幅は、(8 2)式の需要曲線の上方へのシフト幅に等しい。従って均衡貸出量に対しては中立的になり、コースの定理が成立する。ここで貸出利子率に関しては、権利の移転を反映して上昇する。

　これに対して情報の非対称性が存在する場合には、銀行は借り手のタイプを知らないため、市場で借り手として参加している企業を対象にして、銀行の期待利潤を計算しなければならない。このとき、銀行はすべての潜在的な需要者のタイプの期待値を計算するのではなく、市場利子率の下で資金を需要する借り手のタイプ（その比率は全体の $1-G(\bar{\theta})$）の中だけで、借り手のタイプ θ の期待値を計算する。

　市場の貸出利子率が高いとき、その市場に参加しようとする借り手は相対的に高いリスクのプロジェクトの保有者である。そして、その貸出利子率が高くなればなるほど、その条件の下で借りようとする借り手のリスクはますます高くなる。

　短期賃借権の構造変化（強化）は、まず権利の移転を反映して需要曲線と供給曲線をともにシフトさせ、金利も上昇する。ここで権利移転は（期待値で見て）リスクの高いタイプにより有利である。なぜなら、リスクの高いタイプほど、抵当権を行使される可能性が高く、短期賃借権の強化による恩恵をそれだけ大きく受けることになる。従って、借り入れる金利の上昇は相対的にリスクの高いタイプの人には不十分なものになり、相対的にリスクの低い人には過大になる。この金利の上昇が、相対的にリスクの低い人を市場から排除することによって、貸出市場に残る借り手の平均的なリスクを上昇させる。その結果、

第7章 不良債権と貸し渋りの法と経済学

銀行はさらに高い金利を得られなければ貸出をしようとはしなくなる。

すなわち、貸出金利の上昇は、よりリスクの高いタイプだけを市場に残してゆくという意味で銀行にとって逆選択の効果を持っている。したがって、逆選択の効果分、すなわち銀行の条件付き分布関数の改訂分だけ、供給曲線のシフトは相対的に大きくなるのである。

ここで、金利ではなく抵当権の総額(C)自体を高めれば問題は生じない。すなわち、不足する抵当権の価値分を十分に補えば、このような金利上昇による逆選択の問題は生じなくなり、均衡はもとの水準に戻すことができる[22]。

ただし、ここで注意しなければならないのは、均衡をもとの水準に戻すために必要とされる担保の増加価値は、短期賃借権の権利価値の移転額を必ず上回ることである。なぜなら、担保価値を同額だけ増加しても、そのうちの短期賃借権の強化されている分だけが、なお不足するからである[23]。従って借り手がそれだけ多くの十分な抵当の価値を提供できなければ、問題を解決することはできない。

2　短期賃借権による優先権の侵害と動学的不整合問題

本文第3節(2)では、短期賃借権が、既存債権に対する優先権を侵害することによって、情報の非対称性がない場合でさえ、銀行が貸出を抑制する可能性があることを示した。ここでは、より厳密に論証する[24]。

(1)　借り手の機会主義的行動

ここでは、1とは異なる次のようなモデルを用いて考えてみよう。以下では、簡単化のために割引率や安全利子率は0とする。いま、0時点でIの投資をすると、1期後に確率pで$X(>I)$の成果があるか、$1-p$の確率で0になるものとする。企業は当初Rの約定返済額で資金を借り入れるものとする。このとき、企業が設定した抵当資産の時点1における市場価値をCとする。以下の議論は負債の有限責任制を問題とするため$C \leq I$とする。

ここで、プロジェクトが完了する前に、債務者は追加投資によってプロジェクトの内容をリスクのあるプロジェクトに変更することができるものとする。内部資金を出資することなく追加融資を受けることが出来れば、債務者は自ら

に有利なようにプロジェクトを変更するかもしれない。いま投資プロジェクトは、途中の1/2時点で ΔI の追加投資をすると、時点1で確率 p で $M(>X)$ の成果を生み出すとしよう。この変更によって、収益の期待値は pX から qM に変化する。ただし $qM-\Delta I<pX$ であり、この変更は期待値で見て決して望ましいものではない。

それにも関わらず、借り手は有限責任制の下では、このようなプロジェクトへ変更する誘因を持つ可能性がある。借り手は残余請求権者であり、成功時の成果が高ければ高いほど、その成果から債務を返済した残余部分は大きくなる。他方、プロジェクトが失敗したときには、どちらのプロジェクトを選択してもその責任は彼が出資した資金と抵当資産という一定金額に限定される。その結果、借り手はプロジェクトを変更するインセンティブを有している。借り手のこのような行動は、しばしば機会主義的な行動と呼ばれる[25]。

銀行などの債権者は、プロジェクトの内容について審査し、十分な純現在価値（net presented value）があるプロジェクトに対してのみ資金を貸し出す。このとき、銀行は追加投資によってプロジェクトが変更される可能性を予見したうえで、プロジェクトの変更を不可能とするように抵当権の水準を設定する。これによって、追加投資は決して、新規の追加融資者に正の純利得を保証できなくなるため、追加投資の可能性を排除することができる。

これに対して、抵当権の優先権を侵害できる機会が存在すると、この機会を利用して、債務者は追加資金を調達することが可能になる。なぜなら、借り手企業は自分の利得を減らさなくても、優先権を侵害することで、当初の貸し手から新規の貸し手に利得を移転させることができるからである。その結果、自らの利得を高めつつ新規融資を引き出す可能性が発生する。以下では、このことをモデルを用いて説明しよう。

(2) 最適な負債契約

いま、上で説明したような機会主義的な行動を債務者が時点1/2で選択する条件は、以下のように書くことができる。

$$p\{X-R\}-(1-p)C \leq q\{M-R-\Delta R\}-(1-q)\{C+\Delta C\} \qquad (18)$$

ここで、ΔR は ΔC は、それぞれ追加の調達資金 ΔI に対する約定返済額と、

第7章 不良債権と貸し渋りの法と経済学

このときに設定される抵当権の価値である。このような債務者の行動が裁判所などの第三者に立証不可能であるとすると、銀行はこの条件が成立しないように、当初の契約をデザインしておく必要がある。以下で見るように、優先権の侵害がなされない限り、抵当権付きの負債契約でもこのようなデザインを容易に具体化することができる[26]。

まず銀行が抵当に対する優先権を侵害されない場合から分析しよう。いま有限責任の前提より $C \leq I$ である。次に、銀行の参加制約 $pR+(1-p)C \geq I$ を満たすためには $I \leq R$ が成り立っていなければならない。そのため、プロジェクトが失敗した場合には、当初の抵当資産の清算価値はすべて銀行に帰属する。ここで、借り手がプロジェクトを変更しないためのインセンティブ・コンパチブル（誘因整合性）制約は、(18)式と逆の不等式が成り立てばよい。すなわち、

$$p\{X-R\}-(1-p)C \geq q\{M-R-\Delta R\}-(1-q)\{C+\Delta C\} \qquad (19)$$

となる。

いま、潜在的な貸し手の参加制約は次式で与えられる。

$$q\Delta R+(1-q)\Delta C \geq \Delta I$$

これを(19)式に代入して整理すると、次式を得る。

$$(\text{IC1}) \quad \frac{pX-(qM-\Delta I)}{(p-q)} \geq \{R-C\} \qquad (20)$$

ここで $(qM-\Delta I)-pX$ は投資プロジェクト変更に伴う限界便益であり、$(p-q)(C-R)$ はそのときのコストである。(20)式は約定返済額（R）を減らし、抵当資産の金額（C）を高めることで借り手のプロジェクト変更のコストを高め、それによって借り手のプロジェクト変更の純利益をなくすことを示している。したがって、当初の契約では、上の条件と銀行の参加制約を同時に満たすように、C と R を設定すればよい。ここで銀行の参加制約は以下のように与えられる。

$$(\text{IR1}) \qquad pR+(1-p)C \geq I \qquad (21)$$

図7-3 は (IR1) と (IC1) を (R, C) 平面に描いたものである。負債契約では $R \geq C$ で、$C \leq I$ を仮定しているから、図の斜線部が $R \geq C, C \leq I$ と (IR1) と (IC1) を同時に満たす領域であり、この領域では最適な負債契約を作ることができる。(矢印は、これらの条件が満たすべき領域を表している。)

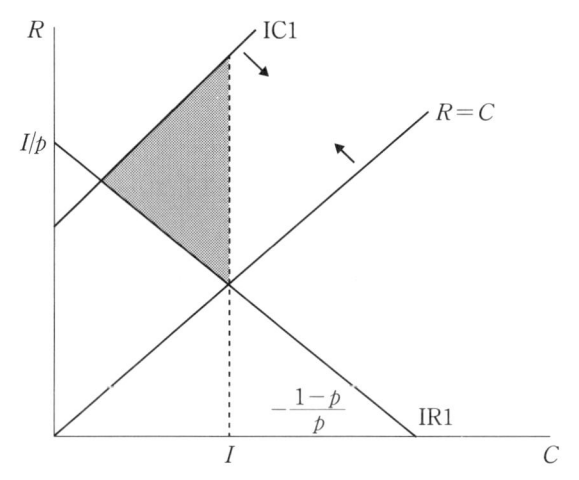

第7章　不良債権と貸し渋りの法と経済学

図 7-3　最適な負債契約と抵当権の設定

　以下で短期賃借権による優先権の侵害の貸出契約への影響をみるために、まず比較のため、貸出前にすでに賃借権が設定されており、この賃借人から抵当資産の保有者（借り手企業）が資金を借りる場合を考えよう。

　すなわち、もともと抵当権に優先する賃借権が存在しているケースで、この場合には賃借権が設定されているが、短期賃借権のように銀行による貸出実行後で優先権が侵害されるわけではない。この賃借権は抵当権者に対抗することができるから、プロジェクトが失敗に終わった時、貸し手の銀行が抵当権を行使しようとする場合には、この賃借権を解除するために、銀行は賃貸権価額（立退きのための補償額）を支払わなければならない。ここで、この補償額を Y とする。いま、この賃借人から、借り手企業は銀行による貸出実行後に追加資金を借りるとする。このとき、借り手はこの賃借人から資金 ΔI を調達するためには、以下の参加条件を必要とする。

$$q\Delta R+(1-q)\Delta C \geq \Delta I$$

なぜなら、賃借人はわざわざ資金提供をしなくても、抵当権実行時の賠償として Y を受け取れることは確定しているから、彼の資金提供の参加制約にはこの Y の値は反映されない。

　従って、この場合に資金の借り手に当初のプロジェクトを実施させ続ける

151

第7章 不良債権と貸し渋りの法と経済学

ために要求される誘因整合性条件は上の(20)式と同じもの(すなわち(IC1))になる。変化するのは、銀行が参加制約を計算する際に、抵当権実行時に Y を支払うことを考慮する点だけである。すなわち、銀行の参加制約は以下のようになる。

$$(\text{IR2}) \quad pR + (1-p)(C-Y) \geq I \tag{22}$$

図7-4は、このような、銀行の参加制約の変化による最適な負債契約の存在領域の変化を図に示したものである。図7-3と比較して、銀行の参加制約線(IR2)だけが上方に $(1-p)Y/p$ だけシフトし、それによって契約可能領域は小さくなる。しかし、基本的に契約自体が結べなくなるわけではない。

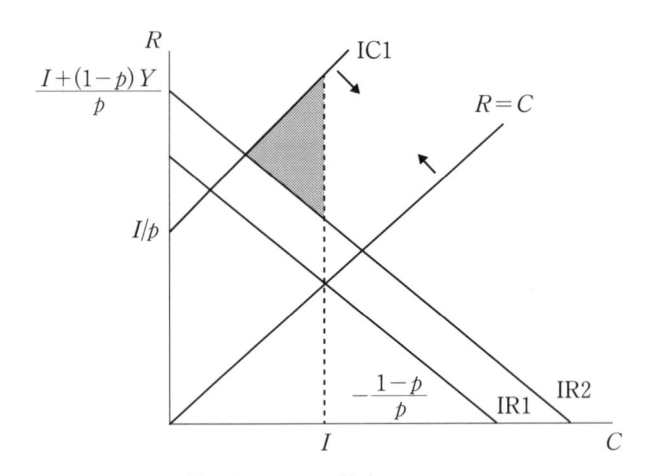

図 7-4　賃借権がすでに設定されているケース

(3) 短期賃借権がある場合

次に短期賃借権が存在する場合を考えよう。新規融資をする資金提供者に、担保物権上の賃借権を認め、それを登記するものとしよう。このこと自体、抵当権の価値を新規貸し手に移転することを意味する。この場合には $\Delta I < C$ ならば、新規の貸し手は $\Delta R \geq \Delta I$ である限り、新規の抵当を要求しなくても、短期賃借権と引き替えに、資金を提供する可能性がある。なぜならば、資金提供者はたとえプロジェクトが失敗に終わったとしても、抵当権を行使しようとする既存の資金提供者から短期賃借権を解除するために、優先的な弁済を受け

第7章　不良債権と貸し渋りの法と経済学

ることができるからである。賃貸権価額（立退きのための補償額）が ΔI 以上である限り、新規の貸し手は $\Delta R = \Delta I$ でも十分にその参加制約を満たすことができる。

すなわち、この時の新規の貸手の参加制約は、補償額を Y として、以下のように書ける。

$$q\Delta R + (1-q)(Y + \Delta C) \geq \Delta I \tag{23}$$

このとき、この条件を(19)式に代入して整理すると次式が成立する。

$$\text{(IC2)} \quad \frac{pX - (qM - \Delta I)}{(p-q)} - \frac{(1-q)Y}{(p-q)} \geq (R - C) \tag{24}$$

この式を(20)式の条件 IC1 と(24)式を比較すると、抵当順位の劣後によって生じる利得の減少分 $(1-q)Y$ だけ、債務者がプロジェクト変更によって得る利益が増加していることがわかる。これは、それだけ低い金利で追加の資金調達ができることを反映している。注意しなければならないのは、左辺は I には依存せず、しかも立退き補償金額によってはマイナスにさえなり得るということである。このような場合には、C は R より高くなければならなくなる。抵当権を用いた負債契約では $C \leq R$ でなければならないから、このことは契約そのものが実行できなくなることを意味している[27]。

図 7-5 は短期賃貸借のような貸出契約が結ばれた後で抵当権が侵害される可

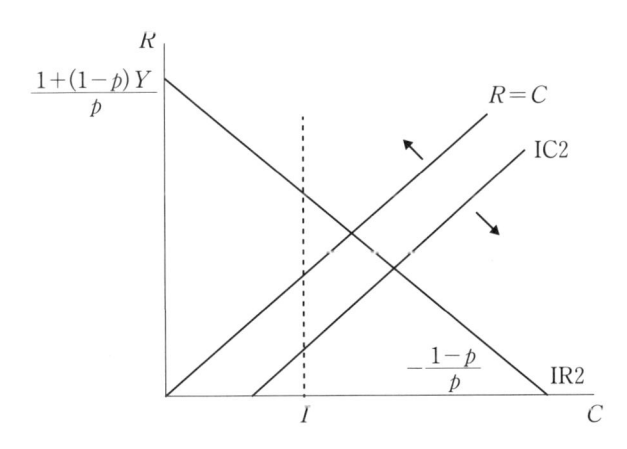

図 7-5　事後的に設定された賃借権が抵当権を侵害するケース

153

第 7 章　不良債権と貸し渋りの法と経済学

能性があるケースの誘因整合性条件（IC2）と銀行の参加制約（IR2）を図示したものである。短期賃借権がある場合には銀行の参加制約だけでなく、誘因整合性条件もが下方にシフトする。この結果誘因整合性条件と $R \geq C$ を同時に満たす契約が存在しないことがある。この場合には銀行の参加制約を考えるまでもなく、負債契約そのものが結べなくなる。

付　　論

付論 1： (6)式の負号の証明

mean preserving spreads の分布に関して、$\int_0^\infty dF_\theta = 0, \int_0^y F_\theta dx > 0$ が成り立つことに注意すると、

$$\begin{aligned}
\frac{\partial E\pi_F}{\partial \bar{\theta}}(\bar{\theta}, r, C) &= \int_{\hat{x}(\sigma)}^\infty \{x - (1+r)I\} dF_\theta - \beta C \int_0^{\hat{x}(\sigma)} dF_\theta \\
&= \int_{\hat{x}(\sigma)}^\infty x dF_\theta - (1+r)I \int_0^\infty dF_\theta + [(1+r)I - \beta C] \int_0^{\hat{x}(\sigma)} dF_\theta \\
&= \int_0^\infty x dF_\theta - \int_0^{\hat{x}(\sigma)} x dF_\theta + [(1+r)I - \beta C] \int_0^{\hat{x}(\sigma)} dF_\theta \\
&= \frac{\partial Ex}{\partial \theta} - \int_0^{\hat{x}(\sigma)} x dF_\theta + [(1+r)I - \beta C] \int_0^{\hat{x}(\sigma)} dF_\theta \\
&= \int_0^{\hat{x}(\sigma)} [(1+r)I - \beta C - x] dF_\theta \\
&= [(1+r)I - \beta C - x] F_\theta \Big|_0^{\hat{x}(\sigma)} - \int_0^{\hat{x}(\sigma)} F_\theta d[(1+r)I - \beta C - x] \\
&= [(1+r)I - \beta C - \hat{x}(\sigma)] F_\theta(\hat{x}(\sigma)) - [(1+r)I - \beta C - 0] F_\theta(0) + \int_0^{\hat{x}(\sigma)} F_\theta dx \\
&= [-(1+r)I + \beta C] \frac{\partial F(0)}{\partial \theta} + \int_0^{\hat{x}(\sigma)} F_\theta dx = \int_0^{\hat{x}(\sigma)} F_\theta dx > 0
\end{aligned}$$

が得られる。

付論 2： (11 式の導出)

$$\begin{aligned}
\frac{\partial E\pi_B}{dr} &= \frac{\partial E\pi_B}{\partial r} + \frac{\partial E\pi_B}{\partial \bar{\theta}} \frac{\partial \bar{\theta}}{\partial r} \\
&= \int_{\bar{\theta}}^{\theta_H} I(1 - F(\bar{x} \mid \theta)) \frac{dG}{1 - G} + \left[\frac{\partial}{\partial \bar{\theta}} \int_{\bar{\theta}}^{\theta_H} \pi_B \frac{dG(\theta)}{(1 - G(\bar{\theta}))} \right] \frac{\partial \bar{\theta}}{\partial r}
\end{aligned}$$

第7章　不良債権と貸し渋りの法と経済学

$$= \int_{\bar{\theta}}^{\theta_H} I(1-F(\bar{x}\mid\theta))\frac{dG}{1-G} - \pi_B(\bar{\theta})\frac{dG(\bar{\theta})}{(1-G(\bar{\theta}))}\frac{\partial \bar{\theta}}{\partial r} + \int_{\bar{\theta}}^{\theta_H} \pi_B \frac{dG(\theta)dG(\bar{\theta})}{(1-G(\bar{\theta}))^2}\frac{\partial \bar{\theta}}{\partial r}$$

$$= \int_{\bar{\theta}}^{\theta_H} I(1-F(\bar{x}\mid\theta))\frac{dG}{1-G} + \left[(E\pi_B - \pi_B(\bar{\theta}))\frac{g(\bar{\theta})}{(1-G(\bar{\theta}))}\right]\frac{\partial \bar{\theta}}{\partial r}$$

付論 3 a：$\Delta > 0$ の時

$$\frac{\partial E\pi_B}{\partial \beta} + \frac{\partial E\pi_B}{\partial \bar{\theta}}\frac{\partial \bar{\theta}}{\partial \beta} > \frac{\partial E\pi_B}{\partial \beta} - \left[\frac{\partial E\pi_B}{\partial r}\bigg/\frac{\partial \bar{\theta}}{\partial r}\right]\frac{\partial \bar{\theta}}{\partial \beta}$$

$$= \int_{\bar{\theta}}^{\theta_H} CF(\hat{x}\mid\theta)\frac{dG(\theta)}{1-G(\theta)} - \int_{\bar{\theta}}^{\theta_H} I(1-F(\hat{x}\mid\theta))\frac{dG(\theta)}{1-G(\theta)}\frac{CF(\hat{x}\mid\bar{\theta})}{I(1-F(\hat{x}\mid\bar{\theta}))}$$

$$- CF(\hat{x}\mid\bar{\theta})\int_{\bar{\theta}}^{\theta_H}\left\{\frac{CF(\hat{x}\mid\theta)}{CF(\hat{x}\mid\bar{\theta})} - \frac{I(1-F(\hat{x}\mid\theta))}{I(1-F(\hat{x}\mid\bar{\theta}))}\right\}\frac{dG(\theta)}{1-G(\theta)} > 0$$

C についても、全く同様。

付論 3b：$\Delta < 0$ の時、付論 3 a と同様に、

$$\frac{\partial E\pi_B}{\partial \beta} + \frac{\partial E\pi_B}{\partial \bar{\theta}}\frac{\partial \bar{\theta}}{\partial \beta} < \frac{\partial E\pi_B}{\partial \beta} - \left[\frac{\partial E\pi_B}{\partial r}\bigg/\frac{\partial \bar{\theta}}{\partial r}\right]\frac{\partial \bar{\theta}}{\partial \beta}$$

$$= CF(\hat{x}\mid\bar{\theta})\int_{\bar{\theta}}^{\theta_H}\left\{\frac{CF(\hat{x}\mid\theta)}{CF(\hat{x}\mid\bar{\theta})} - \frac{I(1-F(\hat{x}\mid\theta))}{I(1-F(\hat{x}\mid\bar{\theta}))}\right\}\frac{dG(\theta)}{1-G(\theta)}$$

この式の最後の式は厳密に正である。従って、利子率上昇にともなう二つの効果が十分に相殺しあい、$\Delta=0$ に近づくときには、上式の最初の式は正になる可能性を排除できない。また C についても全く同様である。このとき、供給曲線は C や β の上昇によって上方にシフトする。ただし、逆選択の効果が十分に大きくなると、上式の最初の式は、真ん中の式の値より大幅に小さくなり、負になるため、供給曲線は下方にシフトすることになる。

付論 4

$$sign\left[\left|\frac{\partial r^S}{\partial \beta}\right| - \left|\frac{\partial r^D}{\partial \beta}\right|\right]$$

$$= sign\left[\left[\frac{\partial E\pi_B}{\partial \beta} + \frac{\partial E\pi_B}{\partial \bar{\theta}}\frac{\partial \bar{\theta}}{\partial \beta}\right]\bigg/\left[\frac{\partial E\pi_B}{\partial r} + \frac{\partial E\pi_B}{\partial \bar{\theta}}\frac{\partial \bar{\theta}}{\partial r}\right] - \left[\frac{\partial \bar{\theta}}{\partial \beta}\right]\bigg/\left[\frac{\partial \bar{\theta}}{\partial r}\right]\right]$$

$$= sign\left[\left[\frac{\partial E\pi_B}{\partial \beta} + \frac{\partial E\pi_B}{\partial \bar{\theta}}\frac{\partial \bar{\theta}}{\partial \beta}\right]\left[\frac{\partial \bar{\theta}}{\partial r}\right] - \left[\frac{\partial E\pi_B}{\partial r} + \frac{\partial E\pi_B}{\partial \bar{\theta}}\frac{\partial \bar{\theta}}{\partial r}\right]\left[\frac{\partial \bar{\theta}}{\partial \beta}\right]\right]$$

$$= sign\left[\left[\frac{\partial E\pi_B}{\partial \beta}\right]\left[\frac{\partial \bar{\theta}}{\partial r}\right] - \left[\frac{\partial E\pi_B}{\partial r}\right]\left[\frac{\partial \bar{\theta}}{\partial \beta}\right]\right]$$

第7章 不良債権と貸し渋りの法と経済学

$$= sign\left[\left[\frac{\partial E\pi_B}{\partial \beta}\right]/\left[\frac{\partial \bar{\theta}}{\partial \beta}\right] - \left[\frac{\partial E\pi_B}{\partial r}\right]/\left[\frac{\partial \bar{\theta}}{\partial r}\right]\right]$$

$$= sign\left[\int_{\bar{\theta}}^{\theta_H} \frac{CF(\theta)}{CF(\bar{\theta})}\frac{dG}{1-G(\bar{\theta})} - \int_{\bar{\theta}}^{\theta_H} \frac{I(1-F(\theta))}{I(1-F(\bar{\theta}))}\frac{dG}{1-G(\bar{\theta})}\right]$$

$$= sign\left[\int_{\bar{\theta}}^{\theta_H}\left\{\frac{CF(\theta)}{CF(\bar{\theta})} - \frac{I(1-F(\theta))}{I(1-F(\bar{\theta}))}\right\}\frac{dG}{1-G(\bar{\theta})}\right] > 0$$

[＊本章は、エコノミックス1号（1999年、東洋経済新報社）に掲載された論文、山崎福寿「抵当権と短期賃借権——不良債権と貸し渋りの法と経済学」及び社会科学研究」51巻3号（2000年、東京大学社会科学研究所）に掲載された論文、山崎福寿・瀬下博之「抵当権と短期賃借権」に加筆修正したものである。]

注
（1） 情報の非対称性とは、一方の主体がもう一方の主体よりも、より多くの情報を有している状況を言う。「情報の非対称性」という概念に明るくない読者は、例えばスティグリッツミクロ経済学第2版11章以下（東洋経済情報社）を参照されたい。
（2） 吉川・江藤・池俊(1994)や山崎・竹田(1997)は、実証的な観点から中小企業や特定の業種に対する貸し渋りがあると論じている。
（3） 短期賃借権についての裁判例は内田(1998)第3章が詳しい。詐害的な短期賃貸借については民法395条の但書でその解除が認められているが、実際に詐害的かどうかを立証することは極めて難しい。また詐害的な短期賃貸借を抵当権者が解除できても、当該抵当資産を占有し続ける占有者を排除する権利を抵当権者は持たないという最高裁判決（最判1991・3・22民集45巻3号26頁）以降は、この但書の効力はほとんどないに等しかった。脚注7参照。
（4） 抵当権者間の取引によって、順位が入れ替わる場合にも、それ以外の抵当権者に不利益が及ばないように工夫されている。民法373条②参照。
（5） この点で借家法の正当事由制度とは異なっている。借家法は借家人と家主間の権利配分を規定しているのに対して、短期賃貸借制度は抵当権者と借家人の権利配分を決定している。
（6） しかし、借家法による実質的に長期の借家権保護は評価することはできな

第 7 章　不良債権と貸し渋りの法と経済学

い。長期の借家権保護は図 7-1 の供給曲線を大きく左へシフトさせる結果になる。これらについては、岩田 (1997) や山崎 (1997) (1999)、瀬下 (1998) 等を参照されたい。

（7）　鈴木 (1979) は「この制度＜民法 395 条＞の存在する結果、不動産金融が阻害されている」と述べている (p.164)。また、内田 (1997) は p.319 で、コースの定理という概念は用いていないが、この定理が成立する状況を描いている。

（8）　最大判 1999 年 11 月 24 日は、判例を変更し、不法占有者の排除を実体法上の請求権として認めた。しかしながら、正常短期賃貸借を装って執行妨害を企てる占有者を排除するためには、まず詐害的賃貸借として解除することが前提条件であり、抵当権者にとって極めて困難であるとの事情に変更はない。なお、このような抵当権に対する最高裁の判例の混乱は、法解釈の誤りが原因である。この点については、瀬下・山崎（2001）第 2 節参照。

（9）　ここで、最適な資金貸借取引は負債契約であると仮定しよう。また脚注(14)参照。

（10）　この意味で、本節の分析は、短期賃借権だけでなく、一般的な地価の上昇の下落予想によって生じる貸し渋りの現象を説明することにも応用可能である。

（11）　企業の破綻時における債務の優先権と利益相反の問題などについては池尾・瀬下 (1998) 参照。

（12）　このような有限責任制の下での借り手の機会主義的行動については、Jensen and Meckling (1976) 以降、数多くの分析がなされている。

（13）　本節のモデルは、基本的に Stiglits and Weiss (1981) と同じである。

（14）　本章は短期賃借権の貸出市場への影響を分析するもので、このような権利が存在する場合の最適な資金貸借契約の形態を議論するものではない。そのため、資金貸借取引として一般に利用される負債契約を前提とする。ただし、資金の借り手と資金提供者の間に agency 問題が存在する場合には、しばしば債務契約が他の契約に優越 (dominate) することが知られている（たとえば Townsend (1979), Jensen (1986), Stuluz (1990), Aghion and Bolton (1992) などを参照。

（15）　なお Bester (1986) が示したように、資産を抵当に入れることによって借り手企業が費用を被る場合には、抵当権の設定額と額面利子率をスクリーニ

第7章　不良債権と貸し渋りの法と経済学

ング手段として使う分離均衡が存在し得る。しかし、この論文では、この様な追加的な費用はかからないと仮定して分析する。なお資産を抵当に入れることによって生じる費用を明示的に考えたモデルでも、短期賃借権の強化は均衡貸出量を低下させるなどの問題が生じることを示せる。これらの分析については、瀬下(2000)参照。

(16) このことは明示的には、以下の(6)式と同様にして $\partial \pi_F(\sigma, \theta)/\partial \theta > 0$ を示せば十分である。

(17) ここで(6)式の符号については付論1参照。

(18) 式の計算については付論2参照。

(19) あるいは貸出以外の資金の利用方法からの収益（機会費用）が高まると仮定してもよい。

(20) 供給曲線が右下がりであっても、抵当価値の上昇によって供給曲線が下方にシフトする限り以下の議論は影響を受けない。

(21) 供給曲線の上方シフトが需要曲線の上方シフトを上回ると、当初の均衡貸出量の下で供給者価格（金利）は需要者価格を上回る。マーシャルの安定性が満たされている場合には、このとき供給量（貸出量）を減少させることによって、この超過供給者価格を低下させて調整する。もちろん、マーシャルの安定性が満たされていない場合には、このメカニズムは働かない。

(22) この意味で、本節の分析は、短期賃借権だけでなく、一般的な地価の上昇の下落予想によって生じる貸し渋りの現象を説明することにも応用可能である。

(23) 数式で示すと以下のようになる。すなわち、β の低下を $-\Delta\beta$ とすると、銀行が被る損失は $\Delta\beta \cdot C$ である。一方、これまでと同じ貸出量と貸出金利を維持するためには $\beta \cdot C = (\beta - \Delta\beta)(C + \Delta C)$ を満たすように、C を増やさなければならない。上式を整理すると $-\Delta\beta \cdot C - \Delta\beta\Delta C + \beta\Delta C = 0$ より、$\Delta C = \Delta\beta \cdot C/(\beta - \Delta\beta)$ であるから、$1 \geq \beta > \Delta\beta > 0$ より、この値は $\Delta\beta \cdot C$ より大きいことが分かる。

(24) 企業の破綻時における債務の優先権と利益相反の問題などについては池尾・瀬下（1998）参照。

(25) このような有限責任制の下での借り手の機会主義的行動については、Jensen and Meckling (1976) 以降、数多くの分析がなされている。

(26) Stultz and Jonson (1985) は抵当権自体に、このようなプロジェクトの

変更を阻止できる機能があると指摘している。これは抵当権を設定することで、資金の借り手が抵当資産を勝手に売却し、別の資産に代替できなくなるからである。しかし、これが可能であるのは、このような資産代替が第3者に立証可能である場合に限られる。

(27) 通常の負債契約では約定返済額を超えて、抵当資産の価値を貸し手の銀行に帰属させることはできない。そのために契約自体として、このような契約は書けない。また、仮にそのような契約が書けるとしても、借り手がそのような十分な抵当資産を提供できるということは、もはや借り手は有限責任の状態にはなく、従ってその意志決定ももともと歪まない。

参考文献

——Aghion, P. and P. Bolton,[1992], "An Incomplete Contract Approach to Financial Contracting," *Review of Economic Studies,* 59, pp473-494.

——Bernanke, Ben S. and Mark Gertler[1989], "Agency Costs, Net Worth and Business Fluctuations", *American Economic Review,* 79, 14-31.

——Bester, H.,[1985], "Screening vs. Rationing in Credit Markets with Imperfetct Information," *American Economic Review, 75, September,* 850-855.

——Jensen, M.[1986], "Agency Costs of Free Cash Flow, Corporate Finance, and Takeovers," *American Economic Review.* 76, pp323-329

——Jensen, M. and W. Meckling,[1976], "Theroy of the Firm: Managerial Behavior, Agency Costs and Capital Structure," *Journal of Financial Economics* 3, pp305-360.

——Stulz, R.,[1990], "Managerial Discretion and Optimal Financing Policies," *Journal of Financial Economics,* 26, pp3-27.

——Stulz, R. and H. Johnson,[1985], "An Analysis of Secured Debt," *Journal of Financial Economics,* 14, pp501-521.

——Stiglitz, J.E., and A.Weiss.,[1981], "Credit Rationing in Markets with Imperfect Information," *American Economic Review,* 71, June, 393-410.

——Townsend, R,[1979], "Optimal Contracts and Competitive Markets with Costly State Verification," *Journal of Economic Theory* 21,

——Wette, Hildegard C.[1983], "Collateral in Credit Rationing in Markets

第7章 不良債権と貸し渋りの法と経済学

　　　　　　 with Imperfect Information: Note", *American Economic Review,* 73, 442-445.
―――池尾和人・瀬下博之(1998)「日本における企業破綻処理の制度的枠組み」三輪芳朗・神田秀樹・柳川範之編『会社法の経済学』東京大学出版会
―――内田貴(1997)『抵当権と利用権』有斐閣
―――鈴木禄弥(1979)『物件法講義（二訂版）』創文社
―――瀬下博之(1998)「情報の非対称性下における借家法の影響」都市住宅学 No 23
―――瀬下博之(2000)「短期賃借権と貸出市場の均衡―抵当資産が screening-device になるケース」国民経済 163 号
―――瀬下博之・山崎福寿(2001)「抵当権の侵害と短期賃借権――誤った法解釈「価値権」」住宅・土地経済 39 号
―――福井秀夫・久米良昭(1999)「担保占有者排除へ立法を」日本経済新聞 1999 年 4 月 2 日朝刊
―――吉川洋・江藤勝・池俊浩広(1994)「中小企業に対する銀行による『貸し渋り』について」『経済分析＜政策研究の視点シリーズ．1＞』経済企画庁経済研究所
―――山崎福寿(1997)「借地借家法の経済分析」岩田・八田編『住宅の経済学』日本経済新聞社
―――山崎福寿(1999)『土地と住宅市場の経済分析』東京大学出版会
―――山崎福寿・竹田陽介(1997)「土地の担保価値と銀行の貸し出し行動」浅子・大瀧編『現代マクロ経済学』東京大学出版会

第8章　債権回収実務と執行妨害の実情

河　内　孝　雄

　日本経済の健全な発展の為、喫緊の課題として不良債権の早期流動化を目指し、1998年2月1日債権管理回収業に関する特別措置法（所謂サービサー法）が施行され、現在も国をあげて不良債権の流動化を促進している最中であることは周知の通りだが、一方で担保不動産にまつわるさまざまな妨害行為、すなわち「執行妨害」が横行している。

　これらは時として民事事件の範囲をはるかに逸脱し、刑事事件として取り上げられ、近時新聞等の報道に取り上げられるに至っている。なぜ、この様な事態に至っているのか、執行妨害とはどの様な手段で行われるのか、債権者側で執り得る対抗手段はどの様なものがあるのか、執行妨害が与える影響等について、回収に携わってきた者として現場から見た実態等について述べる。

1　暴力団等の勢力変化

　先ず、執行妨害の具体的実態に入る前に執行妨害の行為主体について説明する。彼等は占有屋、抗告屋、倒産屋などと呼ばれており、何れも暴力団関係者（悪質化した高利金融業者、不動産業者等も含む）である。これに関連して、先ず、主に暴力団の勢力及び資金源の変化について触れる。なぜなら、執行妨害によって得られる資金の巨額さが想像出来るからである。

　1992年「暴力団員による不当な行為の防止等に関する法律」（所謂暴対法）施行時、暴力団員（構成員、準構成員含む）は約9万1千人と言われてた。この暴対法により、指定暴力団員は寄付金や賛助金等の要求、縄張り内の営業者に対してみかじめ料（ショバ代）の暴力的要求行為等11項目の禁止行為が規定された（以後4項目が追加され、現在は15項目）。その結果、以後の資金源が細ることになり、また、代紋、刺青等暴力団員であることの明示が出来なくなった。その後は拡散、不透明化し、企業化も進み、髪型、服装、言葉使いも丁寧になり、今日外観では全く判別出来ない集団と化しているのが現状である。

第 8 章　債権回収実務と執行妨害の実情

彼等は、以前は主に裏社会での活動から資金源を求めていたが、産業廃棄物、株式投資業等も併せ、表社会へ進出してきている。前後するが、先の暴対法はかなり効果を発揮した様で、1995 年（施行後 3 年後）に至っては、暴力団員が足抜けの相談に警視庁へ赴いたり、どうやって刺青を消すか等の話題が一時マスコミの報道に大きく取り上げられた。当時、組員は約 7 万 9 千人と言われ、減少しつつあった。しかし、近時警視庁の調査によると 1999 年では約 8 万 3 千人とされ、逆に増加現象が起きている。たかだか 4 千人の増加かと思われるかも知れないが、これは驚くべき現象である。何故ならば、この暴力団勢力は、1963 年約 18 万人であったのをピークに一貫して減少を続けており、過去に増加したことがなかったからである。また、最近の構成員と準構成員の比率を分析してみると、準構成員が 1991 年に 29.9％であったものが 1999 年には 47.2％へ増加しており、これは暴対法の規制逃れの一環として構成員をできるだけ離脱させ、あるいは、前述の様に拡散・不透明化させ、さらには企業化（所謂フロント企業）させてきた結果であると言われてる。ということは、警察庁でさえ準構成員を指定することにますます困難さを極めているさなかで、4 千人の増加があったということは、実際の（準）構成員増数はそれよりはるかに多いものと推測される。組員の増加は新たな資金源の発生を意味する。つまり資金源が増加しないと組員を抱えておけない。そして、新たな資金源の最大のものが「執行妨害」なのである。

　（注）　暴力団員数については「財団法人暴力団追放運動推進都民センター」の資料から記載

表 1　暴対法施行時と最近の資金源

従来の伝統的な資金源 （主に裏社会の活動）	覚醒剤、賭博、売春、風俗産業（みかじめ料、用心棒代等）
最近の資金源 （表社会へ進出）	上記の伝統的な資金源に加えて、執行妨害、産業廃棄物処理業、株式投資（合法的な企業経営への関与）等広く民事へ介入

なぜ執行妨害が重要な資金源に踊り出たかというとやはり不動産を動かすため巨額な金額が動くからである。少し古くなるが、警視庁の調査によると、

第8章　債権回収実務と執行妨害の実情

1989年で暴力団員1人当たりの収入は年間約1500万円（当時のサラリーマンの平均収入は年425万円）であったと報告されている。その後、みかじめ料、用心棒代、売春等の収入が減った分その他の収入に依存しながら増加した組員を維持していることから推測すると、先程挙げた4千人×1人当たりの年収1500万円＝600億円は最低でもこの執行妨害により収入を得ているといえる。ちなみに1998年の覚醒剤の検挙額は末端価格で12億円とされる。その20倍が動いたとしても末端価格で240億円だから、この執行妨害により闇の勢力に毎年つぎ込まれている額がいかに多いかが想像される。

2　執行妨害について

それでは、執行妨害はどの様になされているのか。一言で表現すると「抵当権と賃借権との争い」である。更地に街宣車を置いて威圧するとか、空地部分にプレハブ等の建物を建て、占有する等、全く無権原であり違法な行為による妨害もあるが、これらは事例としては多くはない。（但し、後述する短期賃借権に基づく占有主張と併せて行ってくるケースとしては多々ある。）つまり合法的に賃借権を主張して占有を継続していくのが一般的であるが、この中でも殆どが民法395条本文による短期賃借権の保護を利用し、抵当権者に対抗することが出来る、つまり、抵当権が実行されて不動産競売手続が終了し、買受人に所有権が移転してもこの短期賃借権者はその賃借権を買受人に対抗出来るという権利を利用した執行妨害方法が圧倒的に多い。この規定による保護を受ける場合とは、以下の3つの要件全部を満たしている必要がある。

①　抵当権の登記後に成立した賃借権
②　賃借権の登記がなされていること
③　借家に限っては3年以内であること

上記の内②は、借地借家法による対抗要件を備えていればよいため、現実には建物の引渡を受けていればよいこととなる。要は抵当権の登記後差押前に3年以内の期間を定めた賃借権は「短期賃借権」として保護されることになる。そして、この短期賃借権を正当な権利であると主張しつつ、実際には執行妨害行為によって多額の利益を把みとっていく（濫用的賃借権）。なぜ普通の事務所ビル、マンション、アパート等にいきなりこの濫用的短期賃借権が多発するの

第8章　債権回収実務と執行妨害の実情

か。一般に中小企業等の経営者に金繰りが逼迫していき倒産する過程では、最後の資金繰りを高利金融に求めることとなる。これが暴力団関係との関わりの入り口となっており、表社会から裏社会へ待ち構えていた蟻地獄に吸い込まれるが如く落ちていくのである。日本の金融はアメリカにおけるノンリコースによる貸出（担保による処分で責任終了）と違って、一律に法人であれば代表者個人を保証人として貸出を行うため、代表者個人も破産を回避したいし、会社を復活させるべく最後の最後まで資金を求めて益々質悪な暴力団関係者の金融に染まっていくこととなる。そして返済の対価として手持不動産の賃借権を相手方に与えることとなる。最終的には、自分の持っている不動産は、担保が時価を相当上回って付いてしまっているので、どうせ取り上げられてしまうと諦め、反対に彼等と結託していったり、また同不動産の権利証とか実印を50万円とか100万円とかで売渡して、自分達の逃走資金、当面の生活費等にしていくのが一般的である。こうなると暴力団関係者は抵当権者に対抗すべく短期賃借権を濫用的に作り出し、有りもしない多額の保証金、修繕費に基づく留置権の主張、家賃一括前払い等の権利関係を創設していく。ケースは色々あるが、会社倒産と短期賃借権の保護規定があるかぎり、この主だった執行妨害はなくならないと断言することができる。

3　執行妨害の方法と種類

それでは、具体的にはどの様な事が行われているのか。様々な手口、種類があるが、主なものを分析して以下に示す。

（1）　立ち退き料要求型

これは一番多く行われているもので、貸金の担保としてその不動産の短期賃借権を取得し、占有を開始し、次の様な過大な立退き料等の要求をする。

① 多額な保証金の返還要求
② 多額な立替修繕費の返還要求及び同費用に対する留置権の主張
③ 家賃一括前払（例えば3年分）の返還要求
④ 過大な立退き料

（2） 低額買い受け目的型

　競売を大規模に妨害して、最低売却価額が大幅に下がったところで買受け、同不動産を転売して利益につなげる。これは本格的で、占有も大掛かりになる。例えばビルを丸ごと占有して、5階は政治結社何々といって垂れ幕を張り、4階は入り口のドアを鉄板に変えていかにも暴力団風の構えにし、更に3階は別の団体が入り込んで占有を誇示し、「やったら承知しないぞ」という感じを与える。一方、最近の東京地裁での最低売却価額は、3回目の見直し価額については民事執行法68条の3による取消（巷間3回アウトシステムと呼ばれている）の関係から大幅に値を下げる傾向にある。そういう具合に競売価額がかなり下がったところで自分達で競落し、競落した後は全員退去し、全く占有負担のないビルとして転売、巨額の利益を得るのである。

（3） 債権回収目的型

　これは(1)によく似ている方法である。後述するが執行妨害排除の目的により民事執行法が1996年、1998年と法改正が行われ、主に保全処分の相手方の範囲を拡大し、債務者（所有者）のほかに不動産の占有者にも保全命令を出すことが出来る様になった。これと併行して引渡命令の相手方の範囲も拡大し、その占有権原を買受人に対抗出来ない場合には引渡命令を発することが出来るとした。又、執行官及び評価人の調査権限を強化し、濫用的な執行抗告の原審却下制度を盛り込む等、迅速且つ申立てが容易になされる様な改善策が図られた。しかし、一方ではこれら改正法に対処する知恵が働き、最近多発する様になったのが取り込んだ不動産を信託登記あるいは共有物分割の登記により所有権そのものを移転させて占有を継続していく方法である。通常所有権の移転登記に必要な登録免許税はその不動産の固定資産課税台帳の評価額の5％であるが、前述した信託あるいは共有物分割を原因とする移転登記の場合は0.6％と少額となる（例えば評価額1億円の建物だと5％の場合は500万円、0.6％の場合は60万円。但しこれが乱用され過ぎたため共有物分割の場合は原則5％を課すとの租税特別措置法の改正が2000年3月になされ、4月1日より実施となっている。但し、信託による登記は未改正のまま）。なぜこんなことがなされるか。従来、彼らは

第8章　債権回収実務と執行妨害の実情

賃借権といういわば債権で執行妨害を行ってきたが、自ら所有権を取得することで所有した不動産が競落される迄は所有者として賃借権あるいは転貸借権等を思うまま濫用的に付着させることが出来るからである。この様にして、全くの善良な市民や善意の第三者を装った占有屋等に賃貸してしまうと執行官が現況調査時に詐害的と認定する可能性も殆ど無くなり、最早、どこが詐害的であるか等の立証が困難となり、これを立証して排除していくには相当の期間・費用を強いられ、債権者の殆どが諦めて競落を待つのみの状態となってしまう。この様にして自分達が持っていた貸金の代価の一部として所有権を取得し、更に貸金回収目的として不動産の賃料等を取り続ける手法が債権回収目的型である。

　以上3つの典型例を挙げてみたが、この他様々な手口があることは容易に推察されることと思う。

4　金融機関が対応してきた執行妨害排除方法とその限界

　それでは金融機関（以下債権者）が今日までどの様に抵当権の侵害に対して対応してきたか。古くは三種の神器等と呼ばれ、抵当権の登記に賃借権（仮）登記及び代物弁済予約登記を併用させ、これで侵害に対する対策は充分であると認識していた時代があった。しかし、その後1978年に仮登記担保契約に関する法律が施行され、清算義務が課せられて競売に至った時は配当受領権限しかない等の制約を受けたことから、代物弁済予約登記は殆ど意味をなさなくなり、又、1989年には用益を目的としない所謂併用賃借権は無効であるとの最高裁判例が出され、この賃借権も意義を失ってしまった。更に有名な1991年3月最高裁判例により、「民法395条但し書により解除された短期賃借権に基づき当該不動産を占有する者に対し、抵当権に基づく排除請求権により、又は所有権の所有物返還請求権の代位行使として、その明渡しを求めることは出来ない。」ということになった。この結果、抵当権者は実質抵当権に基づく妨害排除請求は出来ないことになり、真に抵当権ドグマに陥った判決だと非常に非難された。そして、もう「実体法が確定した」、よって「手続法で対処する以外にない」ということになった訳である。（本件覆す1999年11月24日判決については後述）

第8章 債権回収実務と執行妨害の実情

以降、民事執行法の保全処分が脚光を浴びることになり、一時期は専門家の先生方も手続が迅速で経費も小額であること等から同保全処分を高く評価し、なぜ今までこの保全処分に気づかなかったのか、執行妨害対策はこれで万全であるとして、「民事執行上の保全処分」に関する解説本も多く出版され、また、現場の弊害をなくす為、前述の如く、1996年及び1998年には主に下記の点が改正された。

1996年度の主な改正点	① 保全処分の相手方の範囲の拡大 　55条1項売却のための保全処分（禁止命令・行為命令については債務者（所有者）のほかに「不動産の占有者」又77条の買受人のための保全処分については「不動産の占有者で、その占有権原を買受人に対抗出来ない者」に対しても、同処分を講ずることが出来るとした。 ② 執行官保管命令の要件拡大 　55条2項の執行官保管命令について、以前は1項の命令違反があった場合に限られていたが、裁判所が認める場合は直ちに執行官保管命令がなされることとなった。 ③ 引渡命令の相手方の範囲の拡大、必要的審尋の対象を変更 　前記①の処分の相手方の拡大に伴い、差押の効力発生から権原により占有している者に対しても買受人に対抗出来ない場合は、引渡命令を発することが出来るものした。
1998年度の主な改正点	① 濫用的な執行抗告の原審却下 　執行抗告が民事執行手続を不当に遅延させることを目的（形式的な抗告理由にすぎない場合、明らかに抗告の利益を有しない場合等）としてなされたものであるときは原審で却下できることとした。 ② 執行官・評価人の調査権限の強化 　執行官が現況調査を行う場合、及び評価人が評価を行う場合、目的物件のほかに関連する件外物件について市町村等に対し、固定資産税評価証明書、家屋見取図等の証明書資料を請求する権限、更に電気、ガス、水道の公益事業者に対し現実の占有の有無、契約名義、契約の時期等の報告を求める権限を付与した。 ③ 買受けの申出をした差押債権者のための保全処分 　執行妨害的な占有がなされている場合で、差押債権者の保全処分後に、売却を実施しても買受人が現れなかった場合、自ら買い受ける旨保証の提供をして、執行官保管に留まらず差押債権者による保管も認めた。

167

第8章 債権回収実務と執行妨害の実情

この様に民事執行法も改正を重ね、一見かなりの効果を発揮している様にも思われるが、現状はどうか。

	1993年	1998年	1999年	2000年
不動産競売新受件数（東京地裁本庁）	5,543	6,694	5,271	4,555
民事執行法55条申立件数（東京地裁本庁）	101	53	70	48
民事執行妨害等債権回収に係る刑事事件検挙数	4	71	84	99

（備考）　民事事件数は「金融法務事情1616号」、刑事事件数については「暴力団追放運動推進都民センター」資料による。

　東京地裁の不動産競売事件の受任件数と民事執行法の保全処分事件申立数を比較してみると、上表の通り、執行妨害等債権回収に係る検挙数の増加に比して、民事執行法上の売却の為の保全処分55条はその適用される相手方（占有者）の範囲等が改正により拡大されたにも拘らず、さほど利用されていないことが判る。これはなぜか。

　私見ではあるが、
① 民事執行法上の保全処分がなされると、物件に公示書が貼られるので、妨害事件が発生していることが一般に知らしめられるとわざわざ昨今の不動産売却物件が氾濫している中で事件物を競落する人は現れない。
② 民事保全法に比べると保証の提供は少額であるが、疎明資料の要求程度が高く、複雑な占有状況に対応しきれない。
③ 現状債務者恒定効がないので、占有者に変更がなされると再度の申立が必要である。引渡命令に対しても同命令が確定した時点で占有者が変わっていた場合効果を発揮しない。
④ 相手方を審尋しないで発令されることから紛争を無視し、口頭弁論の様な手続を踏まず、明渡しまで執行することに危険があり、根本的な解決とは言えない。

結論としては、民事執行法という手続法の中で行う保全処分の為、執行妨害

を行う側の濫用した権利作出の方が上回り（疎明は申立者の方に有り、複雑な占有に対応が困難）限界があると思われる。

5 最大判 1999・11・24 の判例変更について

以上のような状況のなかで、最高裁判所は前述の1991年3月の判例を翻し、抵当権者による不法占有者の排除を実体法上の請求権として抵当権に基づく明渡請求権及び所有権者の代位請求による明渡の双方を認めたことは、バブル経済崩壊後の不良債権の処理が国家的急務である中、民事執行法上の手続的対策では十分機能しないので、実体法上の問題として対処したと意義づけられ、その強い姿勢は高く評価されている。しかし、本判決は①差押前でも占有排除が可能か、②権利行使し得る抵当権者の範囲の問題（抵当権の配当可能性の問題）、③本訴が長引いた場合、競売事件はどう処理されるのか、④抵当権者が引渡を受けた場合の不動産の管理、保管義務は誰が行うのか。又、その間の費用負担はどの様に定められていくのか等々、不確定な部分が指摘され、今後、抵当権の占有排除権能をめぐる問題は多面的に検討されるべき要素も多いと言われている。

私は本判決について、確かに当該事案に対する結果の妥当性は認められるが、しかし、それは法理論云々ではなく、少し大袈裟な言い方かもしれないが、金融不動産実務における歴史的必然として出されるべくして出た判決と言えるのではないかと思う。担保金融の発展に寄与してきた抵当権制度、そして抵当権制度の特徴である抵当権設定者から目的物の占有を移さず使用収益を認める中で、賃借人を保護するために創設された短期賃借権制度が、今日に至っては執行妨害の道具に成り下がり、その存在意義が失われたことが明らかな現在、本判決は当然の帰結であったように思える。

私は法律学の専門家ではないが、長年金融界に身をおき、本章のテーマである執行妨害に直面する現場にいる人間として述べると、抵当権に基づく妨害排除請求権は、「交換価値の支配権を貫徹するための物権的請求権」を根拠としているが、逆に言えば、抵当権は交換価値しか支配していない。所有権のように使用価値を含めた絶対的排他的支配権ではないのである。抵当権者としての交換価値支配権の実現は執行機関（裁判所）の競売手続によるしかない。その

第8章　債権回収実務と執行妨害の実情

本体は「優先弁済（受領）権」なのである。1991年3月判決以降、抵当権ドグマという言葉が登場しているが、私は、単に執行妨害事案の増加・複雑化に伴い、抵当権制度及び短期賃借権制度の制度的限界が具現化したものであると感じている。やはり、交換価値の支配権しかない抵当権に基づく占有排除は無理があるのではないか。本判決後、その実務的運用を巡り前述のような種々の課題が提起されるのも当然のことと思う。

　これ以上の本件に関する理論的検討は専門家に委ねることにしたい。今までに、手短に執行妨害の実状と排除理論を述べたが、結局のところ抵当権制度・短期賃借権制度は今日の不良債権問題及び執行妨害の現実の中で、他の制度とともに抜本的に見直さなければならない時期にきていることは疑う余地がない。仮に実体法上で抵当権に基づく排除が理論上可能になったとしても、根本的に占有そのものが詐害的であることや、侵害していることの証明責任は債権者側が負担することに変わりなく、その運用は債権者にとって必ずしも簡便なものにはならないと思われる。従って、妨害排除はプロの占有屋に対しては所有権をもって対抗し（自己競落後）、妨害排除請求並びに損害賠償請求訴訟を通して排除する以外、期間・費用・精神的負担を強いられるものの、この複雑な占有権原を作出する短期賃貸権等の本格的排除方法は、今後とも現れないと考える。

第9章　住宅融資保証機関の回収実務と執行妨害

　　　　　　　　　　　　　　　　　　　　馬　場　　　務

1　はじめに

　一般的に、住宅ローンは延滞の少ない良質な融資であると言われる。しかし、その住宅ローンもバブルの崩壊、景気低迷を背景に、給与カット、リストラ等が個人債務者を直撃して、収入をダウンさせ、償還金の支払いが滞る事例が増えてきている。

　保証機関は、保証委託者（債務者）から委託を受けて融資を受けた債権の保証を行うのがその役割である。そして、債務者から債権者に支払いがなされないときに、債務者に代替して残債務を一括して代位弁済する。その後債権者に代位弁済した求償債権の弁済を債務者に求めることとなる。

　債務者には直ちに全額の弁済に応ずるだけの生活状態にはない場合が多く、通常は取得した抵当権に基づき担保不動産を換価し回収にあたる。当協会が保証している住宅ローン債権の回収にあたっても担保不動産を処分することによって回収を図っている。

　担保不動産からの回収手段に際して、様々な執行妨害があり得る。いわゆる競売を遅延させるための短期賃借権の設定、不法占有による執行妨害などであるが、これらの影響は処分手続きの遅延と、回収費用負担の増加、そして、担保不動産の交換価値の低下、つまり、回収額の減少となってでてくる。

　競売に付されて、裁判所がつける最低売却価格が、一般不動産市場の価格と相違するのは、当該不動産の引き渡しが円滑になされないこと、つまり、引き渡しに際して予測されるリスクを減じた価格となっている点にある。裁判所は予測される様々な執行妨害のすべてがこのようなリスクに含まれていることはないと説明しているが、最低売却価格は、個別物件のもっているリスクに対応した評価額が付されているのではなく一律大幅な市場調整減価（競売減価）がなされていることから、市場調整率が競売特有の減価という名目のもとで、結

171

第9章　住宅融資保証機関の回収実務と執行妨害

果的に執行妨害者を利する低い処分価格となっているのではないかという危惧を抱いている。

なお、本章では、意見にわたる部分がかなり記載されているが筆者の個人的なものであることをお断りしておきたい。

2　保 証 事 業

(1)　制度の目的

公的住宅金融制度は国民の持家志向に応えて、その住宅取得能力を補完し、安定的な住宅建設を行うという政策目的に資するという役割を担っている。

(財)公庫住宅融資保証協会（以下、「保証協会」という）による機関保証制度は1972年から始まっているが、当時は人口の都市集中化、核家族化の傾向が強まり、住宅金融公庫等の融資を受けようとする申込人が融資の条件である「保証人」を見いだすのは難しい情勢となり、保証協会が公庫等から融資を受けた債務者の機関保証人となり、自然人保証人以外の選択機会を与えて債務者の便宜に供することとなった。

表 9-1　保証の対象となる融資

住宅金融公庫 沖縄振興開発金融公庫	マイホームの新築・購入・リフォームの資金で、抵当権が設定されている融資
年金福祉事業団	住宅金融公庫・沖縄振興開発金融公庫を通じて併せ融資されるもので、抵当権が設定される融資

(2)　事業の規模

公庫融資は、住宅政策の中心的な位置にある。保証協会は、1972年に住宅金融の促進と住宅金融公庫等の債権保全を目的にして設立されて以来、個人住宅建設の外延部の拡大に貢献している。

保証協会の保証債務残高は555万件、66兆2千億円（2000年3月末現在）ある（図 9-2、図 9-3）。

1999年度に債務者に代わって代位弁済した保証履行件数は 17,804 件、金額

第9章 住宅融資保証機関の回収実務と執行妨害

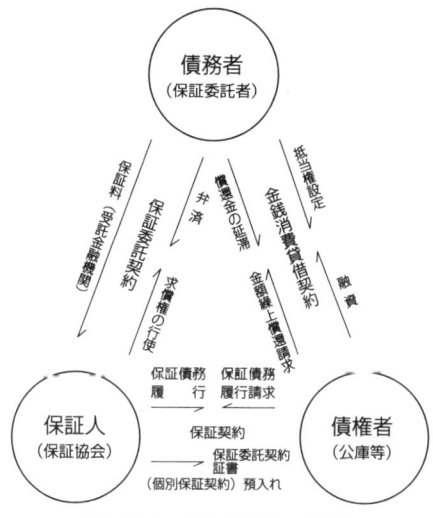

図 9-1 保証業務の概要

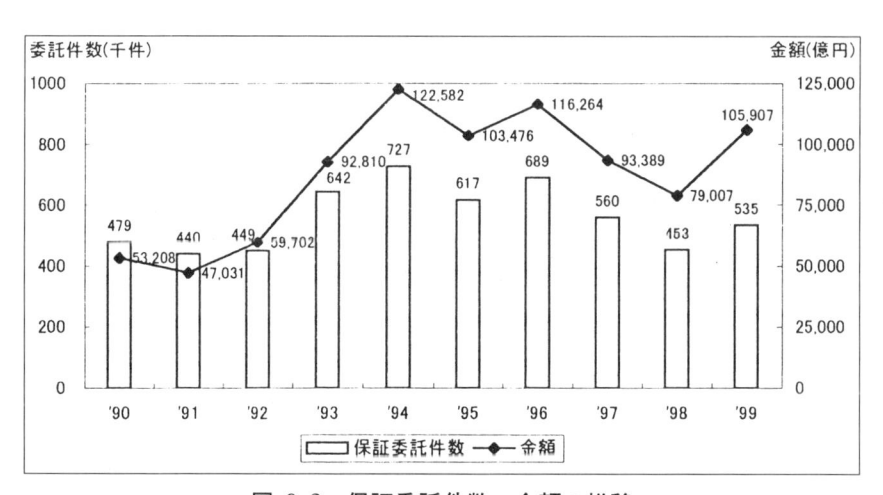

図 9-2 保証委託件数・金額の推移

表 9-2 保証委託率の推移

年　度	1990	1991	1992	1993	1994	1995	1996	1997	1998	1999
保証委託率	91.2%	91.6%	92.5%	92.5%	93.5%	93.5%	94.5%	95.3%	96.2%	96.3%

第9章　住宅融資保証機関の回収実務と執行妨害

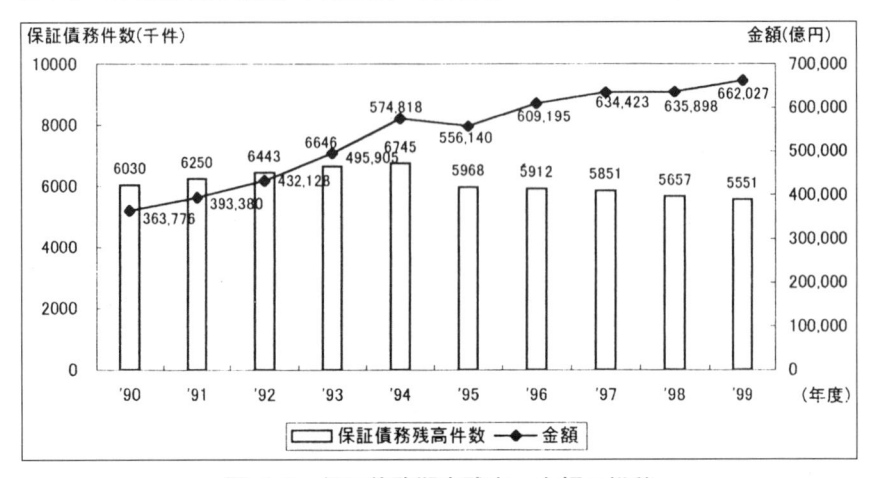

図 9-3　保証債務期末残高・金額の推移

は2,478億円である。代位弁済は件数、金額とも増加傾向にある。保証協会では全国に12の支部を配置して、代位弁済した求償債権の回収にあたっている (**図 9-4**)。

長期低利の公庫融資は90年代に入って制度の拡充、事業の追加が行われ、

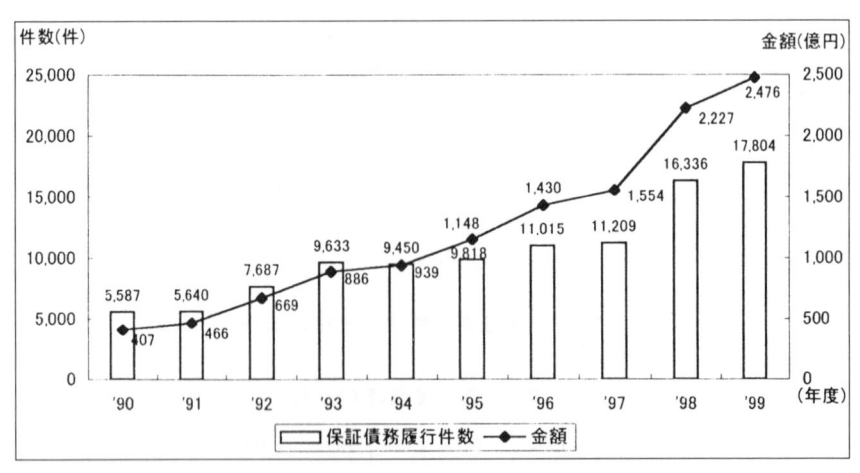

図 9-4　保証債務履行件数・金額の推移

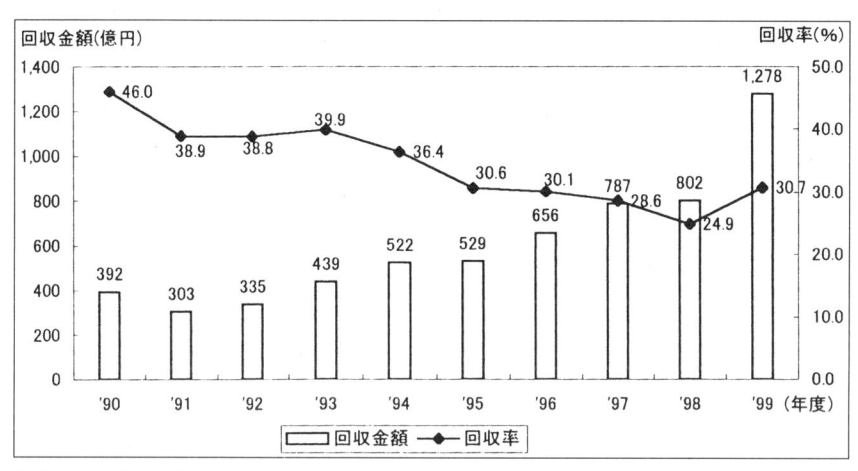

第9章 住宅融資保証機関の回収実務と執行妨害

備考）回収率＝当年度回収額／当年度期首求償件数残高

図 9-5　求償債務の回収率の推移

90年代後半、急速にその事業を拡大した。しかし、近年融資戸数は縮小して安定的な供給に移行している。このため、残高ベースでは減少している。

機関保証制度は、結果的に審査の簡素化を進めることになり、住宅融資の促進に貢献している。

個人金融、いわゆるリテール分野にある住宅融資は、これまでは延滞の少ない良質な融資であったが、バブルの崩壊、景気の低迷によって、借主の所得減失が激しく、自らの生活の根拠である住宅を処分せざるを得なくなるという社会変動リスクが露呈してきている。協会は近時ローンリスクの増加傾向に伴い、求償債務者との面談、カウンセリングや担保物件を一般不動産市場で売却するなどの回収の極大化を進めることにより、債務者の負担軽減に一層の努力を傾注している。

3　求償債権の回収

(1)　保証協会は公庫等が保証委託者から債務の弁済を受けることができなくなった債権について、保証委託者に代わって公庫等に債務の弁済を行なう。その後、債務者の事情に配慮しつつ代位弁済により取得した求償債権の回収を行

第9章　住宅融資保証機関の回収実務と執行妨害

うこととしている。

　保証協会では、担保不動産の換価手続きとして、強制換価手続きたる競売に付して抵当物件を処分することを原則としており、債務者（抵当物件の所有者）から申し出があった場合は任意の不動産売却による弁済を認めている。

　競売による処分は、強制換価手続きを裁判所に申し立てて行うので公平な手続きが期待できること、全国のどの地域でも処分可能であることなどの長所を持つが、他方、申し立てから配当までに時間がかかること、物件引き渡しの保証がないことなどから処分価格が低廉となることなどの短所がある。

　(2)　保証協会は求償債務者（担保物件所有者）と折衝して、債務者の意思に基づいて住宅を売却することもある。このときは一般の不動産市場で売却することが可能であり、競売による処分と比較して、早期に金銭に換価可能であり、回収金額の割り増しも実現できる。ただし、債務者をはじめ関係権利者の同意が必要である。また、後順位権者、短期賃貸借に基づく占拠者の同意も得なければならない。

　任意売却に債務者の納得が得られるのは、任意売却にメリットがあるからである。競売に比して高額な処分が可能であり、迅速な手続きの進行と生活再建の目途を立て易い。時間的にも、費用的にも合理的である。

　保証協会としては担保不動産を処分するのであるから、物件所有者や利害関係人の意向に沿ったかたちで処分を進めるのは当然としても、権限のない占拠者や詐害的な短期賃貸借についてまで、移転料などの不当な要求に応ずることはない。

　また、回収のため、抵当権に基づく賃料の差し押さえ等の手段も執ることがあるが、本章の趣旨に沿うものと考えられる担保物件の処分について取り上げたい。

　(3)　保証協会の回収手段は、競売手続きによる配当が7割を占め、2割が債務者の任意による担保不動産の処分からの回収、残りの1割が分割弁済などからの回収である。回収手段としては、担保物件に着目してその価値の換価に重点をおいている。公庫償還中に長期間に亘って延滞を続けざるを得なかった債務者の生活資産からの回収には、多くを期待していない。

　従って、主要な手段となっている競売の落札率、求償債権に対する配当率の

動向に対しては関心が高く、特に競売処分に関わる落札阻害要因、配当率の低下要因については敏感でなければいけないと考えている。執行妨害をはじめとして競売の進行を阻害し、配当率を引き下げる要因については、これを排除することには意を用いなければならない。

　他方、基本的に担保物件の使用、維持・管理権は、抵当権者に移転されたわけではなく、所有者に委ねられており、占拠者がいたからと言って、抵当権者がこれを直ちに排除するなどの自力救済が許されるものではない。住宅金融公庫は基本的に国民の住宅取得の意欲を支えることにその使命があり、使用の転換によるリスク負担は皆無とはいえないものの、住宅取得者を信用することから、住宅融資は成り立っている。

　「権利の上に眠るものは、保護に値しない」というのは法救済の大原則ではあるものの、抵当権者は担保不動産の処分権は有しているものの、利用権は所有者にある。特に住宅取得にあたっては、住宅融資を公的な住宅金融で組むことが一般的になっており、政策目的をもった住宅金融の普及と融資件数の増加は、そのような利用の制限などの権利行使を不可能にする。融資契約で利用を制限することは可能だが、融資物件を常時看視していき、換価価値を低下させる目的外の利用を阻むことは事務コストの面からしても不可能な要請である。

　住宅ローンは、国民大衆から、画一的な処理を求められている。反面、大量処理を伴う小口金融の弱点に対して、所有権者が、その利用権を最大限に使って抵当権の執行を弱める行為をしてくることとなる。

　民間住宅融資ではどうかというと、小口金融手続きの煩雑さは同様であろう。民間銀行としては常に占有状況を監視しなければならないリスクがある借り入れ申込者には融資を手控えることになる。対象者を限定することは当然の措置である。

　どちらにしても、担保権者に許されるのは、法的な救済に限られている。「債権者は融資物件の現状を把握し、妨害を排除するために法的な手段を講ずべきである」といった意見は、抵当権者の権限と融資の実態を無視した意見であると考える。

　マイホームのためといった目的融資に、所有権者だけではなく、利用権者である賃借権者などの第三者がここに介入してくると一層関係は複雑化する。保

第9章　住宅融資保証機関の回収実務と執行妨害

証協会が保証対象とした住宅貸付にかかる抵当物件は、執行妨害を仕掛ける者にとって、商業施設と比較して妨害によって得られる一物件あたりのメリット（？）は少ないと想定されるものの、占有、短期賃貸借の隠れ蓑を使用しやすいのはむしろ「住宅物件」であるともいえる。保証協会の回収案件のなかから、回収と執行妨害の典型的な事例を紹介したい。

（1）　短期賃貸借の設定があり増価競売を申し立てた事例

```
―――― 事件の概要 ――――
　第三取得者からの滌除に対応して増価競売を申し立てたが、物件が古いこと、第三者賃貸されていたこと等により入札者なく、債権者が買い取る。
　賃借人に対する引き渡し命令を申し立てるも、「買受人に対抗することができる権原により占有」（有効な短期賃貸借）との判断により却下。
　賃貸借期間の切れる1998年5月31日までに（代金を支払って買い取らない限り）退去するよう通知した。
```

物件所在地：兵庫県西宮市
求　償　権：中古マンション融資、金銭消費貸借契約 94.10.11
　　　　　　融資額 2,470万円

　　代位弁済（96.8.12）　　　　　　代位弁済額　28,095,709円
　　　↓
　　滌除の通知（96.10.31）　　　　　滌除金額　1,100万円（著しく低廉）
　　　↓
　　増価競売申立（96.12.28）
　　　↓
　　増価競売開始決定（97.1.6）　　　増価金額　1,210万円
　　　↓
　　┌──────────────────────────────┐
　　│不動産業者3社に入札の打診するも不調　　　　　　　　　　　│
　　│物件の入居者に対する買取（入札）交渉も不調　　　　　　　│
　　└──────────────────────────────┘
　　　↓

第 9 章　住宅融資保証機関の回収実務と執行妨害

協会が物件を取得（97.9.5）
　　↓
配当期日（97.10.28）
　　↓
不動産引渡命令申立（98.2.27）
　　・地裁支部に申し立てた。
　　↓
申立却下の決定（98.3.2）
　　・「相手方は……買受人に対抗することができる権原により占有しているものと認められる。」（短期賃借権の認容）
　　↓
建物賃貸借契約解約通知（98.3.11）
　　・賃貸借契約が98年5月31日までであることから
　　　① 同日をもって契約を終了させ、更新はしないこと
　　　② 同日までに物件を明け渡すこと
　　　③ ただし、同日までに売買代金が支払い可能である場合に限り、市場価格にて売却してもよいこと
　　　等について内容証明郵便で入居者宛通知した。
　　↓
占有者退去（時期は98年末。協会への連絡は一切なし）
　　↓
第三者への物件売却（99.6.11）
　　・代位弁済時から約3年、物件取得から1年9ヶ月経過
　　・売却価格は920万円で、増加額を下回る結果となった。

《総括》
1　短期賃借人の存在により第三者の入札なし。
2　増価競売案件であったため、余儀なく物件の買取りを行うこととなった。
（不動産取得税、登録免許税の支出が発生）
3　所有権取得後も短期賃借人が退去しなかったため、物件の売却不能。固定資産税、マンション管理費等の維持費を負担し続けることとなった。

第9章 住宅融資保証機関の回収実務と執行妨害

4 98年末にようやく占有者が退去したことにより物件の売却が可能となり、99年6月に売却。ただし、取得時から2年近く経過したことにより、物件価格下落。

(2) 民事執行法55条に基づく「売却のための保全処分」申し立ての事例

事件の概要

協会が競売を申し立てたが、無断賃借で暴力団の組事務所として使用されていることが判明。民事執行法55条の「売却のための保全処分」を申し立てることにより、不法占有者を排除することに成功した。

物件所在地：福島県福島市
求　償　権：中古マンション融資、金銭消費貸借契約 94.10.10
　　　　　　融資額 1,400万円
　　代位弁済 (96.11.25)　　　　　代位弁済額　14,961,974円
　　　↓
　　競売開始決定 (97.3.13)
　　　↓
　　執行官現況調査 (97.5.2)
　　　　　　・執行官の立入調査により、本件建物について暴力団員が組事務所として賃借（事実上は単なる不法占有）していることが判明。
　　　↓
　　売却のための保全処分の申立 (98.3.10)
　　　　　　・占有者が暴力団であり、占有状態が組事務所であることが明らかであったため、当初から弁護士に一任。
　　　↓
　　占有者の審尋 (98.5.12)
　　　　　　・占有者の審尋により、物件は改装された上で組事務所として使用されていることが判明。

　　　　　　　　　　　　　　　第9章　住宅融資保証機関の回収実務と執行妨害

　　　↓
保全処分命令（98.7.23）
- 保全処分命令を受けて、警察官の立ち会いを要請。
- また、鍵の開錠、動産の搬出・保管等につき専門の業者に依頼。

　　　↓
保全処分の執行（98.10.15）
- 占有者不在であり執行官が開錠して入室。
- 組事務所であることを確認し、動産の搬出作業に着手。
- 事務所の責任者が現れて、1週間以内の自主退去を申し出たため、念書を取って執行を停止。
- 福島県警から12名の警察官の協力を受けた。

　　　↓
占有者退去（98.10.20）
　　　↓
退去の確認（98/10/21）
- 執行官が退去を確認し、鍵を受け取った。
- 執行官補完の公示。

《総括》
1　競売開始決定直後に不法占有者の存在が判明したため、競売手続が遅延。
　（開始決定から退去まで約1年6ヶ月徒過）
2　保全処分関係費用の支出
　執行予納金（運搬保管金を含む）約77万円、弁護士費用約50万円。

第 9 章 住宅融資保証機関の回収実務と執行妨害

(3) 民事執行法 77 条に基づく「買受人のための保全処分」を行った事例

――― 事件の概要 ―――
第三取得者からの滌除に対応して協会が増価競売を申し立てたが、入札者なく協会が買い取り。不法占有者がいたため、物件処分に先立って同法 77 条の「買受人のための保全処分」を申し立てることにより、不法占有者を排除した。

物件所在地：大阪府寝屋川市
求　償　権：優良分譲住宅融資、金銭消費貸借契約 94.7.3
　　　　　　融資金額 3,270 万円
　　代位弁済（96.9.10）　69,607,827 円（保証金 32,629,300 円含む）
　　　　　　　　　　　　（滌除の通知から売却許可決定までの手続きは省略）
　　売却許可決定（97.10.31）
　　　　　　　　・　開札の結果不落のため、協会が物件を取得。
　　　　↓
　　買受人のための保全処分の申立（97.11.7）
　　　　　　　　・　占有者（保全処分の相手方）を特定して申し立てた。
　　　　　　　　・　相手方に執行抗告権が認められていること、保全処分に引き続き引渡命令を行うことを考慮し、当初から弁護士に一任。
　　　　↓
　　保証金及び執行予納金の支払い（97.11.10）
　　　　↓
　　保全処分命令（97.11.10）
　　　　　　　　・　公示公告にて行われる。
　　　　　　　　・　鍵の開錠、動産の搬出・保管等につき専門の業者に依頼。
　　　　↓
　　警察官の立ち会いを求める上申（97.11.11）

第 9 章　住宅融資保証機関の回収実務と執行妨害

- 執行官が警察に援助要請

↓

執行官による事前調査（97.11.13,14,18）
- 占有者及び占有状況を確認し、かつ占有者に強制執行の日時を予め告知するため、強制執行に先立ち実施。
- 占有者不在で玄関錠の開錠に失敗したため錠を壊して入室。
- 占有者を特定する証拠（表札、診察券、占有者が総裁を務める政治団体のネームプレート、公共料金の請求書等）が発見されたため、執行官は占有者を支部の調査通り特定。動産類を確認するとともに保全処分の執行予告の告知書を掲示。
- 府警本部、所轄署の立ち会いのもとに実施した。

↓

保全処分の執行（97.11.22）
- 公示書（搬出した動産の引渡期限及び執行官の許可なく建物内に立ち入ることを禁ずる旨）を室内及び玄関扉に掲示。
- 動産類はすべて債権者が依頼した業者が搬出・保管。
- 壊した玄関錠を協会負担で修理。
- 府警本部、所轄署の協力を得た。

↓

所有権移転のための嘱託登記の手続（97.11.27）
- 保全処分と同時並行。

↓

引渡命令の申立（97.12.18）
- 所有権移転登記後、引渡命令を申し立て。
- 相手方の執行抗弁権が認められているため、弁護士に一任。
- 引渡命令が発効した時点で買受人のための保全処分は終了。（保全処分は引渡命令が発効するまでの占有移転の防止）

第9章　住宅融資保証機関の回収実務と執行妨害

- ただし、<u>本件では裁判所が引渡命令は不要と判断</u>。次の書類を執行官に提出することにより、執行官の占有を解除し、目的不動産の引渡（鍵の引渡）を受けられることとなった。
  ＜提出書類＞保全処分命令の確定証明、買受代金支払証明、売却許可決定謄本

↓

引渡命令執行の申立

↓

引渡命令の執行

- 今回は、すでに不動産が執行官の占有下にあり、動産類も搬出されているため、現地で執行官から鍵の引渡を受けるだけで執行は終了。

↓

動産類の処分（97.12.25）

- 引取期限が12月24日に設定してあり、所有者の引き取りがなければ競売により処分する（現実には引渡命令の申立人側で購入して廃棄処分する）ところであったが、今回は所有者が12月20日に動産を引き取った。

↓

買受人への不動産引渡の上申（98.1.9）

- 裁判所に上申して執行官保管の不動産の鍵の引渡を受けることにより、買取人へに不動産の引渡が完了。

《総括》
1　占有者の存在により第三者の入札なし。
2　増価競売案件であったため、余儀なく物件の買い取りを行うこととなった。（不動産取得税、登録免許税の支出が発生）
3　保全処分関係費用の支出。
　　申立に関わる予納金等約73万円、弁護士報酬約60万円。

(4) 不動産の「引渡命令」を申し立てた事例

──── 事件の概要 ────
融資段階での第三取得者から滌除に対応して原債権者が増価競売を申し立て、入札期日前日に協会が代位弁済。入札者なく、協会が買い取り。
物件が、占有権原（賃借権）を有するものの占有の実体が判っていない第三者の占有であったことから、不動産取渡命令の申立を行い、同命令の執行によって物件の引渡を受けた。物件はその後売却できた。

物件所在地：奈良市
求　償　権：中古マンション融資、金銭消費貸借契約 94.5.10
　　　　　　融資額 2,230 万円

　　滌除の通知（95.8.4）　　　　　滌除金額　　900 万円（著しく低廉）
　　↓
　増価競売開始決定（95.9.22）　　増価金額　　990 万円
　　↓
　代位弁済（96.2.26）　　　　　代位弁済額　34,676,092 円
　　　　　　　　　　　　　　　　　（この額には、保証金 990 万円及び予納金
　　　　　　　　　　　　　　　　　等合計 10,426,800 円を含む）
　　↓
　期間入札(97.2.5～12)
　　↓
　協会が物件を取得（97.3.5）
　　↓
　前所有者に対する不動産引渡の催告（97.3.19）
　　　　　・引渡日時は 3 月 27 日午前 11 時を指定。
　　↓
　不動産引渡命令申立(97.3.27)
　　　　　・指定の日時に現れなかったため、同日の午後、地裁にて申し立て。

第9章　住宅融資保証機関の回収実務と執行妨害
　　　　　↓
　不動産引渡命令が裁判所から送付される（97.4.15）
　　　　　↓
　配当期日（97.5.9）
　　　　　↓
　不動産取引命令について執行文付与の申立（97.5.27）、同日執行文付与
　　　　　↓
　不動産引渡執行申立（97.6.5）
　　　　　↓
　物件内部の動産の調査（97.6.17）
　　　　・　執行官立会のもとに調査した結果、搬出すべきものとして、エアコン1台、椅子2脚等少量の動産の存在が確認された。
　　　　　↓
　不動産の引渡完了（97.7.2）
　　　　・　動産の搬出、保管（業者は協会で手配）。
　　　　　↓
　取得不動産の売却（97.11.21）

《総括》
1　占有者の存在により第三者の入札なし。
2　増価競売案件であったため、余儀なく物件の買い取りを行うこととなった。（不動産取得税、登録免許税の支出が発生）
3　占有者排除のため、売却時期が半年以上遅延。（その間、固定資産税、滞納管理費用等を支出）
4　引渡命令関係費用の支出。
　引渡執行予納金（80,000円）、動産の搬出及び管理費用（25,000円）等を含み、合計額11万円程度。

4　執行妨害への対応

債権回収手段として競売手続に依存することが多いことは前述の通りであ

第 9 章　住宅融資保証機関の回収実務と執行妨害

る。この制度は関係権利者が多く、入り組んだ利害関係を整理するのに一番適切と考えるからである。

　従って、詐害的な短期賃貸借権のおそれがあるときなどは、競売の申し立てを行ってしまう。権限のない占拠なども同様である。任意売却をしても買い受け人がつかないと予測されるからである。

　執行妨害に対して、競売手続きの前に対応するのは第三取得者から滌除の申し出があったとき、近隣の住民、警察から入居者について反社会勢力であることを理由に立ち退きの協力を求められたときである。

5　執行妨害排除の事例

　執行妨害の典型的な事例は、第三者による占有である。占有の権限を確かめるために債権者としてできることは、執行裁判所で閲覧できる現状調査報告書、評価書、物件明細書のいわゆる3点セットの記載に頼らざるを得ない。しかしながら、この3点セットでさえ、必ずしも確定した物件の状況を伝えるものではない。物件明細書に「本件所有者は引き渡しの対象となる」さらに「差し押さえ後の占有者で買い受け人に対抗できる権限を有しない占有者は引き渡し命令の対象となる」とあれば、所有者が物件に入居していても、法的な手続きをとれば引き渡しが可能であるとか、権原を有しない占有者がいても法的な手続きをとれば引き渡しを受けることは可能であることを示している。といって黙って明け渡してくれるわけではない。その後の強制執行手続きなどが必要なのである。

　現況調査報告書などには、ときには執行官に罵声を浴びせる占有屋とか、占有要員とかにぶつかったことが記載されている場合があるが、調査報告書ですべてが確定されるわけではない。占有屋がどの段階で入ってくるかは相手次第である。

　競売手続き中であっても、抵当権者には内覧できる権限はないし、占有者がいて面談できても、占有者が提示する賃貸契約書が真正なものであるか否かは、抵当権者が確認できるすべはない。よしんば、占有者が権原のない占有であるとしても、物件取得後にこれを排除するためにはそれ相当の時間と、費用支出を覚悟せざるを得ない。抵当物件の落札を希望する者はこのような引き渡しを

187

第9章　住宅融資保証機関の回収実務と執行妨害

求めるためのしかるべき費用負担を覚悟して入札に参加するのである。

例として示した案件は、「短期賃借人の排除」「買受人のための保全処分」「引渡命令による不法占拠者の排除」を行った例である。いずれも、落札者が現れなかったため、時間、手間、費用を費やした実例である。案外と費用支出が少ないではないかとの指摘もあろうが、本件は比較的円滑に最終処分まで、ことが運んだ事例である。濫用的な短期賃貸借の場合は、事前の話し合いでは高い立ち退き料を要求することが多く、協会はこれには応ぜずに、物件処分後の配当受領まで長期間にわたることを覚悟しての競売手続きに移行する。

6　執行妨害があった場合の減価とは

(1)　競売に付した不動産の評価「最低売却価格」とは何か

最低売却価格は、一般の不動産市場の価格とは異なり、競売市場での減価を反映した適正な価格であると言われている。それでは「減価」とは何であるかについては、幾つかの説明がなされている。

ア　売主に瑕疵担保責任能力がない。
イ　買受け物件について円滑に引渡しを受ける保証がない。つまり、金銭を支払っても直ちに利用できるとは限らない。
ウ　事前に物件の内覧ができない。

念のために、「減価」という言葉を使っていることの説明をしておきたい。抵当物件の売却価格が低下して、処分価格が低下すると債権額に充当できる金銭が不足する。それは債権者のみならず、債務者にとっても売却価格が下がった分だけ売却代金で充当する債権額に不足が生じて、残存債権額が大きくなる。

なぜ、一般不動産に比較して減価があるかは、「競売における適正な価格」とは一般不動産市場では、「卸価格」を指しているからである。卸価格とは、購入者は不動産業者を想定している。不動産と競売にかかる法律知識を有し、資金が準備できる専門業者の間での入札競争を予定した「卸売り市場価格」が予定されている。卸売り市場は競売市場と同意義である。執行裁判所の評価人は一般不動産市場での最終需要者（エンド・ユーザー）の予定価格よりも3割から4割下値に設定している。不動産業者にとってこの30～40％は、買い取

りから販売までの諸経費、諸費用を指すもので、内容としては登録免許税、不動産取得税などの公租公課、立ち退き料、改装費用などの諸費用、販売管理費、転売利益（業者利潤）などの必要経費である。

評価人は一回目の競売で処分できなければ次回は、さらに3〜4割を引き下げる。これらの調整率は個別物件毎に異なるわけではなく、どの物件も一般不動産市場の価格から、一律に同じ割合を使用して減価して最低売却価額を査定している[1][2]。

裁判所は、競売市場特有の減価は、不法占有をする者の不当な要求までを含めているわけではないとするが、執行妨害を目的としている権利の設定は競売手続を経て抹消されるにせよ、排除には債権者の費用と時間をかけて行われることは別例の通りである。従って、「卸価格」として相当の価格を引き下げておかないと買い手の買い取り後の負担が大きくなる。30〜40％の下値はここにあるとすれば、買い取る不動産業者は不法であろうとなかろうと占有者の追い出し費用はこの中に含めて採算をはじく。採算が合えば、入札に参加するのである。

不動産競売制度は、担保物件から回収をしなければならない債権者にとって不可欠な制度ではあるが、執行裁判所が開かれた競売入札をピーアールして一般個人の入札参加者を呼び込んでも、「卸売り市場」で購入することを承知で入札に参加しなければならない。競売で取得した物件は一般不動産市場での取得と相違して、買い取り物件が直ちに引き渡されることは保証されていないし、事前にそのためのリスク情報を得ようとしても現況調査報告書などでは不十分である。

競売市場（卸売り市場）と一般不動産市場をつなぐ補完的な仕組みを作らないと、溝は埋まらない[3][4]。

(2) 競売手続きにみる評価額

以上の点について、競売手続きをたどってみることとする。

競売に付された場合の価格については、「取引事例比較法、収益還元法、原価法その他評価の方法を適切に求めなければならない。……評価人は強制競売の方法による不動産の売却を実施するための方法であることを十分に考慮しな

第9章　住宅融資保証機関の回収実務と執行妨害

ければならない」と規定している。

　裁判所の依頼を受けた評価人は、一般的に民事執行法により売却に付されることを前提として、現状有姿で評価を求める。

　この現状有姿というのは、土地・建物の外観をいうものであって権利関係を指すものではない。権原を有しない占有者がいた場合はこの占有は価格には反映しないことになっている。それでは権原を有しない占有と権原を有する占有がある場合とで抵当物件の評価に差額が出るかというとそこには差がない。執行裁判所で閲覧する評価書には「この賃借権は土地に対する抵当権に後れる賃借権ですから、買い受け人に対抗できませんので本件土地の評価額に影響ありません」と記載されている。確かに評価書のうえでは減価はされていない。前述のように評価書のなかには一律に競売の特性によるマイナスの競売市場調整率（30〜40％）がでてくるだけである。

　権原を有しない占有を考慮に入れて評価をするべきではないことは理解できる。しかし、権原を有する占有がある場合に、権原を有する占有減価が評価書に出てくるかというと、出てこない場合もあるのである。どの評価書にもある市場調整減価に呑み込まれていると考えていたがそうではなく、執行裁判所の考え方による。

　この占有減価をするか否かについては、各執行裁判所で取り扱いが異なっている。「引渡命令という簡易な債務名義によって明け渡し執行を受けることができるので占有減価を要しない」という考え方と、「占有者がいれば引渡命令が出るといっても、実際には費用と時間がかかり、空き家の物件よりも価値が下がるのであるから占有減価をすべきである」という両論であり、裁判所によってどちらかを採用するかの判断は異なっている[5][6]。

　権原を有する占有がある場合は、それは所有者の意志に基づく占有、所有者が認知した占有である。その場合は抵当物件に占有減価が働いてもいたしかたない。市場価格に比較して価格損があるとすると、それは所有者がその意思で賃貸借などの契約を交わしたためである。債権者としては市場に比しての価値の減価は明確にするべきであると考える。

190

第9章　住宅融資保証機関の回収実務と執行妨害

7　競売手続の進捗化と売却の見込みのない場合の措置
（民事執行法68条の3）

　執行妨害の排除のみではなく、競売手続きの円滑化を図るための関係法律の整備に関する法律（以下「円滑化法」と言う）などの施行が競売手続きの進捗に貢献している。

　この点に関する裁判所側の努力は確実に実ってきている。

　一方、不法占拠をはじめとして抵当物件の換価を妨げる執行妨害例は相変わらず存在する。短期賃貸借を装った執行妨害などが早期処理を困難にしていることも一面の事実である。

　さて、1998年の法改正で創設されたのが、売却の見込みのない場合の競売手続き停止の措置（民事執行法68条の3）である。

　競売による売却措置を付しても、売却できなかった場合には、競売手続きの迅速化、円滑化をねらいとして、一定の要件に該当する競売事件については競売手続きを停止、取り消しされることになった。差し押債権者に対して買い受け人を探す努力を求めており、いわば貸し手側にもその責任の一端を課したものと理解している。

　一定の条件とは、不動産の形状、用途、法令による利用の規制その他の事情を考慮してさらに売却を実施しても売却の見込みがないときは競売手続きを停止することができ、差し押さえ権者が停止の通知を受けてから3カ月以内に売却の申し出をしないとき、または申し出に基づいて売却を実施したが買い受けの申し出がなかったときは、競売手続きを取り消すことができるとしている。

　停止等の具体的な取り扱いは、執行裁判所でその判断が異なっている。地方裁判所によっては不落3回では停止とせず、5回程度を目途にしている。また、「不動産の形状、用途、法令による利用の規制その他の事情」の要件を厳格に解して、具体的適用に際しては、売却価額の多寡の問題でなく、私道敷地、敷地利用権の解除された建物、収去判決のある建物などの物件自体の特殊性によるものなどに限定し慎重な運用をしている地方裁判所もある。

　他方、その運用がより広く、緩やかに解釈している地方裁判所もある。手続きとしては、停止の前に債権者に意見を求めるなどして、債権者の意見の内容

第9章　住宅融資保証機関の回収実務と執行妨害

を考慮することとしているものの、形式的な意見聴取となっている例もある。

　停止などの通告を受けた物件のなかで理解に苦しむのは区分所有建物である。

　抵当物件のなかには、いわゆるマンション（区分所有建物）が多数あり、マンション物件で停止、停止予告通知を受けている競売物件がでてきている。既成市街地の中での区分所有建物には、不動産の形状、用途、法令による利用の規制に該当する事情があるとは考えられず、「その他の事情」によるものであろうと推測される[7]。

　担保権者としては、「その他の事情」を理由とする停止、取り消しがどう運用されるかが気にかかるところである。

　区分所有建物についてはその他の事情の例として、「大規模な補修が必要な物件」がこれにあたると説明されている。区分所有建物の物件全体を見てそのように評価するなり、判断しているものと考えるが、大規模な補修とはどの程度のことを指すのであろうか。また、維持管理が不十分で、大規模な補修を必要とする経済的、機能的陳腐化をもって有効需要が全くないとまで断定しているのであろうか。これらの理由は開示されていない。

　保証協会が担保をつけていたマンション物件の事例が競売で売却できなかった要因は、当初の最低売却価額の設定が高すぎて、競売調整減価を用いても、なお、現在の不動産価格水準と乖離しており、数度の入札を得ても価格調整が不足で落札されなかったとみている。これらのマンション物件の最低売却価額が3回の競売では、近隣の市場価格に比して落ち切れていないのである。むしろ、最低売却価額が高すぎる例である。個別の物件が持つ減価を反映せずに、一律に調整減価を適用しているマイナスがでているのではないか。現実の不動産市場は、バブル期の7掛けもあれば、極端な事例として3掛けもある。30〜40％を超える減価もあるのである。バブル期に、関東圏で言えば都心から50キロメートルを超えて広がった住宅の供給圏は、近時は退潮して限界地に存する物件の価格は過剰な供給物件を抱えて、大幅な取引価格の低下を示している。最低売却価格はこのような地域ごとの価格動向に対応できていないのではないか。

　買い手がつかない事由として隠れているのは、落札者が負担しなければならない滞納税、マンション管理費の滞納額などもある。

第9章　住宅融資保証機関の回収実務と執行妨害

これらの物件には、占有者が居住している事例も混じっており、落札されない理由が明示されないと「占有者がいて買い手がつかないのではないか」と見なされて、占有を助長することになりかねない。法務省では「いわゆる占有屋がいるために入札者がいないような場合は、本条の適用にならない」としているが、買い手のつかない理由が「占有者がいること」にしか見えないことがある。売却にあたっては、融資をした貸し手側に買い受け先を探させるなど、一定の責任を分担させてしかるべきであるとは考えるが、その際には停止、取り消し等の理由は明示してもらいたい。また、個別物件の減価要因を明示した価格であれば抵当権者としても価格引き下げの申し立てをするなどの手段はある。単に買い手がいないから、停止などにあたるとするのでは、運用次第で結果的に執行妨害を助長させることになる。

8　短期賃貸借の保護は必要か

「保護に値する短期賃貸借は存在するのであろうか」と思うくらいに、ごく稀にしか、いわゆる正常な短期賃貸借は存在していない。長期に居住を希望する賃借人は賃貸人の事情を知れば移転している。不法占有のなかに短期賃貸借を装っている事例が数多く見られるというのが実態ではないか。

正常な短期賃貸借人がいて、長期の居住を求めてもその主張が通ることは希である。

抵当権者としては抵当物件につけられた「短期賃貸借」に留意せざるを得ない。ただ、正常短賃かそうでないかを振り分けることにあまり意義は見出せない。抵当権者としては迅速・円滑に手続きが進行して、担保不動産が適正な価格で売却または落札されることに最も関心がある。抵当物件の売却を実行する債権者にとっては競売処分にせよ、任意の売却にせよ不動産の価格が占有によって、低減することが最大の難点である。短期賃借権を保護する理由も見出しがたい。現状は賃貸借の形式は装っていても、そのねらいは入居の継続ではなく、入札者を排除して担保不動産の価格を引き下げ、その多くは不動産を落札して転売利益を得ようとするものにすぎない。

短期賃貸借であるか、単なる不法占拠であるかを問わず、入札に参加する人にとっては「短期賃貸借権」の存在そのものが落札を躊躇させる。落札後の保

第9章 住宅融資保証機関の回収実務と執行妨害

全処分や引き渡し命令が、その対象を拡大して、容易・迅速な手続きであることをアピールしても、最後は法的な手続きに依存して解決を図らざるを得ないことが負担となっている。引渡命令、強制執行による占有者の排除は覚悟しても、さらに本訴が長引けば長期間入居ができないことになる。所有権を取得しても、訴訟の費用まで負担しなければ入居できないのでは、落札者のリスクは大きすぎる。

正常かそうでないかに関心をもっているのは、抵当物件を利回りに注目して投資向きに買い取る投資家である。市場家賃を毎月支払っている賃借人の存在は、投資家にとっては障害とは考えていない。競売の落札に参加する投資家は、このような高利回り物件を選考し投資している例がみられる。

買い受け人のうち多数を占める「自己居住」のために取得する買い受け人は、抵当物件を空き家の状態で引渡しを求めるはずである。

このような「住むために我が家を求めている者」にとっては、競売手続きが進行していき、落札に至った場合、そこに短期賃借権が占有の手段として使われることが取得者の入居にとって障害となる。

買い手の立場にとっては、占有の情報が競売のなかで明示されることが求められる。

もし、少数ながら、いわゆる正常な短期賃貸借の賃借人がいたとすれば、次のような対応策を講ずるほうが現実的である。

ア　短期賃貸借を保護しなければならないケースは少ない。

　　賃貸借の契約は住宅物件ならまず2年間程度の短期間で契約が結ばれている。契約直後に競売の申し立てがあっても、その後落札、代金の納付までに契約期間が経過するケースが多いはずである。したがって契約期間にかかわらず、落札から、一定期間の退去猶予期間を与えるほうが合理的である。

イ　アに関連して競売申し立ての事実が賃借人（または賃借建物）に通知されるスキームが確立されれば、賃借人にとって不意打ちは防止される。例えば、裁判所からの開始決定通知が所有者または現況調査で判明した賃借人へ通知・告知することが考えられる。

ウ　裁判所の職権により、所有者、抵当権者間で協議し、抵当物の管理委託者を決め、管理委託を受けた者が一般不動産市場のなかで、有利な売却・賃貸

等を進める管理委託制度は債権者、債務者双方にとって、また、買い受け人にとってもメリットがある。検討に値する提案と考える。

9 最 後 に

抵当権に基づいて抵当権者が抵当物件の不法占有者に対して妨害排除を求めることができる旨の最高裁判決が下された（1999年11月24日）。

債権者の自力執行は認めないと言いつつも、民事執行法は債権者が自らその建物を取得するときには保全処分の申し立てを認めるなど、債権者に一定の方途を認めてきている（民事執行法55条、77条）。

もう一歩進めて、借家人の保護に配慮しつつ、担保不動産の流動化を進めていく方策を検討していくべきであると考える。現況の競売入札の仕組みは、競売という限定された市場での処分のみにあり、その価格が一般市場に比して減価を伴うことは是認せざるを得ないにしても、その減価の内容が明らかにされずに一律の減価率を適用していることは、競売市場での売却率は高めても、卸売り市場と一般不動産市場という二重の市場の矛盾をより高めるだけではないか。現状は、卸売り市場の価格が一般不動産市場に波及して不動産価格水準の混乱を招いている。それは債権者にとっても債務者にとっても望ましいことではない。

抵当不動産の交換価値を高め、そこから最大限の回収を図るというのは債権者、債務者双方にとって望ましいことではある。そのため、抵当不動産を管理する者を選任して、一般不動産市場に直接送り込むという提案が見られる。

競売市場に不動産を求めて参加する一般購入者に安心して取得できる物件を提供することが国民経済の上でもっとも求められていることである。抵当不動産の交換価値を高め、そこから最大限の回収を図れるということであれば、このような試みは債権者にとって価値のある提案である。担保権者にとって担保保存義務が言うは易く、行うは難いように、これら管理者に任される物件の管理処分手続が実務上円滑に進むものであるか、実務に耐えるか否かはさらに検討を要する。

第 9 章　住宅融資保証機関の回収実務と執行妨害

注

（1）　競売における最低売却価格については、最近議論が進みつつある。荒木他 (1999) のなかでも「不動産の形状、用途、法令による利用の規制が不買の原因であることが明白な場合はよいが、原因はよくわからないけれども売れない物件がある。」「そして、ほしい人がいないという場合と、値段が高いという両方の問題がある。」としている。この原因が占有等の執行妨害を原因としているものではないことを期待したい。この座談会では否定しているものの、3 回売却しても売れない場合の手続き停止（民事執行法 68 条の 3）に安易に持ち込むことのないように債権者としては望みたい。

（2）　抵当権に基づく不法占有者に対する明け渡し認容判決（1999 年 11 月 24 日最高裁大法廷）に関連して、澤野 (2000) が「競売評価および最低売却価格の決定にあたっては、競売の特殊性を考慮すべきとするのが実務の慣行であり、また、その必要性があることも理解できる。しかし、競売の特殊性に何があり、それぞれの事項についてどの程度の割合で考慮（減価）すべきかについての研究はほとんどなされていない」と述べているが同感である。

（3）　小林 (2000) は、「抵当権に基づく物件管理制度の創設」を提案し、「現行法が、所有権移転後に買い受け人による引渡命令の制度によって初めて占有者排除を実現しようとしているのは、抵当権のもつ権能を出し惜しみしたままこれを買い受け人の手に委ね、半面において、剥奪されたはずの使用収益権を売却後当分の間はなおも設定者に認めていることにほかならず、いかにも中途半端に思えてならない」、「不法占拠者のみならず、買い受け人に対抗できない占有者一般についても、権利実行の段階のなかで排除を完了し、完全な段階で買い受け人への引渡を実現できるような抵当物件管理制度があってもよいと思う」とする。

（4）　丹羽 (1999) は、「抵当不動産の交換価値を支配し、その換価手続きを経て優先弁済を受けるという抵当権者の期待は取引社会の要請そのものであろう。そうであれば、求められる第二の視点は、この要請を実現するためにどのように整備するのか、ということに尽きる。このように考えると債務者が履行遅滞に陥れば抵当権者には抵当不動産を管理し換価する裁量が与えられるべきであろう」とする。

（5）　大澤他 (1998) は、占有減価をすべきかについて 2 つの考え方があることを紹介しつつ、「減価の割合は、50 ないし 100 万円程度に限定している。こ

第9章 住宅融資保証機関の回収実務と執行妨害

のような不法占有者の中には自己が占有していることを誇示して最低売却価格を減額させて低額で競落しようともくろんでいる者がいることから、そのような者の思い通りにさせないため、多額な減価はしない。しかし物件の実質価値に着目しながら、50ないし100万円程度の減価は徹底していないという難点もある。」とする。
（6） 澤野（1980）は、「競売における評価は、競売の特殊性を考慮したものでなければならない。すなわち、土地または建物の正常価格について、買い受け人が引き受けるべき使用収益、定めのある質権、留置権、ならびに先順位の用益権などを考慮し、また法定地上権、短期賃借権等の負担を斟酌した評価をなすべきで、原則として直ちに最低売却価額と決定できる程度のものである必要があろう。」とする。
（7） 「その他の事情」について、山崎(1999)は、「大規模補修が必要な区分所有建物、土地の賃貸借についての解除の訴訟が係属している建物、例えばこれも現実にあったわけではないのですが、老朽建物に長期賃借権者がいる場合、この場合賃料収入も期待できませんし、売却の見込みは非常に少ないのではないかと思われます。などが考えられるのではないかと思います。」とする。

参考文献
―― 大澤晃・小谷芳正（1998）「続・不動産競売における最低売却価格の研究（その2）」金融法務事情 No. 1534
―― 小林昭彦（2000）「抵当権に基づく物件管理制度の創設を」銀行法務21、No. 577
―― 澤野順彦(1980)『競売不動産の評価』住宅新報社
―― 澤野順彦（2000）「抵当権に基づく不法占有者に対する明渡認容判決と競売評価」不動産鑑定37巻3号
―― 丹羽繁夫（1999）「抵当権は強くなりすぎたのであろうか」金融法務事情 No. 1558
―― 山崎恒（1999）「裁判所から見た不動産競売」東京弁護士会弁護士研修委員会編『不動産競売にからむ諸問題』商事法務研究会
―― 荒木久三・井上一成・大澤晃・小川隆文・小谷芳正・園部厚（1999）「座談会・評価実務の現状と問題点」金融法務事情 No. 1578

第9章 住宅融資保証機関の回収実務と執行妨害

［資　料］

【資料1】
「担保不動産流動化のために
　　──短期賃貸借保護制度の抜本的改正を──」　　　短期賃貸借研究会
　（主査：上原由起夫・国士舘大学教授）
　〈要旨〉
　〈本文〉
1　はじめに
2　短期賃貸借制度悪用の弊害と市場への影響
　(1)　短期賃貸借悪用の手口
　(2)　短期賃貸借による執行妨害排除の困難性
　　①　占有を伴う短期賃貸借解除の困難性　　②　不法占有排除の困難性
　(3)　短賃等を悪用した執行妨害により期待される利益
　　①　使用収益　　②　立退料　　③　競落価格低下による物件取得
　(4)　抵当権者や買受人にもたらされる不利益
　　①　買受人にもたらされる不利益
　　②　抵当権者にもたらされる不利益　　③　社会全体での損失
3　短期賃貸借制度に係る学説・判例整理
　(1)　立法趣旨とそれを巡る学説の変遷
　(2)　判例整理
　(3)　近年の民事執行法改正による対応とその限界
4　短期賃貸借制度の立法論検討
　(1)　法制度設計に当たっての基本原則
　(2)　海外制度比較
　　①　フランス・ベルギー法　　②　ドイツ法　　③　イギリス法
　　④　アメリカ法
　(3)　何故、日本の制度では大きな弊害が生じているのか？
　　①　海外制度の下では大きな弊害を生じない
　　②　日本の現行制度の下では大きな弊害が生じる
　　　(a)　借家市場の問題
　　　(b)　不動産競売市場の問題

         (c) 金融市場の問題
    (4) 短期賃貸借保護制度の弊害解消方策
    (5) 制度改正の意義
 5 緊急の法改正課題
    (1) 民法395条の改正（短期賃貸借保護制度の開始）
        (A) 賃借権排除型抵当権／(B) 賃借権審査型抵当権／(C) 賃借権無条件認証型抵当権
    (2) 借家人の明渡猶予期間制度の創設
    (3) 不測の不利益防止の原則—消費者保護制度—
 6 今後の制度改正課題
    (1) 短期賃貸借制度廃止による執行妨害の弊害解消効果
    (2) 今後の検討課題
        ① 執行妨害のために占有根拠に係る不適当な実体法上の権利規定の改正
        ② 民事執行法改正

【資料2】

「競売法制不備による社会的損失」　　　　　　　　　短期賃貸借研究会
 1 競売法制不備による社会的損失について
    (a) 賃借権の有無等物件調査費用
    (b) 競売期間長期化に伴う不動産の非有効利用
    (c) 反社会的集団への所得移転等費用
 2 社会的損失発生の実態
 3 競売法制不備による社会的損失の推計結果
    (a) 賃借権の有無等物件調査費用
    (b) 競売期間長期化に伴う不動産の非有効利用
    (c) 反社会的集団への所得移転等費用

【資料3】

都市住宅学会「セッション：司法の失敗と都市再開発の停滞」
　都市住宅学会・第7回学術講演会（1999年度全国大会）
　　コーディネータ　　福島隆司
　　パネリスト　　　　久米良昭　瀬下博之　福井秀夫　松河教夫
　　コメンテータ　　　阿部泰隆　萩澤達彦

【資料１】担保不動産流動化のために

【資料１】

> 1999年6月30日
>
> **短期賃貸借研究会報告書**
>
> 担保不動産流動化のために
>
> ――短期賃貸借保護制度の抜本的改正を――
>
> **短期賃貸借研究会**
>
> （主査：上原　由起夫・国士舘大学教授）
>
> ［資産評価政策学会／都市住宅学会／日本不動産学会］

担保不動産流動化のために

――短期賃貸借保護制度の抜本的改正を――

＜要　旨＞

1　はじめに

(1)　現在、不良債権処理は円滑に進まず、金融システム不安、景気停滞を深刻化させている。不動産競売等を通じた不良債権回収・処理が停滞しているからである。その大きな要因は、不動産処理を目的とした競売に際し、専門業者等が様々な執行妨害の手口をもって介入し、不当な利益を収受しているからである。執行妨害の代表的な手口が短期賃貸借保護制度（民法395条）の悪用である。

(2)　民法395条は、債務者による抵当不動産からの収益享受を一定程度保護するため、例えば建物について3年間以内の契約の賃借権に関しては、抵当権の実行後も買受人に対抗できることと定める。しかしながら、本来の趣旨から離れた濫用が広範に行われている。

(3)　濫用的な短期賃貸借は法により排除可能であり、競売を阻害しないという意見もあるが、現行の競売に係る法制度は法の建前通りには機能していない

【資料1】担保不動産流動化のために

し、現に、不確実性を伴う訴訟や時間のコストは一般市民にとって無限大に達しているという実態を直視すべきである。

(4) 現行の短期賃貸借権保護の基本的な問題点は、この濫用等の立証を最終的には抵当権者や買受人に課す点にある。買受人が落札したならば、競売手続きの中で、法的のみならず実態的にも権利が消滅することが最も必要である。

(5) 民法395条の短期賃貸借保護制度の基本的廃止を初めとする緊急の法改正が必要である。

2 短期賃貸借保護制度悪用の弊害と市場への影響

(1) 短期賃貸借保護制度悪用の手口には、抵当権が実行されそうな債務者が、実損を極力少なくしたいといった動機のもと、専門業者と結託して、短賃を設定させ、抵当権者に対して債権の一部放棄等を迫り、利得分を山分けするケースもあれば、弁済を受ける可能性のない後順位抵当権者が、業者と結託し、先順位抵当権者を害することもある。詐害的な短賃であったとしても、それを確定するための調査費用は、結局は債権者の負担に帰着する。

(2) 短期賃貸借保護制度を悪用した執行妨害を排除することは困難である。転貸等により善意の第三者を装った善良な市民（いわゆる「占有屋」）に占有させれば、権原にもとづく占有であると看過される。抵当権者等が詐害的賃貸借であることを立証するのは容易でない。また、競落前であれば抵当権者には占有者が不法占拠者であってもこれを排除する権限はない。競落後であっても、引渡命令のためには相手方を特定しなければならないため、買受人が次々と占有移転する不法占有を排除するのは容易ではない。

(3) 現在は、短期賃貸借のみならず、留置権、不動産工事の先取特権、件外建物など実体法上の規定の不備を利用して適法な占有を装う執行妨害の様々な手口が考案され、活用されている。専門業者、債務者、占有屋は、結託してこれら手口を活用することによって、①使用収益、②立退料、③競落価格低下による物件取得等の利益を得ている。反面、抵当権者や買受人の利益が大きく損なわれている。社会全体に対しても、著しい損失をもたらしているのである。

3 短期賃貸借保護制度に係る学説・判例整理

(1) 民法395条は、制定時点で異なる立法意思が混在したという意味で矛盾した条文であった。その弊害は制定時から認識されてきたが、それを最小限にするための解釈論的工夫の積重ねと通説の変遷が学説史であった。

(2) 裁判所も、短期賃貸借制度による弊害を認識し、終始一貫してその発生を極力抑制するように判決に尽力してきたが、その意図が十分に実現されなかった。

(3) その一方で、近年、民事執行法等手続法の改正により、短期賃貸借保護制度の弊害を解消しようという取り組みがなされているが、不十分である。実体法上の権利関係をそのままにした手続法による対応には限界がある。

(4) すなわち、実体法上の権利規定が曖昧であれば、手続法上どのような仕組みを構築しても、権利実現のための費用は相当程度に大きくなる。この時、市場の失敗という弊害は肥大化する。

4 短期賃貸借制度の立法論検討

民法の解釈論的工夫や手続法の改正によって短期賃貸借制度の弊害を解消することはできない。実体法を含めた法改正が必要である。

(1) 海外制度を見ると、抵当不動産の賃借権に関する抵当権実行後の対抗問題に係る制度は様々であるが、賃借権が抵当権に対抗できるかどうかに関して、一義的かつ明確な結論を与えている。

(2) 海外制度では、① 買受人が借家人とその権利関係を承継する国でも、借家経営に係る期待収益は高いし、② 借家人を退去できる国でも、立退のための取引費用はゼロに近い。権利関係が明確で、かつ、取引費用が極めて小さいため、市場の失敗によって大きな弊害がもたらされることはない。

(3) 日本の短期賃貸借制度は、① 長期か短期かで区別し、② さらに正常か詐害的かで区別したうえで、賃借権の抵当権実行に対する対抗可能性を定めている点で、諸外国に類を見ない複雑な制度である。加えて、借家人保護と抵当権設定者の保護のための措置に大きな不備があるゆえ、借家市場、競売市場及び不動産担保金融市場のすべてにおいて、取引費用は無限大に大きく、しかも

【資料1】担保不動産流動化のために

情報の非対称性の問題も発生して、著しい非効率と市場の縮小を生じさせているのである。

　(4)　短期賃貸借制度の弊害解消方策

　日本において、短期賃貸借制度の濫用等による執行妨害を抑制し、不動産競売を円滑なものとするためには、次のような制度改善が不可欠である。

　①　抵当権設定後の賃借権に関しては、抵当権実行後、抵当権者に対して一切対抗できない制度とすることが不可欠である。すなわち、短期賃貸借による保護を基本的に廃止することが必要である。

　②　競売手続終了後には、(抵当権者の判断にもとづき抵当実行後も対抗できる賃借権を設定していた場合以外には)、一定期間内に借家人と再契約する等の格別の申出が買受人からない限り登記上のみならず実態的にも一切〝まっさら〟な物件としたうえで買受人に引き渡すことを裁判所が責任を持って保証する制度とすることが不可欠である。

　③　①及び②の改正は、善良な借家人に不利益をもたらす可能性があるため、借家人の立退きを一定期間猶予する制度の創設が必要である。

5　緊急の法改正課題

　④(4)の①及び③は直ちに実現可能であり、弊害をもたらさない。民法395条を直ちに改正するとともに、借家人の立退きを一定期間猶予する制度を創設することが適切である。

　(1)　民法395条の改正（短期賃貸借保護制度の廃止）…抵当権設定について、登記と連動させることにより、次の3つのバリエーションを新たに設け、現行民法395条は廃止することが適切である。その選択は、賃借権設定以前の抵当権者相互の合意に委ねることとする（合意がなされない場合はAタイプ）。

　　(A)　賃借権排除型抵当権
　　(B)　賃借権審査型抵当権
　　(C)　賃借権無条件承認型抵当権

　(2)　借家人の明渡猶予期間制度の創設…うえの法改正により、抵当権設定後に成立した賃借権は買受人の代金納付によって消滅する。このため、賃借期間終了（代金納付前に終了するときは代金納付時期）又は代金納付3ヶ月後のいず

【資料1】担保不動産流動化のために

れか早い時期が到来するまでは、明渡を猶予する制度を創設することが適切である。

(3) 不測の不利益防止の原則—消費者保護制度—…(2)の事項を宅地建物取引業の重要事項とする制度が適切に運用されることが必要である。

6 さらに必要な制度改正の課題

(1) 5に提案した法改正は、すぐにも実現可能である。しかもその弊害はない。直ちに法改正作業に着手すべきである。これにより、現行の短期賃貸借制度がもたらしている執行妨害による弊害を相当程度解消することができよう。

(2) しかしながら、短期賃貸借の悪用以外にも、執行妨害による弊害がもたらされている制度は多い。のみならず、現行の民事執行法に基づく競売不動産の明渡手続きは、買受人に対して多大な費用を伴うことを常識化させた。このため、民法及び民事執行法の抜本的改正により、およそ執行妨害の手口として利用されている実体法上の権利関係に係る不適切な規定を改めるとともに、あらゆる執行妨害のための占有を競売手続きの中で完全に排除し、裁判所が登記上のみならず実態的にも完全に権利関係が解消された不動産を買受人に引き渡すことを保証するための民事執行法改正が必要である。

【資料1】担保不動産流動化のために

担保不動産流動化のために

―― 短期賃貸借保護制度の抜本的改正を ――

＜全　文＞

1　はじめに

　現在、様々な法的スキーム構築や公的資金投入措置にも拘わらず、不良債権処理は円滑に進まず、金融システム不安、景気停滞を深刻化させている。不動産競売（及び抵当権の存在を前提とする任意売却）を通じた不良債権回収・処理が停滞しているからである。その大きな要因は、不動産処理を目的とした競売に際し、債務者と結託し暴力団とも関係を有する専門的業者が様々な執行妨害の手口をもって介入し、不当な利益を収受しているからである。執行妨害の代表的な手口が短期賃貸借保護制度（民法395条）の悪用である。同制度改正は、喫緊の課題である。

　(1)　民法の予定する本来の原則からは、登記の先後により権利の優先が決定される。この原則通りなら、抵当権に劣後する賃借権は、抵当権者に対抗できず、賃借権は抵当権の実行によって不動産が買受人に売却されることにより消滅する。しかしながら、民法395条は、債務者による抵当不動産からの収益享受を一定程度保護するため、例えば建物について3年間以内の契約の賃借権に関しては、抵当権の実行後も買受人に対抗できることを定める。

　(2)　しかしながら、この短期賃貸借権制度に関しては、本来の趣旨から離れた濫用が広範に行われている。

　①　具体的には、短期賃借権の存在をもって入札希望者を躊躇させ、価格を下落させた上で自己又はグループ内で落札したり、立退料あるいは登記の抹消費用として相当の金員を要求することが行われている。

　②　また、短期賃借権の存在による入札希望者の躊躇が、競売手続きの遅延や物件価額の減少につながること自体、不動産市場を低迷させ、抵当権者の債

【資料１】担保不動産流動化のために

権回収にとってマイナス要因となっている。

(3) 濫用的な短期賃貸借は排除可能であり、競売を阻害しないという意見もあるが、現状認識を欠いている。

① 債権者や競売参加者としては抵当権実行に伴う競売物件には、裁判所の公告に記載されているといないとを問わず短期賃貸借が設定されていること及びその悪用による執行妨害を受けることを疑ってかからざるを得ない。

② 近年、競売関係法改正は行われているものの、問題の解決には不十分である。短期賃借権が濫用であった場合に、最終的に訴訟等によりその解決を行わなければならない負担を抵当権者等に負わせている限り、正常な占有を装う濫用賃貸借の完全摘発は、費用・時間的に困難である。このような短期賃借権登記は売却により抹消されるが、その濫用による抵当権侵害の事実は長年に亘り社会に浸透しており、「短期賃借権の登記」イコール「いわく付物件」というイメージが競売市場で確立されており、売却後の抹消の可否に拘わらず、買い受けを躊躇させる理由となっている。

③ 実際に登記まで行われる短期賃借権は、その多くが濫用目的である。買受人に対抗できない濫用的な短期賃借権でも、裁判所の現況調査でそれが認定され職権抹消されるわけではなく、買受人が代金納付するまでは後順位抵当権等と同様登記簿に残存する。

このため、その登記自体が濫用目的の業者等との関係を懸念する者の入札敬遠につながる。競売申立に至るような不動産については、短期賃借権の登記が相当広範に設定されているから、その影響は深刻なものがある。

④ さらに、執行妨害を目的とした不法占有等による弊害も大きい。短期賃貸借保護制度を悪用し、「占有屋」に転貸する等によって執行妨害を図る者に対しては、それが詐害的と認定されようが、あるいは契約期間が終了しようが、買受人が占有者を排除しようとしても、占有者が交代し、誰だかわからないため、引渡命令申立書も書けない、占有者の確認自体に多大な費用を要してしまうというのが実態である。見るからに濫用短賃であっても、競売参加には二の足を踏まざるを得ない。短期賃貸借保護制度が合法を装った占拠の絶好の口実となっているのである。

すなわち、詐害的短賃や不法占拠者は法により排除できるというのは、社会

【資料１】担保不動産流動化のために

実態、一般市民感覚を理解しない暴論である。現に、訴訟や時間に係る費用がどの程度になるか予測が不可能であるため、一般市民が幅広く参加した競売が成立しないという実態を直視すべきである。現行の競売に係る法制度は、法の建前で予定されている理想形態通りには動いていないのである。

　なお、競売よりも債権者・債務者双方に有利（通常最低売却価額以上の額で売却可能）な債権回収方策である任意売却についても、債務者が、防衛的に短期賃貸借を設定すれば、「どうせ落札者が出ない」という安心感から競売申立が債務者に任意売却を促す契機にならないケースが相当程度存在する。そもそも任意売却は、売却以前に対抗要件を備えた賃借権は買主に対抗できるため、詐害的な賃借権を悪用した債権回収妨害に関する弊害は、任意売却市場においてさらに大きなものとなっている。

(4)　現行の短期賃貸借保護の基本的な問題点は、後述するように、この権利関係の立証に係る実質的な意味での費用負担を、本来賃貸借契約とは無関係な抵当権者や買受人に課す点にある。

　また、現在のような悪用しやすい短期賃貸借制度があるからこそ、抵当権者や買受人は、借家人が善良か善良でないかを見分けられなくなる。むしろ法的な保護がなければ、濫用目的の賃貸借が存在しうる余地がなくなるから、借り手が善良であると予想できるようになる。悪用できる法規定がなければ、詐害的行動をとる利益もなくなり、だれもそのような行動をしなくなるからである。

(5)　買受人が落札したならば、賃借権を法的に消滅させることが最も重要である。立退の猶予等はあくまでも賃借権でない形で付与する必要がある。競落後に住み続けることが出来るかどうかは、買受人の判断に委ねるべきである。

　競落後に「鍵を下さい」と裁判所へ行った人がいるという笑い話があるが、それが笑い話でなく、普通のことになるような法律であるべきだ。民間の宅地建物取引業では、不動産の仲介に当たって、物件内部の閲覧手配、権利関係の整理、物理的な明け渡しの保証等を行うのが常識である。裁判所の物件と同じことを業者が行うなら依頼者がいなくなるであろう。日本に関しては、国家が販売を仲介する不動産が最も危険な物件となっているのである。ここでは債権者や買受人に加え、不動産市場・金融システムの犠牲のもとで反社会的な集団に莫大な不当利益が発生し、法治国家の恥部が集約されている。宮部みゆき氏

【資料１】担保不動産流動化のために

の『理由』では、利口な息子に目端の利いたところを自慢したい愚直な中年男性が、競売物件の買受人になることによって一家四人殺しに巻き込まれ、人生を棒に振る。ここに描かれる法の病理は現実そのものである。

　本来、買受人が格別に賃借関係の継続を望むという事情が存在しない限り、執行手続きの中で、裁判所が責任をもって、登記上のみならず、実態的にも"まっさら"にすべきである。このような仕組みは法制上不可能という指摘は誤りである。何故ならば、この提案は立法論であって、このような立法は憲法違反であることが示されない限り、立法技術上不可能ということはできないからである。

(6)　ある制度の立法論的評価を行うに際しては、その制度が存することによるそうでない場合と比較したメリットとデメリットを比較検討する視点が不可欠である。

　短期賃貸借保護制度のデメリットは甚大である。「短期賃貸借の制度は、……、土地利用権の保護には役立たず、他面、抵当権による金融の円滑を害する。……したがって、立法論としては、この短期賃借権保護制度を廃止すべし、とする見解が有力である。」とした鈴木禄弥（1985）『物権法講義・三訂版』184頁が代表するように、事実に基づく学界からの弊害の指摘に関する蓄積も多大である。

　一方、善良な賃借権を保護するというメリットも実は極めて小さい。慣行上はほとんどの借家契約は２年の期間のため、一般に競売手続きが１年以上かかることを踏まえれば、実は現行制度の下での正当事由借家すら、たかだか買受人決定後数ヶ月以内の余裕があるにすぎない。

　1898年の民法施行以来、デメリットの蓄積はメリットの蓄積を大きく凌駕しているのである。

(7)　民法395条の短期賃貸借制度の基本的廃止を初めとする緊急の法改正が必要である。

2　短期賃貸借制度悪用の弊害と市場への影響

(1)　短期賃貸借悪用の手口

　抵当権の実行により、入札価格のみで物件を買受人が直ちに借家権等の負担

【資料１】担保不動産流動化のために

のない完全な所有権として取得できるならば、金融システム円滑化の基礎として、抵当権が十全の機能を果たしていると評価されるが、現実は程遠い状況にある。

① 担保がないが金をさらに借りたい、抵当権が実行されそうで、そうなると財産を失うので実損を極力少なくしたいといった動機の債務者が専門業者と結託して、短賃を設定させる。その際、具体的には、
　(a) 借家人が何百ヶ月分もの敷金返還請求権を買受人に行使する、
　(b) 借家人が高額な立退料を買受人に要求する、
　(c) (a)や(b)による威嚇により、専門業者等が買受人から安く買いたたき転売する、
　(d) むしろあからさまな短賃保護悪用を臭わせ、(a)、(b)、(c)等による不利益を予測させることで他の入札者をためらわせ、仲間内で安くこれを買受けて転売する、
　(e) (a)から(c)による威嚇を背景として、抵当権者に対して債権の一部放棄等を迫り、利得分を債務者と山分けする
等を通じて不当かつ巨額の利益を得るのが一般的手口である。

② また、第10番、11番抵当権者といった抵当不動産の市場価値からみて弁済を受ける可能性のない立場にある債権者が、短期賃貸借保護を利用して業者と結託することにより、先順位抵当権者を害することも広く行われている。この場合、先順位抵当権者に対する弁済額を圧縮させ、本来ありえない金銭的利得を得て、業者、債務者、後順位抵当権者がそれを山分けすることとなる。

③ 明らかに詐害的なものについては、競売手続の中で排除される建前であるが、現実には専門業者の多くは、明らかに詐害的な外観の権利を設定したりはしない。そこにこそノウハウがある。また、詐害的な短賃であったとしても、それを確定するための調査費用は形式上債務者負担だが、そのような債務者からは実態上回収できず、結局は債権者負担に帰着し、取引費用が膨大化する。しかも、一応詐害的でないとされた短賃であっても、買受人の代金支払後到来する賃借期限後に直ちに明渡しがなされる保証はない。買受人は改めて法的手続きを提起し、さらに最悪の場合、強制執行を経なければ自分で住むこともできない。

【資料１】担保不動産流動化のために

④　このようなリスクに対して、法に基づき訴訟や強制執行の手続を踏めば権利は保護されると考えるのは事の本質に対する無知による。業者やヤクザに立ち向かって、法で守られているとして事をかまえるリスクを覚悟の上で競売に参加しようと考える一般人は極めて少ない。

(2) **短期賃貸借による執行妨害排除の困難性**

①　**占有を伴う短期賃貸借解除の困難性**…たしかに、今日、裁判所は非正常短賃を積極的に認定しているとされる。具体的には、
(a)　登記のみで占有のない短期賃貸借は詐害的賃貸借と認定される。
(b)　賃借期間中の賃料の全額前払い、異常に高額な敷金の差入れ、不相当に低額や高額の賃料の設定等のあるものは詐害的賃貸借と認定される可能性が高い。
(c)　債務者が、自らが代表者である同族会社に対して賃借権を設定したような場合には、法人格否認の法理を適用して賃借権を保護しない。
(d)　賃料収入から債権を一部回収しようとする賃借権は、物件からの回収は抵当権の順序によってなされるべきであり、優先抵当権を排除するのは担保秩序を壊すものとして、非正常短賃として認定される。

しかしながら、債務者が弁済を放棄又は断念し、将来的な差押の実行を予測又は覚悟した段階で、専門業者等と結託し、賃貸借契約を締結し、転貸等により善意の第三者を装った善良な市民に占有させ（いわゆる「占有屋」）、抵当権者及び買受人に対して対抗しようとすれば、差押え後も賃貸借契約の期限が終了するまでの最大３年間は、「賃借権」が保護される。たとえ詐害目的の賃貸借であっても、外形的には善良な賃貸借との相違はほとんどないため、執行官が現況調査時に詐害的賃貸借と認定する可能性は小さい。この場合に、抵当権者又は買受人が詐害的賃貸借であることを立証するのは容易でない。差押え直近に賃貸借関係に入ることは、短期賃貸借の非正常性を疑わせる事情であるとして執行裁判所に排除される可能性もあるが、そのようにならない微妙な時期を狙うのも専門業者のノウハウなのである。

３年間は、買受人であっても立退きを求めることができない蓋然性は高い。その使用収益を断念せざるを得ず、それだけ競落価格は低下せざるを得ない。

② **不法占有排除の困難性**…差押え後に短期賃貸借の契約期間が終了したあとでも、また詐害的賃貸と認定されても、すなわち権原を有しない不法占有であっても、その占有を排除するのは容易ではない。

第1に、落札前であれば、抵当権者には不法占拠者であっても排除する権限はない。民法395条但書による解除は賃借権を消滅させるにとどまり、「更に進んで抵当不動産の占有関係について干渉する権原を有しない抵当権者に対し、賃借人等の占有を排除し得る権原を付与するものではない」（最判1991年3月22日民集45巻3号268頁）からである。

第2に、代金支払い後であっても、買受人が不法占有を排除するのは必ずしも容易ではない。法律上は、買受人が不動産の任意引渡しを受けられない時には、執行裁判所に対して不動産を買受人に引き渡すべきことを命ずる決定を求め、それが確定すると、執行官に引渡執行（民事執行法168条）の申立てをして引渡を受けるという引渡命令（同83条）の制度がある。しかしながら、引渡命令は、債務名義の有無を審理しない執行裁判所が簡易な手続きで発するので、事情が変わる可能性の少ない間として、買受人が代金を納付してから6ヶ月間だけしかできない（同83条2項）。このため、差押えの動きを察知して、その直前にたとえば期間2年の短賃を設定すると、かりにちょうど1年で競売され代金が納付されても、あと1年賃借権が残る。買受人は引渡命令を活用できないので、本訴による明渡請求に頼らざるをえない。

また、引渡命令のためには相手方を特定しなければならない。不法占有者がどこのだれかを明らかにするのは容易ではない（そうした者だけが「占有屋」になれる）。

短期賃貸借保護の問題と競落後の不法占有者の排除の問題は別個の問題とする認識は適切ではない。善良な市民に占有させた登記のない短期賃貸借であれ、あるいはあからさまな登記をつけ暴力団との関係をにおわす短期賃貸借であれ、専門業者等が執行妨害により不当な利得を収受する際には、まず短期賃貸借保護を援用して妨害行為に入り（この制度があるがゆえ債務者に取り入り占有屋を使うことも容易なのである）、最後まで不法占有で抵抗するのが常套手段だからである。なおこの問題は、1996年度民事執行法改正によりある程度は改善されていることは後述する。

【資料1】担保不動産流動化のために
 (3) 短賃等を悪用した執行妨害により期待される利益
　現在は、短期賃貸借のみならず、留置権、不動産工事の先取特権、件外建物など実体法上の規定の不備を利用して適法な占有を装うため、執行妨害の様々な手口が考案され、活用されている。専門業者、債務者、占有屋は、結託してこれら手口を活用することによって、次のように不当な利益を享受している。
　① **使用収益**…解除されない短期賃貸借であれば、その期間、使用収益を得ることができる。転貸により賃料収入を得ることができるし、占有屋は無料で（通常は手当付きで）快適な住居に居住できることとなる。
　② **立退料**…解除されない短期賃貸借であれば、買受人といえども立退きを求めることができない。仮に、契約期間が終了して純然たる不法占有者であっても、建物引渡しが実現されるまで要する費用がどの程度になるか事前予測は困難である。多くの一般市民にとっては、引渡命令であれ、占有移転訴訟であれ、暴力団相手に事を構えるだけでも、大きな心理費用をもたらすし、内装の破壊など、思わぬいやがらせを受けることも多いからである。
　むしろ買受人にとっては任意の立退き料支払いにより合意立退を求めることが合理的な場合がある。このとき、妨害グループは膨大な立退料を獲得することが可能となる。
　③ **競落価格低下による物件取得**…①や②の存在は、競売での落札を躊躇させる。このため、競落価格は大きく減少する。このため、妨害グループは、低価格で買受け大きな利益を得る可能性が高い。何故ならば、最も安い費用で占有を排除できるのは妨害グループ自身だからである。

 (4) 抵当権者や買受人にもたらされる不利益
　うえのように妨害グループが不当な利益を享受している反面、抵当権者や買受人の利益が大きく損なわれている。
　① **買受人にもたらされる不利益**…買受人が物理的にも権利関係を解消し、完全な所有権を実現するためには多大な費用を要し、しかも一般市民にとって事前予測は困難であり、不確実性は高い。ところが、全ての競売における入札参加者がこのことを認識しているとは限らない。買受人がうえの費用を考慮することなく又はこれを過小評価して落札したとすれば、短期賃貸借制度等の弊

【資料1】担保不動産流動化のために

害により買受人は思わぬ損失を被ることとなる。

② **抵当権者にもたらされる不利益**…実際はこれら制度の弊害が広く一般に認識されているため、それだけで入札参加者は著しく縮小している。このことは、抵当権者にとって、それだけ高額で応札する買い手を得る機会を逸していることとなる。のみならず、数少ない参加者も不確実性を含めたうえの費用を考慮に入れて入札する。

これらはすべて、競売価格の低下を通じて抵当権者の損失に帰着する。また、これらによる競売期間の長期化に伴う時間費用も抵当権者の損失である。さらに、このような制度の不備が執行妨害による利益の享受というマーケットと専門業者を成立させ、競売に際してはまずは短期賃貸借保護を援用したこれらのしがらみが絡んでくることが普遍的であるために、制度が適切なため執行妨害がない場合と比較すれば、設定された賃貸借が詐害的であるか否かを調べなければならないなど、裁判所の現況調査費用も増大する。これも形式的には債務者負担とされるが、このような債務者からは実態上回収できないため、債権者の損失に帰する。

③ **社会全体での損失**…このように短期賃貸借を初めとする制度の不備は、現に抵当権者に対して多大な損失を発生させているのみならず、社会全体に対しても、次のような著しい損失をもたらすうえでの大きな要因のひとつとなっている。

第1に、競売処理が進まないため塩漬けのまま放置された不動産では、権利関係が整理され新たな買受人が取得し最有効使用したら得られるであろう利用収益がほとんど実現されていない。

第2に、担保不動産の流動化が円滑に進まない大きな要因となっているため、不良債権処理ができないことに加えて、不動産を担保とする新たな資金調達を困難にさせ、信用縮小を生じさせ、金融システム不安及び景気停滞の長期化をもたらしている。

3 短期賃貸借制度に係る学説・判例整理

(1) **立法趣旨とそれを巡る学説の変遷**

民法395条は、制定時点で異なる立法意思が混在したという意味で矛盾した

【資料１】担保不動産流動化のために

条文であった。その弊害が制定時から認識されてきたが、それを最小限にするための解釈論的工夫の積重ねと通説の変遷が学説史であった。

① そもそも民法制定時、民法起草者は、抵当権は所有者の利用権限を制限し、所有者は管理行為のみなし得るという観念（フランス法体系の抵当権観念）にもとづきつつも、短期の賃借権は管理行為であるし、抵当権設定後の短期賃借権を認めないと抵当不動産の利用を阻害することとなるとして、抵当権者に対抗できるとした。

しかしながら国会における審議の中で、家屋に抵当権を設定しておきながらそれを賃貸し、期間中の賃料を前取りしてしまうという弊害を是認することになるという批判がなされ、起草者の反対にも拘わらず、但書が追加された。

本文は短期賃借権は不動産価額に影響を与えないという理念に基づく規定であるのに対して、但書は賃借権の付着により不動産価額が下がるという現実を踏まえた規定であり、両者の内容は相反するものである。

② 学説を見ても、立法当初は、(1)抵当権は不動産所有者の権限を制限する、(2)長期賃貸借は処分行為だから対抗できないが、(3)短期賃貸借は管理行為だから対抗できるとするのが通説であった。

ところが、大正期になると、ドイツ法学の影響が支配的となり、管理行為の概念は薄れていった。一方、借家法制定等の影響により、395条の趣旨に住居の安定を加えるという学説も出現した。こうした経緯を踏まえ、昭和期には、抵当権が価値権として把握されるようになり、「価値権と利用権の調和」として捉える学説が通説となった。

395条の濫用問題については、国会審議においても見られたとおり古くから存在が認識されていたが、詐害的賃貸借による弊害の実態が解明されるようになったのは、1960年代以降である。こうした中で、詐害的賃借権を正常な賃借権から区別し395条の適用から排除しようという解釈論が主流となり、抵当権侵害を根拠とする妨害排除が主張されるようになった（ただし、後述するように最高裁1991年3月22日判決はこれを否定した）。

(2) 判例整理

裁判所も、短期賃貸借制度による弊害を認識し、終始一貫してその発生を極

【資料1】担保不動産流動化のために

力抑制するように尽力してきたが、その意図が十分に実現されたとは言い難い。

①　従来、判例は、賃借権の存在が抵当不動産の代価を低廉ならしめ、抵当権者が完全に弁済を受けられない場合は、「損害」として賃借権の解除を認めてきた（詐害的なものでなくとも解除を認めた判決もある）。

②　しかし、最高裁1991年3月22日判決（民集45巻3号268頁）は、「短期賃貸借の解除は、その短期賃借権の内容（賃料の額又は前払いの有無、敷金又は保証金の有無、その額）により、これを抵当権者に対抗し得るものとすれば、抵当権者に損害を及ぼすこととなる場合に認められる」として、但書の適用要件を限定的に解釈した。

③　ところが、最高裁1996年9月13日判決（民集50巻8号2374頁）は、「民法395条ただし書きにいう「抵当権者に損害を及ぼすとき」は、原則として、抵当権者からの解除請求訴訟の事実審口頭弁論終結時において、抵当不動産の競売による売却価格が同条本文の短期賃貸借の存在により下落し、これに伴い抵当権者が履行遅滞の状態にある被担保債権の弁済として受ける配当等の額が減少するときをいうのであって、右賃貸借の内容が賃料低廉、賃料前払、敷金高額等の事由により通常よりも買受人に不利益なものである場合又は抵当権者が物上代位により賃料を被担保債権の弁済に充てることができない場合に限るものでないというべきである」（「当然損害説」）という伝統的解釈に復帰し、借家人の保護よりも抵当権者の利益を優位にしている。

④　しかしながら、この判例をもって詐害的短期賃貸借が実効的に排除できるわけではない。

第1に、仮に短期賃貸借の存在により売却価額が下落したとしても、抵当不動産の売却価額が十分なため抵当権者が被担保債権をすべて回収できるような場合には、これを解除することはできない。このため買受人に不測の損害がもたらされる事態は生じ得るし、執行屋の暗躍を完全に排除できるわけではない。

第2に、解除の要件は依然として不明確である。賃借権が設定されると、抵当不動産の価格が一般には当然に低落するわが国では、当然損害説では正常な賃貸借も常に解除の対象になるのではないか、という疑問がある。1996年の判決は、「原則として」という枕詞をおいているので、抵当不動産の価格が下落しても、解除の対象にならない場合があるのか、また、どの程度下落すれば

【資料1】担保不動産流動化のために

解除の対象になるのか、明らかではないから、判決の予測は困難である。

第3に、解除がなし得るとしても、その効力は確定判決を待って初めて実現される。抵当権者が賃貸借契約解除訴訟を提起してから確定判決を得るまでには相当程度の期間と費用を要し、しかも訴訟期間中に短期賃貸借期間が終了する蓋然性も高いため、実効性はない（1996年9月13日判決も確定までに3年9ヶ月を要しており、賃貸借終了後2年を経過していた）。

⑤ なお、新聞報道（1998年1月28日付朝日新聞及び日本経済新聞）によると、競売妨害による不法占拠を巡り、土地や建物の短期賃借人に立退きを求めることができるかが争われた訴訟の上告審で、最高裁は大法廷に審理を回付したため、最高裁判例が見直される可能性があることが報じられている。すなわち、抵当権者に対して占有排除効を認めようとするものである。

その内容についての詳細は不明であるが、抵当権者による無権原の占有者に対する妨害排除請求を認めるとしても、本訴が必要であるならば、抵当権者が負担する費用は甚大である。相手方の控訴、上告があれば最高裁の確定判決まで10数年は要するという時間的費用のみならず、そもそも暴力団を相手に訴訟を起こすという心理的費用は限りなく大きい。加えて、その間に発生する立退料等をめぐる脅しや同情を誘う演出を背景とした長時間にわたる折衝に係る労力的負担、訴訟費用に係る金銭的損失などが発生する。抵当権者に多大な負担を強いるだけである。

むしろ、短期賃貸借保護制度改正に関する研究が具体的に進捗しだした段階でこのような報道がなされること自体に、民法改正を回避するための世論誘導的政治意図が推認されるわけであり、その意味で現行制度の弊害を立法的に解消する観点から評価すれば、有害というべきである。

(3) 近年の民事執行法改正による対応とその限界

その一方で、近年、民事執行法等手続法の改正により、短期賃貸借制度の弊害を解消しようという取り組みがなされている。しかしながら、実体法上の権利関係をそのままにした手続法による対応には限界がある。

① 最高裁1991年3月22日判決は、不動産引渡命令等で占有を排除すればよいと考えていたと解される。このため執行手続きの改善が問題となり、1996

【資料１】担保不動産流動化のために
年には議員立法として民事執行法の一部改正が実現した。

　具体的には、売却のための保全処分の相手方の範囲が拡大され（「価格減少行為等」をする者は、債務者だけでなく不動産占有者も相手方となる。55条）、最高価買受申出人または買受人のための保全処分（77条）についても同様の改正がなされた。また、引渡命令についても相手方が拡大され、対抗要件を備えない賃借人のように本来買受人に対抗しえず明渡義務を負うのに引渡しの相手方の範囲からはずれていた者も含まれるようになった。さらに、競売開始決定前の保全処分が新たに制度化された（187条の２）。これらの措置は、確かに詐害的短期賃貸借に基づく占有を排除するために一定の効果を有すると考えられる。

　②　さらに、1998年10月16日、競売手続きの円滑化等を図るための関係法律の整備に関する法律（1998年法律第128号）が公布された。民事執行法の一部改正として執行官・評価人の調査権限の拡充（18条・57条・58条・168条の改正）がなされている。例えば、68条の２では、買受の申出をした差押債権者のための保全処分が追加された。加えて、57条５項は、「執行官は、前項に規定する場合には、電気、ガス又は水道水の供給その他これらに類する継続的給付行為を行う公益事業を営む法人に対し、必要な事項の報告を求めることができる」と規定し、執行官によるライフラインの調査を容易にするとしている。

　③　しかしながら、実体法上の権利関係をそのままにして、手続法によって短期賃貸借等の執行妨害による弊害を解消しようとしても、その実効性には限界がある。

　第１に、すでに述べたように、引渡命令のためには相手の特定が必要であるが、前述したように不法占有者がどこのだれかを明らかにするためには多額の費用を要するし、そもそも暴力団を相手に事を構える心理的費用は一般市民にとって大きい。

　第２に、保全処分についても、その適用要件は、「不動産の価格を著しく減少する行為又はそのおそれがあるとき」、「不動産の売却を困難にする行為をし、又はそのおそれがあるとき」、「引渡を困難にする行為をし、又はこれらの行為をするおそれがあるとき」であり、このことを立証しなければならない。「善良な市民」に見える「占有屋」に占有させる正常短賃を装った執行妨害者に対しては、これらの立証は容易ではない。

【資料1】担保不動産流動化のために

　第3に、抵当権者は、抵当不動産の価値が実現すること自体が一番の関心事であって、それを買い受けたくも、保管したくもない。買受の申出をした差押債権者のための保全処分における申出人保管の規定も、抵当権者に多大な負担を強いるだけである。

　要するに、不法占有による執行妨害によって不当な利得を得ようとする者は、まず短期賃貸借保護の援用によって妨害行為に入るのが一般的であり、この制度があるがゆえ、専門業者等が債務者を誘惑することも、占有屋を雇うことも容易となっているのである。（後述するように）実体法上の権利規定が曖昧であれば、手続法上どのような仕組みを構築しても、権利実現のための費用が相当程度に大きくなる。この時、市場の失敗による弊害は肥大化せざるを得ない。犯罪的な行為を根絶するためには、事後的な対処策を講じるのみならず、そもそも犯罪への誘因を与えないこと、すなわち、犯罪を誘発するデメリットばかり大きく、メリットのない制度自体を見直すことも当然に必要なのである。

　④　なお、このように執行妨害による弊害に対して手続法の改正による対応でこと足りるという論説に際しては、併せて、抵当権者が担保物の状況を把握しておくことは債権管理の一環として当然である、抵当権者は抵当権設定時及びその後の占有状況のチェックを怠らずこれを客観的な記録として残しておくべきである等の指摘がなされる場合があるが、的はずれである。

　第1に、うえの指摘は、不備な現行制度を所与の前提とした場合における現に大きな損害を被りかねない現実の抵当権者に対するアドバイスではありえても、立法論ではない。

　第2に、担保権者は、特定の財産について処分して優先弁済を得る権利を持つが、保管義務を課せられている質権と異なり、抵当権は占有を必要としない（あるいは占有権のない）担保物件であり、制度そもそもの前提として、「抵当権者は抵当権設定時及びその後の占有状況のチェックを怠らずこれを客観的な記録として残しておく」ことなど想定されていない。

　第3に、年間100万戸以上供給される新築住宅のほとんどが住宅融資を受けているが、担保権者である金融機関が、毎年の新規発生件数だけでも全職員数の何倍かに及ぶ物件の占有状況をチェックできるなどど考えるのは、空想でしかない。

4 短期賃貸借制度の立法論検討

3で見たように、民法の解釈論的工夫や手続法の改正によって短期賃貸借制度の弊害を解消することが困難である。短期賃貸借保護制度の立法論を踏まえた実体法を含めた法改正が必要である。

(1) 法制度設計に当たっての基本原則

法制度の設計に当たっては、下記の原則を遵守すべきである。判例は、現行法の解釈であるから、立法に際しては、それにとらわれずに制度を設計すべきである。

① 悪用の実態を踏まえ、不動産取引の知識を必ずしも有するとは限らない一般市民が入札可能な制度を設計するという点が重要である。

② 本来であれば不要なはずの競落価格以外の金銭・労力・時間の追加負担を、買受人側に無用に負わせない制度でなければならない。債権者や買受人側が最終的には調査の負担を負うこととなったり、立退き訴訟のイニシアチブをとらねばならないこと自体、主客転倒している。

③ 法制度は紛争を予防するためにできるだけ明確でなければならない。さもないと、法の予測可能性を害し、紛争を多発させ、紛争のコストが膨大になるため、法曹の仕事を増やすだけで、時間と費用がかかり、権利の内実が減殺される。

④ 要するに、抵当不動産の市場価格が競売においても基本的に実現し、業者の暗躍の余地を封ずるよう法設計をすることが必要である。競売に付したら短期賃貸借保護や不法占拠のために必ず市場価格割れせざるを得ない制度が存続していること自体恥ずべきことというべきである。

(2) 海外制度比較

これら制度設計に際しては、海外法制の比較検討が有益である。海外制度を見ると、抵当権不動産の賃借権に関する抵当権実行後の対抗問題に係る制度は様々である。ただし、重要なことは、賃借権が抵当権に対抗できるかどうかに関して、その先後を問わず、一義的かつ明確な結論を与えている点である。

① フランス・ベルギー法（内田貴（1983）『抵当権と利用権』28～51頁）…

【資料１】担保不動産流動化のために

フランス法及びベルギー法では、抵当権設定後の賃貸借も、原則として競売による買受人等に承継される（ただし、例外的に抵当権者に損害を与える賃貸借の消滅が認められる制度がある）。

② **ドイツ法**（同131～237頁）…ドイツ法では、「強制競売は賃貸借を破る」とされ、賃借権が存続するか否かの選択権（解約権）が買受人に与えられている（強制競売及び強制管理法（ＺＶＧ）57条ａ）。すなわち、抵当権との先後関係を問わず原則として賃借権は覆る。

ただし、住宅については、借家人保護の社会的要請から解約権を制限し、「強制競売は賃貸借を破る」の原則が否定されている。しかしながら、住宅用途に係る競売不動産の多くは集合住宅であり、買受人は抵当不動産を収益財として競落するのが一般的である。

③ **イギリス法**（同239～308頁）…抵当権設定者の「法律上の賃貸権限」は、ほとんど常に制限・排除されている。「時に於いて先んずる者は、権利に於いて他を制す」（Common Lawの原則）から、抵当権者が注意深く行動する限り（「注意深い合理人の契約自由の尊重」）、借家人は負けてしまい、賃借人保護法（Rent Acts）の適用も受けることなく、賃借権存続の決定権は抵当権者に与えられている。

④ **アメリカ法**…アメリカでは差押えが開始されると、抵当権に基づき目的物を管理し、果実を直接収受したうえで処分がなされる。抵当権は価値のみならず差押えによって実現され、抵当権者の判断次第では抵当権設定後の権利関係を実態的にもすべて解消したうえで、買受人に引き渡される。

また競売物件の中を見学するのも自由である。いわゆる素人である一般市民も多く落札し、自己居住用又は投資物件として競売物件を広く活用している。法が明確に定められているから、マフィア等も暗躍の余地がない。

抵当権設定後に設定された賃借権による借家人は競売の実行とともに無権原になるが、投資目的で落札する人も多く、その場合には再契約される。定期借家権制度のため、借家人がいる物件のほうが価値が高いのである。

なお、アメリカにおけるmortgage制度には、裁判法として生成されたコモンローに加えて、各州で制定したモーゲージ法がある。mortgageの性格自体も、ニューイングランドを中心とする東部諸州では、mortgageにより、債務

【資料１】担保不動産流動化のために

		抵当権設定前賃貸借	抵当権設定後	
			短期賃貸借	長期賃貸借
フランス法		○	○	○
ドイツ法	居住用借家	○	○	○
	事業用借家	×	×	×
日本法		○	△	×
イギリス法		○	×	×
アメリカ法		○	×	×

(備考) ○：抵当権実行に対抗可
　　　×：抵当権実行に対抗不可
　　　△：正常賃貸借なら対抗可
　　　　　詐害的賃貸借なら対抗不可

(注) 英米法のmortgageの概念は、大陸法や日本における価値権として捉える抵当権概念とは異なるが本問題の検討にあたっては同視してよい。

者を譲渡人とし、債権者を譲受人とする譲渡がなされるという権原説(title theory)によって構成されているのに対して、ミシシッピ川以西の諸州では、大陸法の価値権に近い性格が構成されているなど、州によって異なる（國生一彦(1987)『アメリカの不動産取引法』130～131頁）。また、例えばハワイ州民法典財産法のように、(1)根抵当に類似した mortgage for future advance、(2)転抵当に類似した mortgage on recorded mortgage、(3)リース権担保である mortgage on the recorded lease 等、独自の抵当権制度が定められている場合もある（同130～131頁）。

しかしながら、抵当権に遅れる賃借権が抵当権実行(foreclosure)の後に権利が消滅するという事情は共通なのである。

(3) 何故、日本の制度では大きな弊害が生じているのか？

経済学の知見によれば、２当事者間で相互に対立する権利を巡る争いがあるときに、(1)権利の内容が法で明確に定められており、かつ、(2)権利の売買に係る取引費用がゼロであれば、(3)権利の初期配分がどちらに与えられていても、

223

【資料１】担保不動産流動化のために

　市場は効率的な資源配分を達成する（コースの定理）。換言すれば、(1) 権利の内容が法により明確に定められていなければ、または、(2) 権利の売買に係る取引費用がゼロでなければ、(3) 市場は効率的な資源配分を達成しない、すなわち、市場は失敗する。

　短期賃貸借保護に関する立法論とは、借家人の賃借権と買受人の不動産利用権という相対立する権利の間で、権利の初期配分をどのように法が定めることが適切かという問題である。初期権利を与えられていない者が権利を実現するための取引費用が十分に小さいのであれば、抵当不動産の賃借権が抵当権者及び買受人に完全に対抗できるものとして制度を設計しても、逆に一切対抗できないものとして制度設計しても、大きな弊害は生じない。この意味で、海外制度は大きな市場の失敗を招かないが、日本の制度は多大な市場の失敗をもたらす。

　① 　海外制度の下では大きな弊害を生じない

　フランス法では抵当権設定後の賃貸借も競売により買受人に継承される。ドイツ法でも、住宅賃貸借は買受人に継承される。しかもこれらの借家人は正当事由による解約制限という保護が保証されている。しかしながら、両国とも、(1)正当事由の有無に際して借家人の事情は斟酌されないし、(2)賃貸借契約更新時には市場家賃に連動した家賃改定を保証している（そもそも法が居住用借家の立退料を認めていないが、もともと借家権価格は発生しない仕組みであるため、立退料自体が発生し得ないのである）。

　初期権利は借家人に配分されているため、買受人も自己使用を目的とせず、借家経営を継続する前提で応札する。しかも、借家人は市場家賃を支払い続けることが予定されているため、買受人の不動産利用権と衝突が生じることはない。仮に借家人が市場家賃を支払い続けることができなくなれば、直ちに退去せざるを得ないため、買受人は他の市場家賃を支払う借家人を見つめることにより、不動産利用権が実現する。すなわち、初期権利は借家人に配分されているが、買受人が不動産利用権を享受することは容易であり、その取引費用は極めて小さい。このため、競売市場の縮小という弊害は生じにくい。抵当権者もそのような競売を予測して不動産担保融資を行うために、金融市場の縮小という弊害も生じにくいのである。

一方、イギリス法やアメリカ法では、抵当権実行により、抵当権設定に遅れる賃借権は、買受人に対抗できない。
　すなわち、イギリスやアメリカでは、買受人に初期権利が配分されている。買受人が自己使用目的を持つ場合には、借家人は退去せざるを得ないが、定期借家契約により市場家賃を支払い続けていたため、近隣に同種・同等の借家を見つけることは容易であり、借家人にとっての移転費用は小さい。一方、買受人が借家経営という投資目的のため買い受けた場合には、借家人は引き続き市場家賃を支払い続ける意思を示すことによって、継続居住を認められることとなる。このために、競売市場の縮小という弊害は生じない。また、金融市場の縮小という弊害は生じないのである。
　たしかに、英米法系の国の mortgage という概念は、いわば日本の譲渡担保に近く、日本の抵当権と概念は異なる。しかしながら要は不動産「抵当」による金融市場が適正に機能するような立法を講じればよいのである。ただし、フランスやドイツにおいても制度の不備による競売市場の機能不全という問題は生じていないのであるからそのこと自体は本質的な問題ではない。

② **日本の現行制度の下では大きな弊害が生じる**

　日本の短期賃貸借制度は、借家人に対して初期権利を配分する。しかも権利を与えられていない買受人が不動産利用権を実現するためには、最終的には裁判・執行という手段に頼らざるを得ないなど、その取引費用が甚大である。
　しかも、長期か短期かで区別し、さらに正常か詐害的かで区別してうえで、賃借権の抵当権実行に対する対抗可能性を定めている。諸外国に類を見ない複雑な制度であり、しかも法で定める適用要件は抽象的であるため、すなわち初期条件としての権利の配分に係る規定が曖昧である。このため、次のような弊害を生じている。

(a) **借家市場の問題**

　まず、借家市場一般の問題として、日本の借地借家法による借家人保護制度は、(1)正当事由の有無に関して借家人の個別事情が斟酌され、(2)継続家賃も市場家賃に比較して必ず抑制されるという運用が確立している。このため、買受人が借家人を承継した場合、借家経営の期待収益は低下せざるを得ないし、賃料不払という債務不履行により賃貸借契約が解除された場合でさえ建物明渡

【資料１】担保不動産流動化のために

を求めることは容易でない。借家経営の期待収益の不確実性は高い。これに加えて、うえのように保護制度の悪用を法が排除できないため、善良な借家人であっても、家主はこれを識別することができないという情報の非対称性が存在する。このため、日本の借家市場には大きな非効率が発生し、市場の著しい縮小を招いている。

このような理由により、買受人は借家市場への参入を望まず、買受後、すみやかに借家人等の立退を求め、完全な所有権実現を意図する場合が一般的である。

(b) **不動産競売市場の問題**

ところが、短期賃貸借制度により借家人に初期権利が配分されているため、買受人が不動産利用権を実現するための取引費用は、次の理由により、著しく肥大化している。

原則として競売により賃借権は消滅するとしつつ、例外的に短期賃貸借に限り、契約期間内での賃貸借存続を認める。しかもこれには、「抵当権者に損害を及ぼすとき」には解除されるというさらなる例外規定が存在する。ところが、その要件自体が抽象的であるし、どこまでが正常でどこまでが詐害的かを事前に判断することは困難である。しかもその解除のためには裁判所の確定判決を要する。このような不明確な制度ゆえ、詐害目的の短期賃貸借を使った専門業者等による妨害の余地を生じさせる。しかも、短期賃貸借保護を援用して占有に入った者がその権原を失った後の不法占有排除のための引渡命令も、正常短賃を装う悪用目的の占有者や、次々と占有者が交代する妨害者の集団に対しては、発令が困難である。保全処分も要件が曖昧で、その適用に対する予測可能性は小さい。

このため、買受人が借家人からの建物明渡を立退き不動産利用権を実現するための取引費用は、相当程度に肥大化する。

さらに、買受人は、「善良」な借家人と「悪質」な借家人とを識別することができない。このような情報の非対称性のため、「悪質」な者との関係を持つことを恐れ、「善良」な者の参入が阻害されるのである。買受人は借家人のすべてが悪意の執行妨害者であると疑わざるを得ず、立退を求めることとなる。このため、善良な借家人が再契約により居住継続する余地は完全に剥奪される。

【資料１】担保不動産流動化のために

現行制度は、これを悪用する執行妨害者を全面的に保護する一方で、善良な借家人にはむしろ不利益をもたらしている。

このような結果として、競売市場では大きな非効率が発生し、市場の著しい縮小を生じさせている一方で、多大な取引費用という社会的損失を招いているのである。

(c) **金融市場の問題**

さらにこの弊害は、不動産担保による資金調達・供給市場に著しい弊害をもたらす要因のひとつとなっている。

抵当権実行時の債権回収に係る取引費用を著しく高めるため、不動産担保を前提とした資金供給を著しく抑制する要因となっている。

しかも、資金需要者が善良であるのか悪質な者であるか、資金供給者は事前に知ることができない。このため、抵当権が実行されても絶対に専門業者等を介入させない（その誘惑に負けない）者であったとしても、不動産担保融資を受けることをその分困難にする要因となっている。

このために、現在の日本での不動産担保金融市場では、大きな非効率が発生し、市場の著しい縮小を招く要因となっているのである。

すなわち、日本の短期賃貸借制度は、借家人保護と抵当権設定者の保護のための制度が極めて不適切であるがゆえ、借家市場、競売市場及び不動産担保金融市場のすべてにおいて、著しい非効率と市場の縮小を生じさせているのである。

(4) **短期賃貸借保護制度の弊害解消方策**

以上の分析を踏まえれば、日本において、短期賃貸借制度の濫用等による執行妨害を抑制し、不動産競売を円滑なものとするためには、(1)実体法において権利内容を明確に定めるとともに、(2)初期権利を与えられないときに権利実現のための取引費用が高くなる者に対して初期権利を配分し、かつ、(3)権利実現のための手続法上の規定を整備することによって、社会全体での取引費用の総和をを極小化することが必要である。

すなわち、(1)抵当権に遅れる賃借権については抵当権実行後抵当権者、買受人に対抗できないこととし、(2)抵当権者の全員が合意した場合に限って競売手

【資料１】担保不動産流動化のために

続後も存続しうる賃借権を設定できることとし、(3)競売手続後も買受人が従前の借家人と再契約できる機会を付与したうえで、(4)(3)に関する格別の事由がなければ、裁判所が競売手続の中で実態的にも権利関係を〝まっさら〟にする制度スキームとすること、すなわちコースの定理による効率的な資源配分実現のための条件に限りなく近い制度スキームを構築することが必要である。具体的には、次のような制度改善が不可欠である。

　① 抵当権設定後の賃借権に関しては、抵当権実行後、買受人に対して対抗できない制度とすることが不可欠である。すなわち、後述するような借家人立退の一定猶予期間を設けることを前提として短期賃貸借による保護を基本的に廃止する。

　すなわち、正当事由借家権である限り、およそ賃借権の設定それ自体により借家権価格が発生し、物件の価値が低下するのは不可避である。抵当権設定の後で、このような権利の発生することを抵当権者の意思に拘わらず許容する現行民法395条には、何の実益もないばかりか、金融システム不安定化を助長し、不動産利益を阻むのみならず、社会的不公正の元凶ともなっている。原則的には、一定（数ヶ月程度）の明渡し猶予期間を設定することを前提として、短期賃貸借保護制度は基本的に廃止すべきである。

　ただし、定期借家権導入後は、むしろ借家人がいる方が物件の価値が高くなるというアメリカやイギリスの実態が日本でも現実のものとなるため、抵当権者が合意できるような優良な借家権については存続を認めることがむしろ債権者の利害にかなう。

　現行制度は、債務者に対して、抵当権設定後の賃借権を設定する権利を初期配分している。その際に、抵当権者が抵当権の価値を保全するための取引費用は無限大に大きい。何故ならば、債務者すなわち所有権者は、執行妨害を目的とした悪質な賃貸借を設定し、抵当権の価値を下落させることでむしろ利益を得ることができる。これに対して、抵当権者は、仮に抵当権設定不動産への賃借権設定を一切認めないという特約を付しても、賃借人には対抗できないし、債務者が抵当権者に不利益をもたらしかねない賃貸借契約を締結しないよう、常に監視し、不動産経営の相談に乗り、貸し手に関する助言を行うならば、その費用は著しく肥大化するからである。

【資料１】担保不動産流動化のために

　これに対して、抵当権者に対して抵当不動産に対する賃借権の選択権が与えられているときに、債務者すなわち所有権者が賃貸借による不動産利用による収益権を実現することは容易である。何故ならば、抵当権者は債権保全に最も利害関係を有する者であり、債務者が良質な賃貸借であることを立証できれば、その賃借権設定が実現できる蓋然性は高からである。
　初期権利がないときに権利を実現する費用が高くなる抵当権者に対して初期権利を配分することが、言い換えれば、初期権利がないときに権利を実現する費用が小さくなる債務者に対して権利実現を課すことが、コースの定理に則せば適切なのである。
　具体的には、抵当権設定後の賃借権設定の可否を抵当権者に委ね、抵当権者自らがその契約内容及び借家人を審査し、賃貸借契約に関するすべての情報入手が保証されることによってはじめて安心して不動産担保金融を行うことが可能となる。また競売参加者は、そのような権利が抵当権者によって保証されてこそ初めて賃借権がまっとうなものであることを知ることができ、安心して入札に参加できるのである。
　なお、このような法改正を行うと、債務者が抵当権者と結託して、競売申し立てをさせ、借家人の追い出しに濫用するのではないかという反論があるかも知れないが、適切ではない。現行制度の下でも、このような濫用は可能である。何故ならば、善良な借家人は、競売手続が開始されれば代金納付後には退去せざるを得ないことを知り、代金納付の前から転居先を見つけ引っ越すのが一般的と考えられるからである。それにも拘わらず、このような法の悪用により、現に借家人が追い出されているという話は、寡聞にして聞いたことがない。
　②　日本の競売制度は、短期賃貸借保護制度等の弊害のため、一方では専門業者と彼らが確実に不当な利益を享受できるマーケットを確立させた。このため、登記上は〝まっさら〟となった競売不動産を取得したとしても、不法占有の排除等によって実態的にも権利関係を〝まっさら〟なものとするためには、一般市民にとって多大な訴訟費用、時間費用及び心理費用を要することが常識化しており、その不確実性は相当程度に大きい。繰り返すが、暴力団相手に事を構える心理的費用は、一般市民にとっては甚大なのである。マーケットが競売に伴う執行手続きに対してこれだけの不信感を現に有してしまった以上、①

【資料1】担保不動産流動化のために

のみによって短期賃貸借制度による弊害を除却することはできない。その取引費用を極小化し、コースの定理の前提を確立するうえでも、競売手続き終了後には、(抵当権設定前の賃借権、抵当権者の判断にもとづき抵当実行後も対抗できる賃借権を設定していた場合及び買受人が借家人との再契約を格別に望む場合以外には) 登記上のみならず物理的にも一切〝まっさら〟な物件としたうえで買受人に引き渡すことを裁判所が責任を持って保証する制度とすることが不可欠である。

具体的には、不法占拠の排除の負担等を買受人に負わせないこととし、執行手続の中で機械的、形式的に実施されるよう法を改めることが必要である。また賃貸借終了後の明け渡しに関しても、抵当権実行の効力として、買受人が前借家人との再契約を望む等の格別の事情がない限り、引渡物件が特定されて買受人に引渡されることを執行機関が全責任をもって保証する法システムに改めることが必要である。さらにその前提として、執行官の質量の増強と執行体制の強化も重要である。抵当権実行の効力は、仮に正当事由借家であろうとも、定められた期日に何の問題もなく完全な所有権を取得することを可能としなければならない。

(5) 制度改正の意義

(4)に示した制度スキームは、次のような効果をもたらすものと考えられる。

① 債権回収の事前予測が確定し、金融システム健全化、経済活性化に資する。競売への一般市民の参加が容易となり、不動産流動化、住宅市場の活性化がもたらされる。

② 抵当権者の判断を介在させる短期賃貸借保護制度とすることにより、最も物件の価値を高めるような、いいかえれば土地の最有効使用に資するような契約形態が助長されることとなり、民法本来の資源配分改善効果を発揮できる。

③ 本来保護されるべきでない債務者や、一部債権者が不当に利得するという不公平を是正できる。

④ 法システムが明確で、裁量がないならば発生しない、法の不備を逆手にとったビジネスの専門家や暴力団の利得を消滅させ、資金源の一部を断ち切ることにより、社会の健全化に資する。

5　緊急の法改正課題

4(4)の①は直ちに実現可能であり、弊害は想定できない。民法395条を直ちに法改正するとともに、抵当権実行によって消滅する賃貸借契約の借家人に係る一定期間の明渡猶予制度を創設し、併せて消費者保護のための制度を整備することが適切である。

(1)　**民法395条の改正**（短期賃貸借保護制度の廃止）

①　契約関係は対価関係に立たなければならない。合理的な契約をすれば、特段の経済事情の変化がないかぎりそれなりの収益が得られるのが原則である。契約をすれば損するようでは経済社会は成り立たない。融資した金銭は、抵当権の設定により確実に、しかも、コストをかけずに、利子付きで回収できなければならないのである。そのためにも、短期賃貸借保護制度の廃止は不可欠である。

②　抵当権設定について、登記と連動させることにより、次の3つのバリエーションを新たに設け、現行民法395条は廃止することが適切である。なお、3つのバリエーションの選択は、賃借権設定以前の抵当権者相互の合意に委ねることとするが、合意がなされない場合は、債権保全の実効性を高めるのが基本であり、Aの処理とすることとする。いいかえれば、賃借権設定以前の抵当権者全員の合意がある場合に限って、B又はCの処理とする。

(A)　**賃借権排除型抵当権**

抵当権の後から設定される賃借権については、その内容の如何を問わず、抵当権実行後、買受人に対して一切対抗できないこととする。（むろん、定期借家権の場合等については、物件の価値を高めることから、買受人において再契約がなされることが多くなると見込まれる。）

(B)　**賃借権審査型抵当権**

賃借権設定前の抵当権者のすべてが個別の賃借権の具体的内容を事前に審査し、全員が合意する場合に限って、かつ、その旨を登記に明記することによってその内容での賃借権の存続を認める。

後発の賃貸借の存続を可能とすることによって、不動産の競売価額を低落さ

【資料1】担保不動産流動化のために

せずにかえってそれを高めることもありえ、かかる場合には先発の抵当権者がこれを望むのは合理的である。定期借家権などでは、抵当権者全員が予め合意する蓋然性が強いと見込まれる。あくまで、賃借権が対抗できるためには抵当権登記に明記されることが要件であるから、執行裁判所の調査費用が増大することも、執行妨害者に口実を与えることもあり得ない。

(C) 賃借権無条件承認型抵当権

現行の民法395条と同様であるが、登記に明記することによってオプションとして提示するに留めるべきである。定期借家権か正当事由借家かもわからない段階で無条件承認するのは抵当権者にとって自殺行為であり、あまりこの方式はニーズに応えていないため、今のままではあまり可能性はないであろう。

なお、抵当権者の合意システムは、多くの抵当権が存在するとき運用の混乱を招くのではないかという懸念がある。しかし、Bタイプ及びCタイプでは賃借権設定前、すなわち、賃借権に対抗できる抵当権者の間でのみの意見の一致を前提とし、一人でも異論がある場合は、Aに返るのであるから、現行法の混沌と比べればよほど明確で簡明な制度である。

(2) 借家人の明渡猶予期間制度の創設

① うえの法改正により、Aタイプの抵当権設定後に成立した賃借権は、抵当権実行により消滅することとなる。借家人は買受人の代金納付後、権原を有しない占有者となる。しかしながら、これにより直ちに立退を求めるのは借家人にとって酷である。特に、居住用に借家をしようとする者は、登記を見ないのが普通で、そのことをもって借家人が責められるべきではない。このため、賃借期間終了（代金納付前に終了するときは代金納付時期）又は代金納付3ヵ月後のいずれか早い時期が到来するまでは、明渡を猶予する制度を創設することが適切である。

② 買受人の代金納付によって賃貸借契約は消滅し、買受人には継承されない。この後は明渡猶予期間であって、この間は賃貸借契約関係は存在しない。賃借権に基づく占有ではないが、法が居住の継続を許容しており、遅延損害金を支払うものとし、その額は最終賃料と同額とすることが適切である。

また、明渡猶予期間にある占有者がこの賃貸物件の占有を止めたり、第三者

【資料1】担保不動産流動化のために

がその物件を占有するときは、直ちに明渡猶予期間を終了させるべきである。

③　賃貸借契約が買受人に承継されず、借家人が敷金返還を受けられないとかわいそうだという指摘も想定されるが、適切ではない。賃貸人が無資力となって敷金が返還できない場合には、破産、不慮の事故・災害等あらゆるケースが想定されるのであって、抵当権実行時に限って借家人の敷金返還請求権に格別の優先的弁済を配慮すべき合理的理由は一切存在しない。

(3)　不測の不利益防止の原則―消費者保護制度―

①　短期賃貸借保護制度を廃止すれば、抵当権は不当な妨害に遭うことなく、債権担保の任務を全うできる。しかし、借家人が不測の不利益を被ることがないようにしなければならない。

このため、建物賃貸借契約においては、抵当権が設定されていること、その債権の満期、抵当権が実行された場合には、一定の猶予期間内に明け渡さなければならないことを明示すべきである。また借家契約の仲介の際、建物への抵当権設定に関する事項等を宅地建物取引業者仲介等をする際に説明すべき重要事項とする制度が適切に運用され、抵当権実行の申立や差押がなされているか否か、抵当権がどのような類型であって、抵当権が実行された際に賃借権の地位がどうなるか等も含めてわかりやすく説明されることが重要である。このようにすれば、借家人は不測の不利益を受けないので、短期賃貸借の保護を廃止する妨げにはならないのである。

②　以上のスキームは、短期賃貸借保護制度を廃止しても、借家人保護に係る問題を生じさせない。

(a)　短期賃貸借による善良な借家人も、慣行上はほとんどの借家契約は2年の期間のため、一般に競売手続きが1年以上かかることを踏まえれば、実は現行制度の下での正当事由借家すら、たかだか買受人決定後数ヶ月以内の余裕があるにすぎない。この制度改正によっても、たまたま賃貸借期間終了直前に差押がなされたという場合でも、1年程度は居住が保護されているのである。

また、定期借家権導入後は、市場収益を確保できる定期借家権契約については、債権者・買受人側が歓迎する類型になる。仮に競売によりいったん権利が消滅しても再契約の可能性が強い（買受人が自分で住む場合は無理だが、それは

【資料1】担保不動産流動化のために

通常の定期借家権でも同様であり、この場合に固有の論点ではない）ので、現行の枠組みよりはかえってはるかに借家人にも有利となる。逆にいえば、定期借家権がないにも拘わらず、実質的意義の小さいわずかな期間の賃借権の存続を強制している現行法は、債権者を必ず害する機能を果たすとともに、借家人として保護に値する者をも再契約の可能性のない地位に押しやっているという意味で、矛盾に満ちたシステムである。

　(b)　執行妨害を目的とした短期賃貸借であっても、借家人は善良な市民であって、保護が必要という論説もある。確かに、「占有屋」は「善良」な市民であることが一般的である。より正確に言えば、裁判所が詐害的賃貸借を積極的に認定するようになった今日、「善良な市民」に見えなければ占有屋とはなれない。しかしながら、「占有屋」が真実に「善意」であることはあり得ない。住民登録をしないのみならず、表札にも名前を掲げず、近隣にも極力氏素性が悟られないような生活を、自分自身でまっとうな市民生活と考える者はいないだろう。

6　今後の制度改正課題

　5に提案した法改正は、すぐにも実現可能である。しかもその弊害はほとんどない。直ちに法改正作業に着手すべきである。これにより、現行の短期賃貸借制度がもたらしている執行妨害による弊害を相当程度解消することができよう。

　しかしながら、短期賃貸借の悪用以外にも、執行妨害による弊害がもたらされている制度は多い。のみならず、現行の民事執行法に基づく競売不動産の明渡手続きは、買受人に対して多大な費用を強いられるという不安を常識化させた。このため、民法及び民事執行法の抜本的改正により、およそ執行妨害の手口として利用されている実体法上の権利関係に係る不適切な規定を改めるとともに、あらゆる執行妨害のための占有を競売手続きの中で完全に排除し、裁判所が登記上のみならず実態的にも完全に権利関係が解消された不動産を買受人に引き渡すことを保証するための民事執行法改正が必要である。緊急の検討作業開始が適切である。

【資料1】担保不動産流動化のために

(1) 短期賃貸借制度廃止による執行妨害の弊害解消効果

抵当権の実行によって、抵当権に劣後する賃貸借は消滅する。このため、抵当権実行後の賃貸借にもとづく占有者は、抵当権設定前に設定された対抗力のある賃貸借でない限り、不法占有であることが推定される。

① 現行制度下では、仮に不法占有であっても、その挙証のための費用が実質的な意味で抵当権者又は買受人の負担となり、その解明自体に多額の費用を要し、不確実性も高かった。制度改正により、抵当権者や買受人が権利を全うするための費用は著しく軽減される。このことは、一般市民も含めた多数の者によるより高い金額での積極的な入札参加を促すと考えられる。

② また、抵当権設定後の賃借権は、抵当権実行によって消滅することとなるため、買受人に継承されない。このため、多大な敷金等の返還請求という賃借権継承に伴う現状での弊害が解消される。

③ 裁判所の現況調査に際しても、短期賃貸借の存在と占有者の特定が相当な作業負担となっていたが、制度改正はこれら費用も著しく軽減すると考えられる。

④ 以上の①、②及び③を通じて、競売に対する信頼性は回復し、多数の入札参加者を背景として、適正価額による迅速な競売が可能となり、抵当権者の債権回収も飛躍的に進むと考えられる。

(2) 今後の検討課題

① 執行妨害のための占有根拠に係る不適切な実体法上の権利規定の改正

占有による執行妨害の手口として活用されている制度には、短期賃貸借のほかにも、留置権、不動産工事の先取特権、件外建物など、様々な制度がある。これらに関しては、手続法レベルのみならず、実体法にも踏み込んだ制度改正が必要と考えられ、緊急の検討作業着手が必要である。

なお、裁判所が物件の売買を仲介する競売市場を、せめて民間業者が仲介する市場での常識が通用するような健全な市場にすべきという観点からは、競売についての瑕疵担保責任を排除した民法570条但書の規定を廃止すべきである。この規定は、競売物件は疵物である、これを覚悟と承知のうえで買受よという現行法の理念を忠実かつ明確に条文化した規定であり、これを廃止することは、

【資料１】担保不動産流動化のために

競売市場に一般市民参入を歓迎するという最も象徴的な意思表明となろう。
　② 民事執行法改正
　日本の競売制度は、短期賃貸借保護制度等の弊害のため、一方では専門業者と彼らが確実に不当な利益を享受できるマーケットを確立させた。このため、買受人が占有者を特定して暴力団と対峙して保全処分、引渡命令等を申請するという現行の手続き制度は、仮に短期賃貸借制度が撤廃されたとしても、マーケットによる信頼を勝ち得ることは困難と考えられる。このため、競売手続き終了後には、登記上のみならず実態的にも一切〝まっさら〞な物件として買受人に明渡されることを裁判所が責任を持って保証する制度とすることが不可欠である。このように、買受人が再契約を申し出る等格別の事情がなければ、明渡し物件が特定され、不法占有等が排除されて、実態上も〝まっさら〞な物件として明渡されることを裁判所が保証する制度は、いわゆる「大きな政府」を連想させ、社会全体により大きな費用負担をもたらすという批判があるかもしれない。しかしながら、この認識は、次に示す理由により正しくない。
　第１に、実際に裁判所がうえのような措置を講ずれば、費用は少なくないかもしれないが、本来司法制度とはそういうものである。
　取引の安全を確保するためには、たとえ100円の未回収債権であっても、裁判費用をかけ、債務名義をつくり、最終的には強制執行する建前になっているのである。取引の安全確保や信用秩序の維持のためには、国家権力が費用を度外視してもこれを厳守することが国家の責務なのである。現行の民事執行制度はこの点が全く担保できていないのである。
　第２に、うえのような仕組みが担保されてこそ、債務逃れに対する抑止力が機能し、借金を踏み倒そうとする者は激減し、実際に社会が信用秩序のために支出する費用も低水準に抑えることが可能なのである。現行の民事執行制度は、抑止力が機能不全なため、社会的に多大な費用が現に発生しているのである。
　付言すれば、国家が最終的には強制執行を行うとしても、そのことが直ちに費用を公的資金で賄うべきことを意味するわけではない。原則としてあくまで当事者が負担するという原則が貫徹されるべきであり、その原則の実現が困難であるという事情があるならば、それを可能とするような費用徴収技術（例えば、債務者に加入を義務づけた執行費用支払い保険等）の開発によって解決する

【資料1】担保不動産流動化のために

ことが適切である。

具体的には、次のような法制スキームを確立すべく、民事執行法改正に関する検討作業を直ちに開始することが適切である。

(a) 執行機関は、競売物件に関する不法占有の存在等に係る確認作業を行うとともに、不法性の挙証責任の負担等を債権者に負わせないことし、機械的に実施する。

(b) 執行機関は、買受人からの格別の申出がない限り引渡物件が特定され、競売手続きの中で不法拠等が排除され、登記上のみならず実態上の権利関係も解消されたうえで、買受人に引渡されることを保証する。

(c) 執行機関は、競売期間中における入札希望者による物件内部の立ち入り調査を保証する。

(d) (a)、(b)、(c)の前提として、執行官の質量の増強と執行体制の強化を図る。

短期賃貸借研究会

(1999年6月30日現在、氏名50音順・敬称略)

浅見 泰司	東京大学大学院工学系研究科助教授	久米 良昭	那須大学都市経済学部教授
阿部 泰隆	神戸大学法学部教授	紺谷 典子	日本証券研究所主任研究員
安念 潤司	成蹊大学法学部教授	鈴木 禄弥	弁護士
池田 直樹	山田・池田法律事務所弁護士	瀬下 博之	専修大学商学部助教授
井出 多加子	成蹊大学経済学部助教授	武田 公夫	明海大学不動産学部教授
伊藤 和博	日債銀総合研究所主席研究員	田中 啓一	日本大学経済学部教授
井堀 利宏	東京大学大学院経済学研究科教授	玉井 克哉	東京大学先端科学技術研究センター教授
上原 由起夫	国士舘大学法学部教授	常木 淳	大阪大学社会経済研究所助教授
鵜野 和夫	不動産鑑定士・税理士	東松 文雄	ふじ合同法律事務所弁護士
梅本 吉彦	専修大学法学部教授	中井 検裕	東京工業大学大学院社会理工学研究科助教授
金本 良嗣	東京大学大学院経済学研究科教授	中島 弘雅	東京都立大学法学部教授
		中野 英夫	専修大学経済学部助教授
北村 喜宣	横浜国立大学経済学部助教授	西村 清彦	東京大学大学院経済学研究科教授

237

【資料１】担保不動産流動化のために

野村 好弘	東京都立大学法学部教授
八田 達夫	大阪大学社会経済研究所教授
馬場 務	㈶公庫住宅融資保証協会管理部長
林田 清明	北海道大学法学部教授
日引 聡	国立環境研究所研究員
深澤 實	㈳東京都宅地建物取引業協会
福井 秀夫	法政大学社会学部教授
福島 隆司	東京都立大学経済学部教授
松河 教夫	森ビル㈱総務部長
丸山 英気	千葉大学法経学部教授
安井 栄二	21世紀政策構想フォーラム事務局長
山崎 福寿	上智大学経済学部教授
吉田 修平	吉田修平法律事務所弁護士

【資料２】競売法制不備による社会的損失

【資料２】

1999年6月30日

競売法制不備による社会的損失

短期賃貸借研究会

1 競売法制不備による社会的損失について

現行、競売市場は機能不全に陥っている。民法395条の短期賃貸借（以下「短賃」という）保護制度や民事執行法上の規定不備により、反社会的集団が様々な執行妨害の手口をもって介入し、不当かつ巨額の利益を収受しているためである。具体的には、短賃保護を悪用した賃借権も保護されるため、買受人が建物の明渡を受けるのは容易ではなく、多額の立退料等を要求される。また、賃借権終了後に不法占有となっても、執行法制の不備のため、最終的には明渡のために本訴に訴えざるを得ない。

これらに競売制度の不備によって、次のような社会的損失がもたらされてい

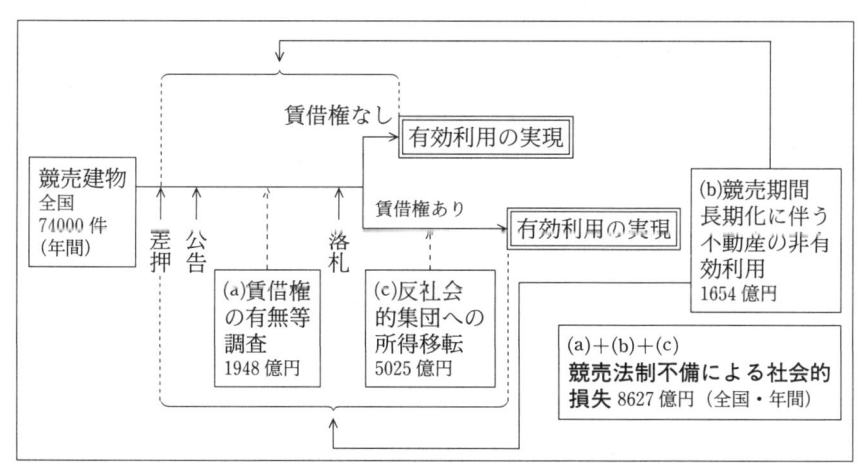

図　競売法制不備による社会的損失

【資料2】競売法制不備による社会的損失

る。これらは買受人や落札価額の低下を通じて抵当権者が負担することとなる。

　(a)　**賃借権の有無等物件調査費用**……買受希望者にとっては、賃借権有無等に関する裁判所の調査結果を全面的に信頼することはできない。このため、物件の調査に多大な時間と労力を要し、多額の費用を負担することとなる。一般市民は、この費用を代行会社への委託費として負担している。

　(b)　**競売期間長期化に伴う不動産の非有効利用**……買受人が占有者を排除し有効利用できるまでの間は、競売不動産の非有効利用という機会費用が発生する。

　(c)　**反社会的集団への所得移転等費用**……執行妨害者による占有を排除するために、交渉に伴う時間的・心理的費用が発生するとともに、多額の立退料等支払いを余儀なくされる。妨害者はこの利益を、落札価額の低下を見込んで自己競落したり、抵当権者に低価格での任意売却を求めることで収受する場合もある。これらも含め、最終的には抵当権者から妨害者に対する所得移転となる。

　ここでは、最高裁判所による全国・年間不動産競売新受け件数（78538件）のうち、建物に相当すると見込まれる、東京地方裁判所開札物件における建物シェアで案分した約74000件を対象として、それがもたらしている社会的損失を推計する。

　　　(注)　執行妨害の手口
　　　　・債務者と専門業者等が結託して短賃を設定する。本来すべてを失うはずの債務者も不当な利益の一部を収受する。その余は反社会的集団の資金源となる。具体的な手口としては以下がある。
　　　　① 借家人が買受人に何百ヶ月分もの敷金返還を請求する。
　　　　② 住宅弱者を演じて、高額な立退料を要求する。
　　　　③ 短賃を前提に入札をためらわせ、一味で安く買受け、転売する。
　　　　④ 買受人から安く買いたたき、転売する。
　　　　⑤ 後順位の抵当権者（弁済可能性なし）が、短賃を悪用、先順位抵当権者を害する。

2　社会的損失発生の実態

　(1)　東京地方裁判所本庁（以下「東京地裁」という）資料によると、専用住宅のシェアは42.5％、落札率は72.5％、商業ビル等のシェアは51.2％、落札

【資料2】競売法制不備による社会的損失

率は43.1％である。

(2) 東京地裁資料によると、1999年6月16日、22日及び24日に開札した競売物件を見ると、専用住宅156件中31件に、商業ビル等97件中29件に、賃借権（現況調査ベース）が付着している。

(3) 一方、競売実務に携わる実務家数名を対象とした聞き取り調査を行った結果、現行法制の不備により、次のような損失がもたらされている。

① 不動産競売物件は、裁判所の現況調査結果を全面的に信用することができず、内覧もできないため、賃借権の有無、間取りや内装等について、物件調査のための時間費用及び直接支出費用（代行会社への報酬等を含む）が発生する。結果的に、短期賃貸借等の賃借権がなく、執行妨害もない競売物件であったとしても、落札額はこの調査費用相当分、物件の市場価格から5％程度は下落する。

② 調査の結果、短賃等賃借権が付着した物件であることが判明したら、買受人は賃借権解消のため交渉や立退料支払いが必要となる。その分、落札額はさらに下落する。賃借権付着による下落は市場価格の3割程度で、①の調査費用相当分を含めて、落札額は合計で市場価格の35％程度下落する。

③ 一度に落札されるような物件では、差押の申立から売却許可決定、代金払い込みを経て物件が買受人に引き渡されるまでの期間は1年程度である。最初の競売が成立しないような物件では少なくとも倍の2年以上の処理期間を要するのが一般的である。これらの物件では、短賃等が付着している比率は、一度に落札される物件に比較し、少なくとも倍以上であると考えられる。

執行法制の不備がないアメリカでは、抵当権実行の申立から買受人への建物明渡まで数ヶ月以内で完了する。短期賃貸借保護制度や民事執行法の手続法制の不備がなければ、ほとんどの物件が差押の申立から買受人に引き渡されるまでの期間は半年程度に短縮すると見られる。

3 競売法制不備による社会的損失の推計結果

以上から、全国で1年間に発生する競売建物新受け物件の処理に係る競売法制不備による社会的損失費用を推計すると**表1**の通りとなる。

(a) **賃借権の有無等物件調査費用**……執行妨害を目的とした賃借権等調査の

【資料２】競売法制不備による社会的損失

ための負担は、市場価格の５％程度に相当する。現状ではこのような費用として1948億円の費用が発生していると推計される。

　(b)　**競売期間長期化に伴う不動産の非有効利用**……本来建物明渡までの期間は６カ月程度で済むはずであるが、これが現状では１年又は２年の期間を要しており、この間の不動産の有効利用ができないため、1654億円の費用が発生している。実際には短賃付の物件のほうが競売開始から明渡までの期間が長くなるが、ここでは、平均して１年又は２年を要すとした。

　(c)　**反社会的集団への所得移転等費用**……法制度の不備により、賃借権が付着した物件ではこれを解消するための立退料等費用として、物件の市場価格の３割程度、合計5025億円の費用が発生していると推計される。

以上から、１年間に発生する競売不動産新受け物件の処理に係る費用に伴う

表１　短賃保護制度及び民事執行法の不備による社会的損失
（競売建物を対象として計測（全国・年間））

			物件数	市場価格	賃借権付物件比率	競売法制不備により発生している費用		
						(a)賃借権の有無等物件調査費用（億円）	(b)※競売期間長期化に伴う不動産の非有効利用（億円）	(c)反社会的集団への所得移転等費用（億円）
年間新受件数 専用住宅 43234件 商業ビル等 28748件 合計 73557件	明渡まで１年を要す物件（一回で落札する物件）	専用住宅	24193	2121	19.9％	257	86	306
		商業ビル等	17323	7931	29.9％	687	229	1232
		計				944	315	1538
	明渡まで２年を要す物件（一回では落札しない物件）	専用住宅	9161	2121	39.8％	97	130	232
		商業ビル等	22879	7931	49.8％	907	1210	3255
		計				1004	1339	3487
	合　計					1948	1654	5025

（※）不動産投資による期待収益は概ね５％程度

【資料2】競売法制不備による社会的損失

社会的損失は、8627億円に達すると見込まれる。

これらは、本来他の有益な生産に振り向けられた資源の浪費であるという意味で純粋な社会的損失（(a)及び(b)）や不公正な所得分配である（(c)）という意味で、人為的な法制度の不備により発生している社会的な損失である。

これらのうち、短賃保護制度に基因する損失と民事執行法の不備により基因する損失を分離することは困難であるが、執行妨害の実態を見れば、妨害者はまず短賃保護を援用して占有にはいること、仮に短賃保護制度だけでも撤廃されれば、現状の民事執行法の下でも、執行妨害の弊害はかなりの程度解消できることを勘案すれば、この社会的損失の相当多くが短賃保護制度に基因するものと推定される。短賃保護制度の撤廃が第一の緊急課題である。

表2　短賃保護制度及び民事執行法の不備による社会的損失（総括表）

（全国・年間）

(a) 賃借権の有無等物件調査費用（純粋な社会的損失）	1948億円
(b) 競売期間長期化に伴う不動産の非有効利用（純粋な社会的損失	1654億円
(c) 反社会的集団への所得移転等費用（不公正な所得分配）	5025億円
合　　　計	8627億円

【資料3】

> 都市住宅学会・第7回学術講演会（1999年度全国大会）
>
> ## セッション：司法の失敗と都市再開発の停滞
>
> 日時：1999年11月27日(土) 13:15〜14:35
> 場所：学習院大学・西5号館302教室
>
> - ◆ コーディネータ　福島隆司（東京都立大学経済学部〈経済学〉）
> - ◆ パネリスト　　　久米良昭（那須大学都市経済学部〈都市工学〉）
> 　　　　　　　　　　瀬下博之（専修大学商学部〈経済学〉）
> 　　　　　　　　　　福井秀夫（法政大学社会学部〈行政法〉）
> 　　　　　　　　　　松河教夫（森ビル㈱）
> - ◆ コメンテータ　　阿部泰隆（神戸大学法学部〈行政法〉）
> 　　　　　　　　　　萩澤達彦（中央大学総合政策学部〈民事訴訟法〉）

福島　「セッション：司法の失敗と都市再開発の停滞」を開会いたします。
　このセッションは、現行の法制度のもとでは経済社会の運営が行き詰まりつつあり、それを是正したいという趣旨で開催するものです。特に不動産取引における権利規定は、あまりにも一方的な保護を与えていたり、権利関係が曖昧なため、経済学で言うところの取引費用が膨大なものなっているため、経済活動や司法がにっちもさっちもいかなくなっている。現在の不動産競売法制度では、普通の人は競売に参加できないため、マーケットがうまく機能しなくなっています。そこで、都市開発の促進や不良債権の処理のためにも、制度を変える必要があるのではないか。今日はその点を議論いただきます。

久米　那須大学の久米でございます。私は、この競売法制の不備による不動産競売市場の失敗という問題について、簡単なイントロダクションをします。
　自分が所有している不動産に対して抵当権を設定して、銀行などから融資を受けるという不動産担保融資は、資金調達の重要な手段になっています。
　借金をした債務者が、債権者に対してお金をきっちりと返済すれば問題ありませんが、問題はお金を返せなくなったときです。銀行は、債務者からの返済

【資料３】セッション：司法の失敗と都市再開発の停滞

が受けられなくなったら、担保不動産の価値を実現することによって、資金を回収しようとします。具体的には、裁判所に対して担保不動産の競売を申し立て、許可が下りると、裁判所によるオークションが行われます。そして最も高い価格を入札した人に対して売却する。買い受けた人が支払った代金から貸金の回収を受けるというものです。債権者が資金回収できれば、それで一件落着ですが、不動産競売は機能不全に陥っているのが実態です。

　その最も大きな原因が民法395条に定められた短期賃貸借保護制度です。例えば自社ビルを持っている中小企業の社長が、ビルを担保に銀行から運転資金を借りてなんとか企業を経営していたけど、お金がなくなって行き詰まった。最後には街金という、高金利で裏では暴力団とも手を結んでいる金融業者のところに走る。すると業者は、「旦那、それだったら短賃を使いましょう。」と悪の道に誘い込む。どうしてもお金が欲しい会社経営者は、悪徳業者である街金と結託して賃貸借契約を結ぶ。業者は善意の市民に転貸して、占有させたりもする。

　不動産に対して先に抵当権が設定され、その後に賃借権が設定された場合に、所有者すなわち債務者がお金を返せなくなって抵当権が実行された、すなわち不動産競売にかけられて、落札したという場合には、賃借権と、抵当権ひいては買受人の権利とが相い争う場面になります。民法の本来の原則は早い者勝ち、すなわち抵当権の実行によって賃借権は解消されるはずですが、民法395条は例外的に、例えば建物賃貸借であれば契約期間が３年以内という短期のものについては、抵当権が実行されても契約期間内は賃借人を保護すると定めています。

　このために、買受人が、自分が競売によって所有することとなった不動産を自分で使おうとしても賃借人がいる。短賃で保護されているから、高額な立退料や敷金返還を請求したり、脅かしたりして、悪徳業者グループは不当な利益を収受できるのです。

　この不動産競売による社会的な損失を試算してみました。全国で競売にかけられる建物は、年間７万4000件です。

　第１に、変な短賃がついているかもしれないから、競売不動産を購入しようとする人は、裁判所が提供してくれる情報だけでなく、自分自身でも調べなけ

【資料3】セッション：司法の失敗と都市再開発の停滞

れば、恐くて落札できない。これが物件市場価格の5％ぐらいの費用といわれてますので、大体年間2000億円ぐらいの調査費用が発生している。

第2に、短賃を悪用した執行妨害があるため、すぐには落札されず、競売期間が長期化する。それでも結局落札されなかったりする。その間、不動産の有効利用ができない。本来なら半年程度で売却されるところが、2年程度以上には長引いてしまう。その非有効利用による損失は1600億円ぐらいです。

第3に、執行妨害を目的とした短賃がついていれば、お金を払って出ていってもらわなければならない。物件市場価格の3～4割ぐらいは支払われているため、約5000億円が反社会的集団にプレゼントされていることになる。

競売法制が不備なため、不動産競売市場が機能不善を起こして社会的損失がもたらされているその金額は、年間約8600億円に達すると見られます。

反社会的集団が獲得している5000億円という不当な利得は、過大な試算かも知れないと自信がもてなかったのですが、ある債権回収業者の方から別な推計を伺ったところ、ほぼ同額でした。

すなわちいわゆる暴対法ができた1992年、暴力団の就業人口規模は大体10万人だった。それが3年後の95年にはには6万人ぐらいまで減った。ところが98年には、また2万人増えて8万人という雇用マーケットが確保された。この2万人の雇用増加をもたらした新規事業分野が執行妨害だった。暴力団員の平均年収は2500万円くらいで、2万人の雇用規模といえば5000億円に達する。推定結果が概ね一致する。

この元凶が民法395条の短賃保護制度ではないかと、問題提起します。

松河 森ビルの松河です。

森ビルでは六本木6丁目の再開発を、すでに15年に亘って取り組んでいます。アークヒルズでは20年かかりました。

デベロッパーとしては、これら事業期間に関する時間リスクを痛感しています。この時間リスクを事前に予測することが極めて困難である理由には、再開発法制度の不備、区分所有法の建替決議の不備、借地借家法の正当事由制度の問題など、様々なものがあります。これらはデベロッパーにとっての問題であるだけでなく、社会的な問題です。競売制度もその一つです。

森ビルが、都心のある地区を決めてここの再開発をしようとすると、再開

【資料3】セッション：司法の失敗と都市再開発の停滞

区域の中で必ず競売にぶつかる。アークヒルズの中でも1件ありました。再開発区域の中での競売は、どうしてもこれに参加して落札しなければならない。当時は、競売に参加する人たちは、本当に恐い人ばかりでした。たしかに最近は民事執行法も改正されており、森ビルのようなデベロッパーも、ある程度参加しやすくはなっている。

ただ、なぜ森ビルが参加できるかというと、再開発は、時間がかかっても、たとえ15年かかってもやり遂げるんだというスタンスだからであって、短期間で事業を完成させたいとなれば、現在の競売制度では問題があります。

その1つが、短賃保護制度です。競売に参加する時には、物件の調査もします。何故ならば、競売に参加して落札して所有権を取得すると、そこに占有者がいて、交渉をすることになる。交渉だけで建物明渡しが得られるか、簡便な手続である引渡命令で明渡しが受けられるか。引渡命令ができなくても、明渡し訴訟をすれば必ず勝てる相手か。そういう判断をするわけです。

ところが現在の競売制度というのはその辺が複雑で、抵当権設定と賃貸借開始のどちらが先かで優劣が決まる。しかし賃貸借が後であっても、3年間までの短期賃貸借なら認める。但し短賃でも、執行妨害目的の悪用短賃は認めない。しかも差し押さえの後なら賃借人保護はない。非常に複雑で、その見極めが重要なのです。

なぜそんな短期賃貸借を保護するかというと、「突然書類を提示されて、すぐ立ち退かなくてはいけないという善良な借家人のためにあるんだ」といわれる。私が借家人の立場だったら、まず裁判所が調査に来るわけですから、差し入れた敷金との相殺などの意図がなければ、調査の段階で「もう出なきゃやばいな。」と思う。

当社が参加した競売で、本当に短期賃貸借で保護されている人がいるのか、実態を示してみます。過去3年間で競売は14件ありました。占有者が合計35人いました。所有者が8件で、所有者以外の占有者は27件でした。抵当権設定前からの賃借人が3件です。

また買受人に対抗できない差し押さえ前からの賃借人が10件ありました。その内訳は長期賃借人が1人、それから差し押さえ後に更新された短期賃借人が9件。更新してしまいますと買受人に対抗できない。それから債権回収目的

【資料３】セッション：司法の失敗と都市再開発の停滞

等を正常なものと認められない賃借人が１件。これも詐害的ということで、短期賃借人とは認めない。さらに差し押さえ後の占有者が14件でした。

実際、本当に民法395条の保護を受けられる短期賃借人は結局０です。

これは当たり前の話で、私どもの実績でも差し押さえ・競売開始から所有権移転までの期間は最短で１年２ヵ月でした。最長で７年５ヵ月を要しています。通常の賃貸借期間の95％が２年だそうですので、それで所有権移転時まで保護されるという短期賃借人はほとんどいないのです。

保護されない短期賃貸借人も、本来は引き渡し命令で明渡できるという人がほとんどだったはずですが、実は６件が訴訟になっています。これも競売制度の問題点です。

これは、引渡命令が所有権移転から６ヵ月以内に申立てなければいけないことを利用して、占有を次々に移転したり、物理的に鍵が開かない状態にしたりして、占有者をなかなか確定させず、引渡命令逃れをするわけです。この場合には訴訟にならざるを得ません。訴訟は時間と費用がかさみ、当社のように長期的に取り組んでいる場合はともかく、個人が参加したり、投資家が短期間で収益をあげるため競売に参加するのは非常に難しいのです。

福井 競売の問題、さらに裁判所による執行の問題は、法治国家である日本にとってかなり由々しき事態です。司法権は、本来法の執行のための国家権力の最高機関ですから、法に定めた権利が迅速かつ安価に守られることによって初めて法治主義の前提が成り立つのです。ところが、抵当権や強制執行の分野では、権利があっても実は何の役にも立たない。その通りに執行されることの方が少ないというのが競売の分野です。

抵当権は、一種の借金のかたですから、貸金をしても不動産の価値分までは後で確実に回収できるという期待のもとに設定されるのに、実際上は競売物件になると市場価値よりも４割も５割も目減りするという異常事態になっている。このようなことが起きているのは、先進諸国で日本だけです。

アメリカでもマフィアの暗躍という例は一切ないと報告されています。ところが日本ではこれがむしろ暴力団の最大の資金源ということですから、日本の法治主義は非常に脆弱です。

宮部みゆきさんの小説に「理由」という直木賞受賞作があります。愚直な中

【資料３】セッション：司法の失敗と都市再開発の停滞

年男性が競売物件は安いと聞いて、札を入れてお金をなんとか揃えて所有者になるのですが、そこに非常にかわいそうらしく見える車椅子のお婆さんを含めた偽装家族が住んでいて、なかなか立ち退いてくれない。そうこうしているうちに殺人事件に巻き込まれて、容疑者と疑われて逃亡を続けるという悲惨なお話ですが、それほど誇張の世界ではないのです。

　しかも日本の裁判所では、競売公告が出されますが、例えば「間取りが４ＬＤＫ、占有面積が70何㎡」とか、あるいは「短期賃貸借有・無」とかいろいろ書いてありますが、事実と違っていることがかなりの頻度であるそうです。裁判所の調査不足だから、裁判所が損害賠償責任取ってくれるかというと、基本的には取らない。普通、不動産屋を通じた売買ですと、中を見て、丁寧に使われているか、間取りは本当に図面通りかと確認できるのが常識ですが、裁判所が仲介する競売物件に限っては中を一切見ることができない。物件の内覧もできずに、しかも裁判所の調査が正しいかどうかの確証も得られずにお金を払わざるをえない。こういう取引は普通は考えられません。日本に限っては、民間の宅地建物取引業者を通じる不動産売買に比べて、国家が仲介する不動産が最も危険なものとなっているのです。

　この元凶が民法395条です。差し押さえ直前に賃借権を設定しますと、普通は契約期間２年ですので、差し押さえの直前から２年間はそこに居すわる権利がある。通常は、買受人は代金納付後６ヵ月間以内であれば、不法占拠者などいても、簡易な手続きである引渡命令ができる。しかし、６ヵ月を１日でも過ぎれば、引渡命令が一切使えない。差し押さえ直前にうまく短賃を設定すると、代金納付後６ヵ月を過ぎても借家期間が継続している可能性が高い。

　そうすると、買受人が取りうる手段は、第一審から立ち退き訴訟を起こして、場合によると高裁、最高裁まで訴訟を提起して継続して争って、最後はまたそこから強制執行の手続きを申し立てるという多大な労力と金銭の負担を強いられる可能性があるのです。

　裁判を提起するというのはどれぐらい大変なことか。まして第一審から最高裁まで何年もかけて訴訟で争うようなことに普通の市民が手を出せるわけもありません。実際、塩漬けの担保不動産というのが日本中にあるわけで、物理的には有用だけれどもそれが普通の市民の間には一切流通していない。暴力団が

250

【資料3】セッション：司法の失敗と都市再開発の停滞

一種の不法占拠で押さえていて、市場に流れ出ないままになっている。都市住宅、あるいは土地の有効利用の観点からも由々しき事態です。

そこを正すのが、短期賃貸借保護の廃止であると考えます。つい先般最高裁判決で、抵当権に基づいて直接妨害排除請求ができるという画期的な判決が出たと言われておりますが、この判決によっても短期賃貸借の固有の問題にはあの判決は役に立ちません。一見正常に見える「善良」な人が住んでいて、うまく6ヵ月以後に期間が切れるように設定された短期賃貸借については、向こうがその気であれば甚大な被害を被ることが運命づけられています。立法論的には、悪用目的のみを助長する制度を廃止すべきは当然です。

朝日新聞の社説に、善良な借家人の保護も配慮すべきというまことに的外れの批判がありましたが、間違いです。現在でも訴訟を提起されて居すわるような人は元々無権利者でありますから、単に裁判の時間と費用がかかることだけを悪用しているのです。本来、2年なら2年経ったらいまの制度でも一切借家権はなくなり、その時点で無権利になる。ということは守られているのは誰か。結局その2年の期間を無視して起こせるものなら起こしてみろといって訴訟提起を受け身で待って嫌がらせの限りを尽くす人だけが保護されているのです。善良な借家人がこれによって守られているという要素は一切ありません。

それから立法論の大きな2つ目は民事執行法の問題です。現在の民事執行法は、物件の内覧ができない。これは非常に不合理で、物件の内覧権を買受人に与えるということが必要不可欠だろうと思います。それからもう一つはこれもよくある手口ですが、引渡命令を出すと転々と占有を移転して、引渡命令の名宛人が変わってしまう。そうすると新しい名宛人を対象に執行法上の手続きをやり直さないといけない。当事者が特定されて恒定されないがゆえに、このような執行妨害が可能になるわけで、基本的には引渡命令を対物処分にしてこういう占有の移転に対処するような民事執行法の改正も近い将来必要だろうと考えます。

瀬下 私は資金貸借の契約の中で短期賃貸借保護のように抵当権を侵害する権利が存在すると、どんな問題が生じるのかということを説明します。

競売制度や民事執行法の手続がしっかりしているような状況であれば、コースの定理という経済学で有名な議論が成立して、貸出量には中立的になる可能

【資料3】セッション：司法の失敗と都市再開発の停滞

性がありますが、実は情報の問題が存在すると貸し渋りが発生する可能性があります。

　基本的には抵当権の短期賃貸借権のような抵当権に優越する権利が存在すれば、それだけ競売時に何らかの所得移転をもたらすために抵当権者にとっては抵当の価値が下がってくる。ということは資金の貸し手は元々の契約で金利を高めて対応しようとする行動を取ります。一方借り手の方も、短期賃貸借が保護されていて、それだけ何らかの利得を得る可能性が出てくるわけですから、その分だけ返済しやすくなり、資金需要が実は増加します。従って供給は減少するけれども需要も増えて、均衡の貸出量には影響しないというコースの定理が成立する可能性があります。もちろんこれは競売手続きや執行手続きなどでほとんどコストがないような状況で成り立つ。あるいはリスク負担の問題もないという極めて特殊の状況で成り立つ議論です。

　ところが情報の非対称性があると、逆選択と呼ばれる有名な問題が発生します。資金を借りる際に、金利が高くなると、商工ローンや日栄の例でよくわかるようにお金を借りようとする人は実はそれだけリスクが高い人になるという傾向があります。短賃のような抵当権に対抗できる権利のメリットというのは、貸し倒れが生じた時に発生するわけで、そのメリットを受ける人は、それだけ貸し倒れのリスクが高い人ということになります。一方貸し手の方は借り手のリスクはわかりませんので、このような借り手の行動からリスクを予想して行動します。その際そのリスクを過大に評価してしまって、その分だけ高い金利を求めて貸出を行うということが発生してします。

　さらにもう一つ、短期賃貸借保護には情報の問題だけでなく、借り手にモラルハザードの問題があるため、同じように貸し渋りが発生する可能性があります。一般に、有限責任性というものはリスクが高いほど有利になるという特性があります。そのために、もともと借り手は負債契約のもとでは常にリスクの高いプロジェクトへ自分の経営を変えていきたいという誘因を持っています。その場合、抵当権には借り手に自己責任を求めるという形で、そのリスクの変更を押さえるという重要な機能があります。しかもこういった自己責任をしっかりさせておけば、そこからさらにプロジェクトを変更しようとすると、買い手はまた改めて抵当権を設定しなければいけないので、結果として追加の資金

【資料3】セッション：司法の失敗と都市再開発の停滞

調達自体も抑制できるという効果を抵当権は持っています。

　ところが短期賃貸借保護というのは、抵当権の優先権を事後的に覆してしまう。そういう機能を持った法的な権限が存在すると、この追加の資金調達をする際に借り手の方は追加の抵当資産というものを求められなくてすむことになる。先ほど「なにわ金融道」で自社ビルを抵当に入れていた企業が短期賃貸借権を設定してお金を借りるという話がありましたが、結果的に借り手の方は何の追加の抵当資産も求められないという形で資金提供を受けることができます。そのため、それによって実はプロジェクトの変更が可能になってしまうという重大な問題が発生します。結果として、貸し手の方はそういった可能性が存在するならそれを恐れて結局最初から資金を貸し出さない。という貸し渋りの問題が発生する可能性があります。重要なことはこれらの問題が競売と民事執行のような手続きがすべてうまくいくとしても、発生する問題でもあることです。

　福島　ありがとうございました。それではここで四方のメインのお話を1ラウンド終わりまして、これから阿部先生と萩澤さんにコメントをいただきたいと思います。問題点の規定がなされました、それに対してどう考えるのかというようなことをまた聞かせていただければと思います。阿部先生からお願いします。

　阿部　短賃の問題に絡んでの競売のことでは、「裁判所は詐欺犯だ」というのが私のキャッチコピーです。毎日新聞に載っている裁判所の広告をご存じですか。「裁判所の競売物件。丁寧に探せば思わぬ掘り出し物件もあります。マイホーム購入の有利な方法と言えます。裁判所の競売不動産は誰でも参加し購入できます。多少煩雑な手続きをいとわなければ有利な不動産物件と言えます」。これが本当なら弁護士は自宅を市場で買わないで、競売物件を安く買って楽な生活ができるはずだし、裁判官もそのはずなんですが、知り合いにちょっと「弁護士だから法律の手続きは知っているんだから、競売で安く自宅を買いましたか」と言うと、「そうじゃない」と言う。常識的に言うと、この裁判所のこの広告は嘘だと。先ほどの「理由」という小説に書いてあるようなひどい目に遇う人もいる。だからこういう競売物件を買ってひどい目に遇った人は国家賠償を請求したらどうだろうかとまず思います。

　それからいままで経済学的には説明はされているんですが、私は法律家の言

253

【資料3】 セッション：司法の失敗と都市再開発の停滞

葉で説明してみたいと思います。法律家というのは弱いと思う方に権利の初期配分をする。借家人は弱そうだとこう考える。買受人の方は強そうだ。権利を実現するのに裁判所が手助けしてやるから心配ないと言ってきたわけですね。ところが裁判は必ずしも機能しないので、権利を実現する方も苦労する。この弱いと思う方について直ちに保護するという仕組み自体が間違いです。

　もちろん法律は詐欺的なものは保護しない、まっとうな人は保護するという。つまりまっとうか、詐欺かを執行官で調べることになっていますが、そんな人の行動をちゃんと監視できるか。役人が民間活動を監督するというのが私の専門である行政法のメインの領域ですが、役人は節穴だということを主張しています。そうすると、役人は「裁判所はしっかり見るんだからいいじゃないか」といいますが、裁判所はちゃんと見られないという前提で制度を変える方法はないのかというので考えたら、短賃を廃止したって明け渡し猶予期間をおけば借家人は同じく保護される。そうするといちいち面倒くさいことやらんでもいい。

　それで先ほど福井さんが言われた執行法の改正で、占有が転々移転する場合に、いちいち新しい占有者相手に明け渡せという制度になっています。それは手間かかることですが、それは万が一本当に権利者がいたら困るから、そいつの言うことを聞けというのがいまの法律です。しかし万が一間違っても権利者はいないという制度にしておけば、誰がいようと名前を聞かないで追い出せる。それで短賃を廃止して明け渡し猶予期間を作れば、権利がはっきりしているものを除いて、誰も権利者じゃないから誰がいようと追い出せるという制度を作ったって一切権利を害することはない。すべて明け渡せと、申請することができる。民事執行法をこのように改正すればいい。

　それから最高裁判決ですが、あれは抵当権者に一つの新しい手段を与えてただけで、どうせあまり機能しない。訴訟を起こして何年もかかってやっと勝てるかどうかというものだし、勝てない場合もある。大変な負担だから、あの制度を用意したから法律を変えなくてもいいというものじゃなくて、解釈論で10のうち1とか2前進させただけで、やっぱり制度改正は必要なんです。あの判例あったからこれでいいやなんて絶対思わないでください。

　福島　どうもありがとうございました。それでは次に民事訴訟法研究者の立

【資料3】セッション：司法の失敗と都市再開発の停滞

場から萩澤先生から。

萩澤　不良債権回収とかの関係で、短期賃貸借という制度が非常に問題になるということが報告されたました。アウトローは最近では麻薬とか覚醒剤に匹敵する利益を上げているといわれています。アウトローなんかが殺到するという原因としては、第1に儲かることが挙げられます。これは日本はよその外国と比べると土地が非常に高いですから、これは儲かるというのは想像がつくと思います。第2に逮捕される可能性が少ないことが挙げられます。

なぜ競売の場合に逮捕される可能性は少ないかというと、短期賃貸借という制度があるためなのですね。これにより適法に占有しているような外観を作り出しやすい。最近、そういう占有屋の全国大手のうちの一つと言われている東山商事の役員が軒並みに逮捕されたという記事が新聞に載っておりました。新聞記事によると東山商事には法務担当者がいた。つまり短期賃貸借契約が仮装のものであるということがばれないように工作することを法務担当者が行っているわけです。権利があるという外観があると、警察は「民事不介入の原則があるから、民事上の権利の有無についてはあんたらで話しあってください」ということで、競売がらみの事件には手を出そうとはしなかったのです。最近はさすがに問題が非常に顕在化して、警察、検察も民事執行法、民法を勉強して、ようやく競売妨害罪で検挙されるようにはなってきております。そうは言っても、東山商事のような占有屋はこれ自分たちの死活問題ですし、うまくいけば数千万円ぐらい儲かるものですから、必死になって法律上の形を整えるわけです。

その一番の拠り所が短期賃貸借制度なのです。だから基本的にそこに占有している者は権利がないということを前提として、例外的な場合に保護する仕組みを考える必要があります。

たしかに、最近出た最高裁判決など、法解釈上いろいろと手当てがなされていますし、民事執行法も1996年と1998年に議員立法による改正がされております。しかし、やはり元を絶たなければならないと思います。占有屋には法務担当者がいて、われわれ専門家がびっくりするぐらいいろいろと新たな法の抜け道を次々開発しているわけです。やはり元を絶たなくてはいけません。今日の発表は訴訟法の研究者の立場から非常に好意的に受け止めました。

【資料3】セッション：司法の失敗と都市再開発の停滞

　福島　どうもありがとうございました。これで全ての方々からご意見をいただいたわけですが、皆様共通して競売制度に大きな問題があるのではないかということでした。皆さんの中で、瀬下さんはちょっと視点が違って、経済学的な情報の非対称性やモラルハザードの問題が起こっているためこれらの問題は法制度が完全に完備されたとしても起こる可能性があるというご指摘がありました。あとの方々は民法と手続き法に関して本質的な改正が必要なのではないかと。先日の最高裁の判例では、ほとんど何の影響もないんだというようなご指摘もあったと思います。

　そこで最初に瀬下さんから短賃問題に対処するためにどういうふうにしてゆくべきかをコメントだけいただいて、あと残りの時間は法律関係の問題に行きたいと思うんです。

　瀬下　基本的には抵当権の優先権をきちっと守らせるということに尽きると思います。優先権を侵害するような権限がどうして存在するのかという点は、僕には理解できないのですが、資金の流れを潤滑していくには、まず資金貸借契約の中の最も重要な抵当権の権利はしっかりとしたものとして確立させてほしいと思います。

　福島　ありがとうございました。このパネリストの中では、皆様の意見はほとんど同じなので、あまり対立意見がないので、どうも喧嘩にはならない。ここで補足説明という形で、何か忘れたとかいう方がもしおられましたら、お願いできますか。

　福井　この問題は、民法制定直後の明治時代から濫用が多いとか、明治のやくざがやっぱり使っているとかいう古文書があるぐらいで、非常に歴史の長い悪法です。ただ、100年間議論し続けてきて具体的立法論を初めて唱えたのがこのセッションのメンバーであるというのは、相当日本の近代の病理を現していると思います。

　東大の内田貴教授の見解ですが、問題のある制度という認識ではわれわれと一致するんですが、ではどうすればいいのかというと、類型ごとに保護の内容を決めればいいという。具体的には戸建ての借家と営業用の借家は廃止してもいいけれども、共同建て、長屋の居住用借家は短賃保護を継続する。しかも保護される場合には占有を伴い合理的な賃料及び期間でなければならず、合理的

【資料3】セッション：司法の失敗と都市再開発の停滞

な額を越える敷金は継承されないという基準なんです。これは法の明確性の観点から非常に問題のある方向でして、いまよりももっと法律家ややくざが暗躍しやすい。なぜならば合理的かどうかを結局裁判所に持っていって、裁判官の世界観に聞いてこなければわからない。しかも共同建て、長屋建てと戸建て等で区別するという基準は立法論的な観点からは理由が明らかでない。

　法律家の多くは事後的にとにかく裁判所に投げ込んで「正義」を判定してもらえばいいふうなことを言いがちですが、どうもそういう法律家固有の思考様式にも100年間たまった「古習の惑溺」が存在しているというのが感想です。

　福島　不動産競制度に関しては、あたかも町に新しいマンションができた時に一般の人たちが見にいって買えるような競売制度になるのが理想ではないか。その理想からは現実はほど遠いわけでして、その理想に少しでも近づけるのが法改正の方向のためになるのではないかと考えております。

　阿部　法律家はごく単純で、借家人を保護したい。抵当権が実行されたら直ちに追い出されたらかわいそうだ。弱者の借家人はしばらく置いてやれ。またそうすれば家主も家を貸して、家賃を取れて借金を返せるはずだという話ですよね。

　福井　法律家が弱者保護を理由として改革に反対するというのが阿部先生の仮説ですが、私はちょっと違う仮説を持っています。内田教授は違うと思いますが、正義の名のもとに、紛争処理でできるだけ自分たちの仕事や業績を増やしたいというのが多くの論者の本当の理由だと思います。

　松河　例えば短賃を全部廃止して、明け渡し猶予期間を3ヵ月とする。どうしても権利を主張するのであれば立証責任は占有者にあるとする。

　そういうと、本当に正当な借家人がいたらどうかという。法務省もそうですが、最終的には訴訟で追い出せるからいいじゃないですかといわれる。本当に時間と費用というものを全然考えてない。

　福井　この問題は総会屋対策と非常に似ている面もある。なぜならば、要するに債権者、抵当権者がこの問題の被害者なわけなんですけど、債権者の団体はあまり熱心じゃない。ほとんど触れてほしくないというのに近い態度がある。やっぱり後ろめたいことをしてきているからだというのが私の仮説です。債権者が怪しげな連中に金を払って、逆に怪しげなものに怪しげなやり方で対抗し

【資料3】 セッション：司法の失敗と都市再開発の停滞

てきたという歴史がある。端的に言えば、暴力団に資金援助をしてきているからあんまり大きい声で言えないのではないか。だからこそ結局債権者の負担というのが一般国民に付け回しされているわけです。むしろ普通の市民の利害でこれをなんとかしていかないと考えるのが健全な正道ではないかと思います。総会屋に金を渡していた人はいくら企業や株主に損害を与えていると言われてもなかなか健全化しないのと同じことです。膿を出してきた当事者に改革は期待できないという気がします。

　萩澤　バブルの時期を除いては銀行とかは担保価値全部貸さなかったのです。銀行は一番抵当で担保価値の5割貸す。その次信用金庫がちょっと貸すということになってました。したがって、担保価値が下がる、下がらないというのはそれほど直接に金融機関に影響を及ぼさなかったので問題が顕在化しなかったという面があります。それともう一つは、いま福井先生のおっしゃったことと関係するんですが、銀行はあまり競売なんかを実行しなかった。一説によると、銀行は大変財政状態が悪くなってきたのでアウトローに立ち退き料を払って任意売却できなくなった。それで競売を申し立てるようになったので、この問題が顕在化したというのです。

　福島　本日のパネリストの方々すべて民法の395条の法改正が必要であるというご意見でしたが、その具体的な方向について補足はありますか。

　福井　我々は報告書で3類型の抵当権制度を提案しています。第1の原則型は短期賃貸借の保護は一切ない、抵当権の実行と同時に抵当権に劣後する借家権が完全に消滅するという形態です。第2類型は、賃借権の内容、つまり期間何年で誰が住むとかということに抵当権者の全員が合意した場合に限りその合意内容での借家権の存続を認めるというオプションです。第3類型は、いまとまったく同じで、短期賃貸借の保護する。3年なら3年までは抵当権設定後の借家人が買受人に対抗できる。こういうのがあっても、別に抵当権者さえよければそれでかまわない。

　久米　結局、この問題で弱者保護という価値を持ち出すというのが間違っていたということだと思います。いまの短期賃貸借権保護の下では、その悪用の危険が大きく、競売手続上は賃借人は全部悪人だというふうに見なして、とにかくもう追い出さざるを得ないという現実があるわけです。

【資料3】セッション：司法の失敗と都市再開発の停滞

　ご存じのように定期借家法案がもうすぐ国会で成立します。定期借家で住んでいる賃借人であれば、投資用物件として買い受けた場合には、是非とも住んでくださいといわれるでしょう。定期借家法の成立は、短期賃貸借権保護の制度の撤廃の環境条件を整備することになるのです。

福島　どうもありがとうございました。法律が悪いと経済に与える悪影響が大きくただ単に競売制度だけでなくて、様々な経済活動に影響を及ぼします。そういった不合理な法律の改正へとわれわれ取り組んで行かなくてはいけないと思います。本日はありがとうございました。

■編者紹介

鈴木　禄彌（すずき　ろくや）　東北大学名誉教授・日本学士院会員

　1947年東京帝国大学法学部卒。法学博士。
　著書に『抵当制度の研究』（一粒社、1968年）、『借地法（上）・（下）〔改訂版〕』（青木書院新社、1980年）、『居住権論〔新版〕』（有斐閣、1981年）、『物権法の研究』（1976年）、『借地・借家法の研究Ⅰ・Ⅱ』（1984年）、『民法総則講義〔改訂版〕』（1990年）、『物的担保制度の分化』（1992年）、『物権法講義〔四訂版〕』（1994年）、『債権法講義〔三訂版〕』（1995年）、『物権変動と対抗問題』（以上創文社、1997年）、『根抵当権法概説〔第三版〕』（新日本法規、1998年）、『物的担保制度を巡る論集』（テイハン、2000年）ほか。

福井　秀夫（ふくい　ひでお）　法政大学社会学部教授

　1981年東京大学法学部卒。京都大学博士（工学）。
　建設省都市局、住宅局、大臣官房会計課を経て、1996年より現職。2000年より政策研究大学院大学客員教授。2000より2001年までミネソタ大学及びセントオラフ大学各客員研究員。
　著書に『都市と土地の理論』（共著、ぎょうせい、1992年）、『東京問題の経済学』（共著、東京大学出版会、1995年）、『住宅の経済学』（共著、日本経済新聞社、1997年）、『定期借家権』（共編著、信山社、1998年）、『社会的規制の経済分析』（共著、日本経済新聞社、2000年）、『司法を救え』（共編著、東洋経済新報社、2001年）、『都市再生の法と経済分析』（信山社、2001年）ほか。

山本　和彦（やまもと　かずひこ）　一橋大学大学院国際企業戦略研究科教授

　1984年東京大学法学部卒。
　東京大学助手、東北大学助教授を経て、2000年より現職。
　著書に『民事訴訟審理構造論』（信山社、1995年）、『フランスの司法』（有斐閣、1995年）、『よくわかる民事裁判』（有斐閣、1999年）ほか。

久米　良昭（くめ　よしあき）　那須大学都市経済学部教授

　1982年東京大学大学院工学系研究科都市工学専門課程修了。
　三菱総合研究所を経て、1999年より現職。
　著書に『定期借家権』（共著、信山社、1998年）、『実務注釈・定期借家法』（共編著、信山社、2000年）ほか。

──── SHINZANSHA ────
hensyu@shinzansha.co.jp
order@shinzansha.co.jp
http://www.shinzansfa.co.jp

競売の法と経済学

2001年(平成13年)10月20日　第1版第1刷発行　3079-0101

編者	鈴　木　禄　彌
	福　井　秀　夫
	山　本　和　彦
	久　米　良　昭

発行者　今　井　　　貴

発行者　信山社出版株式会社
〒113-0033　東京都文京区本郷6-2-9-102
電　話　03 (3818) 1019
ＦＡＸ　03 (3818) 0344

発売所　信山社販売株式会社

Printed in Japan

Ⓒ著者, 2001. 製作・㈱信山社　印刷・製本／共立プリント・大三製本
ISBN 4-7972-3079-7 C3332

3079-0120-01000-0020
NOC 分類 327.301

——— 信　山　社 ———

阿部泰隆・野村好弘・福井秀夫 編
定期借家権　　　　　　　　　4,800円

衆議院法制局・建設省住宅局 監修
福井秀夫・久米良昭・阿部泰隆 編集
実務注釈　定期借家法　　　　　2,500円

下村郁夫 著
土地区画整理事業の換地制度　　6,000円

鈴木禄彌・福井秀夫・山本和彦・久米良昭 編集
競売の法と経済学　　　　　　　2,900円

和泉洋人 著
容積率緩和型都市計画論（仮題）　予価5,000円